喻　中／著

西方法律经济学批判

ON CRITIQUE OF WESTERN LAW AND ECONOMICS

中国人民大学出版社
·北京·

序

自 20 世纪 90 年代以来，法律经济学在中国法学界日渐成为显学。学者们在介绍自己的研究领域之际，越来越多地出现了"法律经济学"这个术语。法律经济学俨然已成为一个新兴的分支学科。那么，法律经济学是一个什么样的法学分支学科呢？最容易想到的回答是，法律经济学是法学与经济学交叉融合的学科。某些理论问题，倘若既涉及法律也涉及经济，研究这样的问题似乎就可以归属于法律经济学。这样的理解显然过于宽泛。因为几乎所有的法律问题，都可能涉及经济问题。在哪个具体的法律问题背后，不涉及相关主体的经济与利益？倘若把那些与经济有关的法律问题都当作法律经济学问题，那么，法律经济学的范围不仅可以覆盖法学，甚至还可以延伸至经济学。对于法律经济学的含义，显然不宜这样理解。

理解法律经济学的另一种方式，就是把它理解为一种研究方法。具体地说，就是运用经济学的方法去研究法律问题，由此形成的学术成果就是法律经济学。这恐怕是很多法律经济学的从业者所理解的法律经济学。波斯纳的大著《法律的经济分析》提供了如此理解法律经济学的典型"学案",这本书的标题已经指示了法律经济学的性质。从这个意义上说,法律经济学似乎不是一个分支学科,甚至也不是一个专门的研究领域,而只是一种研究法律问题的方法,即法律经济学只是一种关于法律的方法论。这种关于法律经济学的理解方式也有一个值得注意的问题:它主要是法学家立场的产物。法学家(譬如波斯纳)为了研究法律问题,选取了经济学的方法,由此促成了法律经济学的兴起。但是,这种理解法律经济学的方式,可能会受到经济学家的反对。

在经济学家看来,法律只是经济的一个变量。经济受制于各种各样的约束条件,譬如生产资料、科学技术、劳动力等,都会影响经济发展水平。在诸多约束条件中,法律制度只是其中之一,不同的法律制度安排将会影响经济的走势。因而,从法律制度的角度研究经济问题,也是法律经济学。譬如科斯,就是这样的经济学家或法律经济学家。由此可见,法律经济学其实包含两种立场:法学家的法律经济学与经济学家的法律经济学。

虽然法学家的法律经济学也呈现出丰富多彩的学术姿态,但是,抽取其中的最大公约数,可以发现,它们有一个共同的特征:习惯于以解释者的角色面对法律问题。更具体地说,就是偏好以经济学的理论与方法,解释法律制度背后的经济原理。为什么会形成某种特定的法律原则与法律制度?原来这样的法律制度具有某种经济学的依据,能够通过经济学理论予以解释与说明。特别是某些历史悠久、比较定型的法律原则与法律制度,隐藏在它们背后的经济学理据,就显得越发坚实。因此,法学家的法律经济学,较多地体现为"解释者的法律经济学"。

相比之下,经济学家的法律经济学更加看重经济效果:不同的法律设计与制度安排,将会导致不同的经济效果。在特定的情况下，一种法律制度能够更好地促成经济发展、提高经济效率，另一种法律制度则会妨碍经济发展、降低经济效率。因而，制定什么样的法律、设置什么样的制度，对于经济发展来说，将会产生重要的影响。这种风格的法律经济学虽然也有解释的作用与功能，但更加明显的特征是指示法律制度的走向。这样的法律经济学，可以被称为"立法者的法律经济学"。这里的所谓"立法者"，并非实指研究者就是国家的立法者，而是想指出研究者的角色与立场：他们旨在告诉读者，下一步该怎么办。

这两种立场各异的法律经济学提醒我们，关于法律经济学，既应当从法学家的角度来理解，也应当从经济学家的角度来理解。也许正是因为这个缘故，法律经济学作为一个特定的研究领域、研究方法，又被称为"法与经济学"。正是"与"这个连接词，反映了法律经济学的本质特征。

着眼于法律经济学的本质特征，本书对于西方法律经济学的研究，既注重法学家的法律经济学，更注重经济学家的法律经济学。还有一些学术思想人物，既不是纯粹的法学家，也不是纯粹的经济学家，但他们与法学、经济学、政治学、社会学、哲学都有关联，这些人在法律经济学方面的贡献，也许更加值得注意。基于这样的认知，本书选择了科斯、波斯纳、卡拉布雷西、布坎南、奥尔森、威廉姆森、米塞斯、哈耶克、欧肯、缪尔达尔等十位经典作家，这些精于法律经济学的人物，既涉及美洲的芝加哥学派、耶鲁学派、弗吉尼亚学派，也涉及欧洲的奥地利学派、弗莱堡学派、瑞典学派。研究这些思想人物的代表性文献，描绘他们的思想肖像，梳理、归纳、提炼、评析他们对法律经济学的理论贡献，庶几可以反映出西方法律经济学的精神与风格。

他山之石，可以攻玉。希望这些关于"他山"的"石头记"，可以为当代及未来中国的法律经济学理论与方法提供一些借鉴。

目　录

第一章　科斯

　　科斯是法律经济学的主要奠基人与创始人。他通过交易费用这个原创性的概念，论述了企业内部的科层体制的经济功能，论述了权利的相互性，尤其是在交易费用普遍存在的情况下，法律对于初始权利的界定所具有的经济意义，以及司法判决对于资源配置的决定性影响。研究科斯的法律经济学思想，有助于我们反思传统的民事侵权理论、权利边界理论、劳动合同理论。科斯把经济学的方法运用于法学研究，在法学与经济学之间架起了一座桥梁，将法律制度安排与资源配置效率结合在一起，开启了一个新的思想理论空间。

　　科斯（Ronald Harry Coase，1910—2013）生于英国。1932年自伦敦经济学院毕业后，科斯曾先后任教于邓迪经济学校、利物浦大学、伦敦经济学院、布法罗大学、弗吉尼亚大学。1964年，科斯担任芝加哥大学法学院教授，同时出任《法律经济学杂志》的主编——这是他特别看重的一个职务。① 1991 年，科斯获得诺贝尔经济学奖，获奖理由是：揭示并澄清了经济制度结构和函数中交易费用和产权的重要性。

作为法律经济学芝加哥学派的主要代表，尤其是作为法律经济学的主要奠基者、主要创始人，科斯对法律经济学这个新兴的交叉学科产生了极大的影响。即使是在退休之后，作为芝加哥大学法学院的高级研究员，他在法律经济学领域仍然十分活跃。

科斯没有大部头的著作，他最负盛名的代表作是两篇论文：《企业的性质》（1937 年）、《社会成本问题》（1960 年），其他论文还有《边际成本的争论》（1946 年）、《美国广播业：垄断的研究》（1950 年）、《联邦通讯委员会》（1959 年）、《产业组织：研究的建议》（1972 年）、《耐久性与垄断》（1972 年）、《经济学中的灯塔》（1974 年）、《企业的性质：起源、含义与影响》（1988 年），等等。这些论文中的主体部分都被收入 1988 年由芝加哥大学出版社出版的论文集《企业、市场与法律》。透过这部文集，可以读到科斯极具启示性的法律经济学思想。

一、交易费用的概念与意义

在科斯的理论贡献中，交易费用（Transaction Costs，或交易成本）是一个基础性的核心概念。科斯没有给交易费用下

---

① 科斯在谈及来芝加哥大学法学院的动机时说："要是没有《法律经济学杂志》，我想我是不会来芝加哥大学。担任该杂志的编辑正是我所向往的工作。"麦考罗，曼德姆. 经济学与法律——从波斯纳到后现代主义. 朱慧，等译. 北京：法律出版社，2005：57.

一个严格的定义，但他告诉我们："为了进行市场交易，有必要发现谁希望进行交易，有必要告诉人们交易的愿望和方式，以及通过讨价还价的谈判缔结契约，督促契约条款的严格履行，等等。这些操作的成本常常是极端地和充分地高昂，至少会使许多在无需成本的定价制度中可以进行的交易化为泡影。"[1] 这些在市场交易过程中产生的费用，就是交易费用。分而述之，交易费用主要包括"搜寻与信息成本、讨价还价与决策成本、监督与执行成本"[2]。科斯发现，在市场交易过程中，这些成本都是无法避免的。1991 年，在《论生产的市场结构》一文中，科斯又一次解释了交易费用："谈判要进行，契约要签订，监督要实行，解决纠纷的安排要设立，等等，这些费用后来被称为交易费用。"[3] 可见，在科斯的理论中，交易费用主要是指市场运行的费用或成本。

西方传统的主流经济学理论主要聚焦于市场，市场主要依赖供求关系，尤其是价格机制来运行。但是，科斯发现，价格机制的运行并不是免费的，"利用价格机制是有成本的。通过价格机制'组织'生产的最明显的成本就是所有发现相关价格的工作。随着出卖这类信息的专门人员的出现，这种成本有可能减少，但不可能消除。市场上发生的每一笔交易的谈判和签约的费用也必须考虑在内"[4]。

在市场交易过程中，交易双方要达成协议，就会产生一定

① 科斯. 企业、市场与法律. 盛洪，陈郁，译. 上海：格致出版社，上海三联书店，上海人民出版社，2009：113.

② 科斯. 企业、市场与法律. 盛洪，陈郁，译. 上海：格致出版社，上海三联书店，上海人民出版社，2009：6.

③ 胡庆龙. 罗纳德·哈里·科斯——新制度经济学创始人. 北京：人民邮电出版社，2009：46.

④ 科斯. 企业、市场与法律. 盛洪，陈郁，译. 上海：格致出版社，上海三联书店，上海人民出版社，2009：39.

的费用。尤其值得注意的是，不同类型的协议所产生的费用是不一样的，这里面存在较大的伸缩空间。科斯发现，"如果签订一个较长期的契约以替代若干个较短期的契约，那么，签订每一个契约的部分费用就将被节省下来。或者，由于人们注重避免风险，他们可能宁愿签订长期契约而不是短期契约。现在的问题是，由于预测方面的困难，有关物品或劳务供给的契约期越长，实现的可能性就越小，从而买方也越不愿意明确规定出要求缔约对方干些什么。对于供给者来说，通过几种方式中的哪一种来进行物品或劳务的供给，并没有多大差异，可对于物品或劳务的购买者来说就不是如此。但由于购买者不知道供给者的几种方式中哪一种是他所需要的，因此，将来要提供的劳务只能以一般条款规定一下，而具体细节则留待以后解决"[1]。

这就是说，长期契约比短期契约能够节省更多的交易费用，是一种更有经济效率的契约方式。同时，长期契约还满足了人们规避风险的需要，因而能够得到普遍的欢迎。这两个方面为长期契约取代短期契约提供了动力和诱因。不过，由于在长期契约中，"将来要提供的劳务只能以一般条款规定一下，而具体细节"只能留待"以后解决"，这些需要"以后解决"的"细节问题"同样需要谈判，同样会产生新的签约费用（亦即交易费用）。

正是为了节省在购买劳务的契约中存在的交易费用，企业产生了。譬如，A 与 B 经过谈判，签订了一个长期的劳务购买契约，A 每天（或每月）向 B 支付一笔固定的报酬，B 提供 A 所要求的劳务。在合同有效期间，双方不再讨价还价。这样，A 与 B 之间的交易费用就降低了，雇主与雇员的关系也随之产

---

① 科斯. 企业、市场与法律. 盛洪，陈郁，译. 上海：格致出版社，上海三联书店，上海人民出版社，2009：39-40.

生了，购买劳务的 A 成了雇主，出售劳务的 B 成了雇员。倘若 A 与 C、D、E、F 等其他人都签订了这种较长期的劳务购买契约，这就意味着，C、D、E、F 等人与 B 一样，都是雇主 A 的雇员，都要服从 A 的劳务安排，都向 A 领取约定的报酬。那么，在这个相互交往的群体中，A 与其他人之间的交易费用全部都降低了。A 与其他人组成的这个相互交往的群体，就是一个企业。其中有企业家（雇主 A），也有工人（雇员 B、C、D、E、F 等），企业家向工人支付工资，工人按照企业家的安排从事劳务活动。这就是企业的产生机制。从交易费用的角度来看，企业的价值就在于节省一部分交易费用，企业就是一个节省交易费用的组织形式或组织机构。

既然通过企业这种组织能够降低企业家与劳动者之间的交易费用，能够节省某些市场运行成本，那么，企业机制能否全面取代市场机制，从而最大限度地降低整个社会的交易成本呢？这正是科斯进一步思考的问题。他提出："企业的引入基本上是由于市场运行成本的存在。一个与此相关的问题是（远非奈特所提出的垄断问题），既然通过组织能消除一定的成本，而且事实上减少了生产成本，那么为什么市场交易仍然存在呢？为什么所有生产不由一个大企业去进行呢？"换言之，全社会所有的生产能否交给一个大企业去进行呢？科斯的回答是否定的。他解释说："首先，当企业扩大时，对企业家函数来说，收益可能会减少，也就是说，在企业内部组织追加交易的成本可能会上升。自然，企业的扩大必须达到这一点，即在企业内部组织一笔额外交易的成本等于在公开市场上完成这笔交易所需的成本，或者等于由另一个企业家来组织这笔交易的成本。其次，当组织的交易增加时，或许企业家不能成功地将生产要素用在它们价值最大的地方，也就是说，不能导致生产要素的最佳使用。再者，交易增加必须达到这一点，即资源浪费带来的亏损等于在公开市场上进行交易的成本，或者等于由另一个企业家组织这笔交易的亏损。最后，一种或多种生产要素的供给价格可能会上升，因为小企业的'其他优势'大于大企业。当然，企业扩张的实际停止点可能由上述各因素共同决定。前两个原因最有可能对应于经济学家们的'收益递减'论点。"①

缘于以上几个方面的原因，特别是前两个原因，企业不可能无限扩大。因而，企业内部的科层管理机制也不可能无限制地取代企业外部的市场交换机制。但是无论如何，企业内部的管理与服从关系，具有降低交易成本的功能，这是科斯的一个极富创造性的观点。在科斯之前，新古典经济学习惯于把企业看成市场交易过程中的最小单元，习惯于把价格机制作为经济运行的唯一机制。然而，通过科斯的交易费用概念，可以看到，企业内部的科层体制能够降低交易费用，能够提高经济效率，能够创造经济价值。

从法学的角度来看，企业内部的科层制与政府内部的科层制具有一定的可比性，企业内部的治理结构与政府内部的治理结构也有一定的可比性。因而，从"企业的性质"可以联想到"政府的性质"。如果说，企业内部的科层体制允许企业家这样的"权威来支配资源"，从而"节省某些市场运行成本"②，那么，按照同样的逻辑，政府内部的科层体制允许行政性的公共权威来支配资源，是否也可以节省某些市场运行成本呢？回答应当是肯定的。这样的解释不仅为政府的存在提供了正当性依据，可以从经济的角度解释"政府的性质"，而且可以解释经济计划、政府干预经济的正面价值与积极意义。

---

① 科斯. 企业、市场与法律. 盛洪，陈郁，译. 上海：格致出版社，上海三联书店，上海人民出版社，2009：42-43.

② 科斯. 企业、市场与法律. 盛洪，陈郁，译. 上海：格致出版社，上海三联书店，上海人民出版社，2009：40.

当然，正如企业不可能无限地降低交易费用，从而全面取代市场机制、价格机制一样，承认经济计划的功能也绝不是要回到传统的计划经济。我们只能说，政府的计划与干预，同样具有降低交易费用的功能；与企业一样，政府也可以在某些情况下，充当市场的替代机制。

二、权利的相互性

如果说《企业的性质》一文通过交易费用这个概念，解释了企业的产生机制，论证了企业内部的科层体制的经济价值，那么，《社会成本问题》则体现了对于交易成本概念的进一步运用。在这篇文章中，科斯着眼于外部侵害的解决方案，对权利边界的界定方式进行了研究，尤其是有关权利相互性问题的论述，开启了从经济角度审视法律问题的新视角。

何谓权利的相互性？在《社会成本问题》的开篇，科斯就写道："本文涉及对他人产生有害影响的那些工商业企业的行为。一个典型的例子就是，某工厂的烟尘给邻近的财产所有者带来了有害影响。"对于这样的外部侵害，传统的"分析结论无非是要求工厂主对烟尘所引起的损害负责赔偿，或者根据工厂不同的烟尘排放量及其所致损害的相应金额标准对工厂主征税，或者最终责令该厂迁出居民区（当然也指烟尘排放对他人产生有害影响的地区）。以我之见，这些解决办法并不合适，因为它们所导致的结果不是人们所需要的，甚至通常也不是人们所满意的"[①]。

---

① 科斯. 企业、市场与法律. 盛洪，陈郁，译. 上海：格致出版社，上海三联书店，上海人民出版社，2009：96.

传统的分析方法和分析结论有什么问题呢？为什么不能让人满意呢？科斯的回答是，这些"传统的方法掩盖了不得不做出的选择的实质。人们一般将该问题视为甲给乙造成损害，因而所要决定的是：如何制止甲？但这是错误的。我们正在分析的真正问题具有交互性质，即避免对乙的损害将会使甲遭受损害。必须决定的真正问题是：是允许甲损害乙，还是允许乙损害甲？关键在于避免较严重的损害"①。这句话，是科斯对权利相互性所作出的简略而精当的概括。它让我们看到，权利并不是绝对的，即使是法律明文规定的权利也不是绝对的，一个人甚至不能绝对地说"这是我的权利"，因为你的权利与他的权利之间，可能存在一个交叉或重叠的部分：你的权利中的某一部分，同时也是他的权利。在当代中国的法律理论中，这种情况被概括为"权利冲突"②。按照科斯的理论，权利冲突的根源就是权利的相互性。因此，在甲的权利与乙的权利发生冲突的情况下，或者说，在发生外部侵害的情况下，法律上需要解决的真正问题是：把重叠部分的权利归属于甲还是归属于乙？如果仅仅从法律上看，无论是归属于甲还是归属于乙，都是可以成立的。因为双方都可以依法提出自己的权利主张，司法者也可以遵循先例，运用价值衡量、利益衡量之类的法律方法作出裁决。但是，科斯认为，司法者按照法律或先例作出裁决的时候，必须考虑这样一个前提：要避免"较严重的损害"。所谓"较严重"，在科斯的理论中，是用经济制度的运行效率来衡量的，更简而言之，是用"产值最大化"来衡量的。

---

① 科斯. 企业、市场与法律. 盛洪，陈郁，译. 上海：格致出版社，上海三联书店，上海人民出版社，2009：97.
② 刘作翔. 权利冲突的几个理论问题. 中国法学，2002（2）.

把重叠部分的权利归属于甲还是归属于乙，必须考虑哪种归属能够产生更大的经济效益，能够让资源得到更优的配置。这样的思维模式，典型地体现了经济学家的旨趣。这样的经济思维与传统的法学思维形成了较大的差异，体现了法律经济学的特质。为了更好地解释法律经济学对于外部侵害问题的解决思路，我们以科斯在《社会成本问题》中举出的一个案例来说明。

这是科斯举出的诸多案例之一：原告是一幢公寓的所有者和出租者，被告是毗邻公寓的一些小型别墅和一个庭院的所有者。在公寓下面是个岩洞式地下室。地下室有个洞或斜井与被告庭院的旧井相连，这座井就此成为地下室的通气管道。地下室在酿酒过程中一直被用于特殊目的，那里若不通风，就无法酿酒。原告提起诉讼的理由是被告将栅栏从井口移走，以便阻止或防止空气从地下室自动升到井口。从案例报告中看不出被告为何采取这一步骤。也许，酿酒过程中会产生一种气体，这种气体升到井里并冒到外边的空气中来，对他来说是难闻的。无论如何，他倾向于关闭庭院里的井。法院首先必须决定公寓所有者是否有空气流通权。在此案中，空气流通局限于"严格规定的通道"，法官因此认为公寓所有者享有空气流通权。有证据表明，从地下室到水井的通风管道已存在 40 余年，斜井作为通风管道必然为庭院主人所知，因为当空气排出时，空气中有酿酒的气味。法官因此认为，公寓主人因"被遗忘的授权的原则"（doctrine of lost grant）而获得这样的权利。该原则认为："如果合法权利被证实已经存在，并已行使了多年，法律应当假定该权利有合法的起源。"因此，别墅和庭院的主人不得停止使用水井，并得忍受酿酒的气味。总而言之，原告胜诉。

对于这个案件，科斯的评论是："对经济学家来说，法院在决定合法权利时陈述的理由似乎常常很陌生，因为判决中许多因素对经济学家而言是毫不相干的。正因为如此，从经济学家的角度看，与此相同的情况可由法院以完全不同的方式解决。所有涉及有害影响案例的经济问题，是如何使产值最大化。……经济问题是要决定在二者之间选择哪一个：是啤酒的低成本和毗邻房屋的主人的不适感，还是啤酒的高成本和舒适感？在决定该问题时，'被遗忘的授权的原则'与法官的看法有关。但应该记住，法院面临的迫切问题不是由谁做什么，而是谁有权做什么。通过市场交易修改权利最初的合法限定通常是有可能的。当然，如果这种市场交易是无成本的，那么通常会出现这种权利的重新安排，假如这种安排会导致产值的增加的话。"①

在这里，科斯凸显了两种不同的处理案件的思维方式：在司法实践中，"被遗忘的授权的原则"作为一个沿袭已久的先例和准则，支配了法官、法院对于此案的判决。但是，从经济学家的角度来看，完全不必考虑什么"被遗忘的授权的原则"，而是应当考虑如何使产值最大化。把初始权利界定给谁，应当以"产值最大化"作为评判的标准。不妨设想，如果让科斯来充当裁判者，那么，他遵循的裁判依据就不是法律中的"被遗忘的授权的原则"，而是"产值最大化"这个基本的准则。如果说"被遗忘的授权的原则"主要体现了对先例、法律的遵循，以及对社会秩序的延续性、可预期性的追求，那么"产值最大化"则主要体现了对于经济效率的追求。到底是允许甲损害乙还是允许乙损害甲，不必考虑法律或先例的规定，而应当以"产值最大化"作为准则。这就是经济学家处理权利冲突（外部侵害）的思维方式。

---

① 科斯. 企业、市场与法律. 盛洪，陈郁，译. 上海：格致出版社，上海三联书店，上海人民出版社，2009：111-112.

　　以经济效率作为处理权利冲突问题的依据，难免引起法学界的批评。英国曼彻斯特大学法学院杜斯柏瑞教授的批评就很有代表性，他说："这种思考方式对法学者们是不会奏效的，尤其是当他们试图把它运用于民事侵权行为以外的领域时。当你打了我的脸，可以这样描述这个事件：我不知何故错误地伸脸能使你打着。这样描述是否正确，或者是否更具有相互性？天黑以后在公共场合对妇女的性侵犯是一个多发事件，对这个问题的科斯方案可能就是：应该鼓励妇女在夜里自觉地待在家里。即使妇女自身确实是以最小成本纠正这个问题的关键，但我们可以想象，可能很多人都会认为这样的解决方案太消极了，因此，人们会反对它。正如辛普森所述，'科斯的著作时常表明，仿佛他发现整个有关损害的概念都是莫名其妙的。因为只有洗衣者把衣服搭晾在绳上，浓烟才造成了洗衣店的损失，双方当事人共同导致了损害。如果肯尼迪总统不在达拉斯，就不会被奥斯瓦德或其他什么人枪杀；他和奥斯瓦德共同导致了他的死亡'。当然，科斯特指的是涉及不可调和的、土地使用形式的社会成本的相互性。然而，法学家倾向于认为，相互性问题不是如经济学家所想的那样，是在最小成本的损害的基础上，决定谁应该被允许损害谁，而是一个法律问题，因此，这就要求人们关注因果关系。然而，科斯对因果关系不感兴趣，他的推理不是法律推理。"①

　　如果说科斯的推理不是法律推理，那是什么推理呢？回答是：经济推理。按照科斯的权利相互性理论，在各执一词的原告和被告之间，谁输谁赢，应当以"产值最大化"作为评判依

---

　　① 杜斯柏瑞. 罗纳德的成功之道//米德玛. 科斯经济学：法与经济学和新制度经济学. 罗君丽，等译. 上海：格致出版社，上海三联书店，上海人民出版社，2010：244-245.

据；对于法律或先例是怎么规定的，不必过多考虑。传统的法律推理，则是以法律或先例作为大前提，以案件事实作为小前提，最后得出一个结论。这就是法律推理与经济推理的差异。科斯的经济推理不同于法律推理，虽然不可能从根本上完全取代法律推理，但它至少提供了理解权利冲突或外部损害的一种新视角。

三、雇主与雇员的法律关系

在《企业的性质》一文的最后一节，科斯强调了雇主与雇员的法律关系。他说："通过考虑通常被称为主人与仆人或雇主与雇员的法律关系，我们能很好地研究现实中企业的构成问题。这种关系的实质列举如下：（1）仆人必须向主人或主人的其他代理人承担提供个人劳务的义务，而契约就是有关物品或类似物品的出售的契约。（2）主人必须有权亲自或者通过另一个仆人或代理人控制仆人的工作。"——这两个方面的概括，出自经济学家巴特（Batt）的《主人与仆人》一书。科斯将巴特的论述引证于此，表明他认同这样的归纳。由巴特的分析出发，科斯得出的结论是："由此可见，指挥是'雇主与雇员'这种法律关系的实质。"[1]

如何理解这个结论？"指挥"一词是否可以概括雇主与雇员的法律关系的实质？或者说，"指挥"是雇佣法律关系的实质吗？

---

[1]　科斯. 企业、市场与法律. 盛洪，陈郁，译. 上海：格致出版社，上海三联书店，上海人民出版社，2009：51.

　　1988 年，科斯在《企业的性质：起源、含义与影响》一文中，对半个世纪以前的这个论断进行了再思考。他说："我1937 年的论文的主要弱点之一是由于使用雇主与雇员关系作为企业的原型造成的。它所描述的企业性质是不完整的，更重要的，我相信它误导了我们的注意力。使用雇佣与被雇佣关系这个比喻所造成的不完整性在 20 世纪 30 年代我就非常清楚。在文章的最后一节，我试图表现我对企业定义的现实主义，我把它与雇主—雇员的法律关系进行比较。但我在脚注中又说，法律概念与经济学概念是不同的，'因为企业可能意味着既控制着另一个人的财产也控制他们的劳动'。在 1934 年中前后我所写的注释里，我说雇主—雇员合同接近但不会产生完整的企业关系，除非'人们为了彼此合作的事情签订几个这样的合同'。虽然如此，但在我的文章中，至少有一处，我似乎忘记了这项必要限制。我的表述好像是雇主—雇员关系就是所包括的一切。"①

　　在这段话中，科斯对他的"指挥是雇佣法律关系的实质"的观点似乎有所修正。这段话似乎在告诉我们：用雇主—雇员关系作为企业的原型是一个弱点，因为这种关系并不能完整地说明企业的性质；同时，"雇主与雇员"的法律概念和企业的经济学概念是不同的，但这两个概念的一致性是存在的。那么，一致性在哪里？按照我的理解，科斯把"指挥"作为雇主—雇员之间法律关系的实质，是从经济学上来说的，是从经济学上对企业性质的描述，是从经济学上对企业与市场之差异的再强调。

　　指挥是企业家对劳务提供者的指挥，是雇主对雇员的指挥，

---

　　① Coase，Ronald H. 1988. "The Nature of the Firm：Origin，Meaning，Influence." *Journal of Law，Economics，and Organization* 4（1）：3–47. 霍奇森. 科斯主义的混乱：企业的性质和历史特性问题//米德玛. 科斯经济学：法与经济学和新制度经济学. 罗君丽，等译. 上海：格致出版社，上海三联书店，上海人民出版社，2010：32.

这是较长期的劳务契约的题中应有之义。"通过契约，生产要素为获得一定的报酬（它可以是固定的也可以是浮动的）同意在一定限度内服从企业家的指挥。契约的本质仅在于它限定了企业家的权力范围。只有在限定的范围内，他才能指挥其他生产要素。"① 可见，劳务合同既规定了企业家指挥雇员的限度、范围，同时也为企业家行使权力、指挥雇员提供了依据。这就是雇主"指挥"雇员的实质。

科斯关于雇主与雇员法律关系的论述，同样是为了说明"企业的性质"这个根本问题的。企业为什么产生？是因为企业可以节省某些交易费用。从经济学的角度来看，企业是节省交易费用的产物与机制。因为在企业内部，在雇主与雇员之间签订了较长期的劳务契约的前提下，雇主可以通过指挥的方式来安排雇员的劳动，这就节省了双方之间每时每刻都要发生的交易费用。这就是说，雇主对雇员的指挥是一个有效率的经济安排。这就是"指挥"一词的经济学含义。科斯在 1937 年、1988 年反复强调的对于企业定义的"现实主义"，则是指"交易费用不为零"这样的现实状况，因为在现实的市场交易过程中，交易费用不可能为零。与这样的"现实主义"形成对照的，则是新古典经济学理论中盛行的"理想主义"：市场机制或价格机制似乎不需要成本，人与人之间的交易似乎在真空中发生，没有任何"摩擦力"，也不耗费任何成本。科斯所说的"现实主义"，就是要批评这种"不现实"的理想状态。

从法学的立场上看，用"指挥"来描述雇主与雇员之间法律关系的实质，是有问题的，因而是不准确的。作为一种劳动合同关系，雇主与雇员之间的法律关系本质上还是一种契约关系。在劳动合同关系存在期间，雇主（企业家）对雇员（劳动者）确实享有某种"指挥者"的身份，但是，这种"指挥"关系并不能压倒"契约"关系。

而且，即使具有指挥或控制的关系，在不同的雇佣关系中，指挥或控制的程度也是有差异的，甚至有很大的差异。正如霍奇森所言："尽管科斯没讲清楚，但事实上，'劳务合同'（contract of service）和'服务合同'（contract for service）的区分对他的企业理论至关重要。关键问题不是控制之类的问题，一定程度和一定类型的控制，即使是在独立签约人（independent contractor）的情况下也存在。假如我们雇用一个合同工来擦窗，并没有对他的工作方式进行控制，但通过要求服务按照签订的合同来开展，我们在一定程度上对合同工进行了控制。在雇佣合同（employment contracts）和服务合同（譬如销售合同）里都存在着一定程度的控制。"① 换言之，指挥或控制既存在于雇佣合同中，也存在于服务合同中，而通过服务合同显然不足以形成一个企业。这就意味着，人与人之间的指挥关系或控制关系，并不是企业的特质，不是雇主与雇员之间法律关系的特质。举个例子来说，我去餐馆用餐，我与餐馆服务员之间就形成了一个服务合同关系，但是，我与餐馆服务员并未组成一个企业，——虽然我也可以凭借已经形成的服务合同"指挥"餐馆服务员："给我送一个杯子过来。"

从"现实主义"的角度来看，在人与人之间的交往过程中，控制无处不在，甚至控制与反控制之间的相互纠缠也是一种常态。譬如，在雇主与雇员之间，如果雇员是一个身怀绝技的高

① 霍奇森. 科斯主义的混乱：企业的性质和历史特性问题//米德玛. 科斯经济学：法与经济学和新制度经济学. 罗君丽，等译. 上海：格致出版社，上海三联书店，上海人民出版社，2010：35.

级技术专家，他也可以凭借自己的特殊技术对雇主构成某种反向的控制或要挟："你如果不满足我的某种要求，我就辞职走人。"从这个角度来看，以控制或指挥来描述雇主与雇员之间法律关系的实质，确实有商榷的余地。说到底，雇主与雇员的法律关系是一种劳动合同关系。

四、关于科斯定理

讨论科斯的法律经济学思想，必然会涉及科斯定理。科斯定理虽然名气很大，但引起的争议也很大。由于"科斯定理"是施蒂格勒在他的《价格理论》一书中对科斯的理论学说的一种概括，而科斯本人并未对这个定理作过准确的表达，因而在学术史上，关于科斯定理长期聚讼纷纭，并没有一个定型化的说法。

澳大利亚国立大学经济学系的马丁泽尔德教授有一段话，描述了科斯定理的境遇："在芝加哥一个肮脏的住所里，一个22名争论不休的男性学者'助产士'所组成的团体，经过数小时的关于母腹里是否有胎儿的争论之后，才把小'科斯定理'接生出来。由于1960年的降生直到1961年才被宣布，然后，直到1966年，这个孩子才由另一个男人命名！所以，他的身份危机一直存在。对这个被其父亲后来描述为'简单，的确是那么简单'的孩子的批评接踵而至。反复有人说，他不配'科斯定理'这个名字，而是应被称作'科斯命题'或'科斯结论'乃至'科斯猜想'，目前，'科斯猜想'这个名字已经属于他备受困扰的弟弟了。直到1977年，学界权威宣布：'科斯定理'是虚幻的产物，常年遭受1972年以来人所共知的'破坏了其逻辑性'的'先天'疾病的困扰。自那以后，陷入黑暗但无畏的'科斯定理'能否获得新生就成为一个激励好奇者和病态者的问题。"① 透过这段生动形象的"科斯定理"之学术简史，我们能够看到的，其实是一个扑朔迷离的"科斯定理"形象。

围绕科斯定理而产生的争议（甚至是非议）还体现在权威工具书《新帕尔格雷夫经济学大辞典》中。该辞典在"科斯定理"这个词条中写道："给从未涉及过科斯定理的学生上科斯定理课的教师，都亲身感受到了科斯定理所引起的惊叹和佩服，但科斯本人却未将定理写成文字，而其他人如果试图将科斯定理写成文字，那很可能是走了样的，或成了同义反复。被引为科斯定理的命题或命题组，源于一系列案例（科斯，1960年）。科斯像法官一样一直拒绝把他初始论文中的论点加以广泛的推广。正如法官的言论一样，对于他论文中的每一个解释，都有另外一种似乎说得通的看法。"这就是说，关于科斯定理的任何界定都可能遭到异议，都很难得到普遍的赞同。这情形就像哈姆雷特的遭遇——不同的人心中有不同的哈姆雷特，不同的人心中也有不同的科斯定理。尽管如此，这部辞典还是勉为其难地对科斯定理的具体内容进行了归纳。

第一，根据"自由交换论"，"法定权利的最初分配从效率角度上看是无关紧要的，只要这些权利能自由交换。换句话说就是，由法律所规定的法定权利分配不当，会在市场上通过自由交换得到校正。这种观点认为：保障法律的效率，就是消除对法定权利自由交换的障碍。含混不清常常损害法定权利，使其难于得到正确估价"。

---

① 泽尔德. 对话科斯的成本：一个旨在调和对科斯定理的证明和反证的综述//米德玛. 科斯经济学：法与经济学和新制度经济学. 罗君丽，等译. 上海：格致出版社，上海三联书店，上海人民出版社，2010：84.

第二，根据"交易成本论"，"法定权利的最初分配从效率角度看是无关紧要的，只要交换的交易成本为零"。因此，"要利用法律最大限度地降低交易成本，而不是消除这些成本"。

第三，根据"市场机制失灵论"，"法定权利的最初分配从效率角度来看是无关紧要的，只要这些权利能够在完全竞争的市场进行交易。这种观点认为：保证法律的效率，就是保证有一个法定权利交换的完全竞争市场"。

在归纳了科斯定理的三个方面的内容之后，这个词条的作者还写道："以科斯定理的这三条说明中任何一条来确定科斯定理，都会碰到障碍，这些障碍表明，科斯定理有可能是错误的或仅仅是同义反复。"① ——这个结论，显然不能得到科斯本人的赞同。

不管科斯定理是不是一个"错误"或"同义反复"，都无法抹去它在经济学以及法律经济学领域的巨大影响，它之所以引起巨大的争议，原因也许在于它没有最后定型，始终存在较大的想象空间或再创造的空间。不过，无论怎么界定、理解科斯定理，都必须回到它赖以萌生的母体，那就是1960年的《社会成本问题》以及1959年的《联邦通讯委员会》，它们催生了学术界聚讼纷纭的科斯定理。在这些文本中，科斯本人是怎么表达以他的名字命名的"定理"的呢？

如前所述，科斯并没有直接阐述以他的名字命名的"定理"，在《社会成本问题》中，科斯主要是通过一系列的司法案件来表达他的思想观点，或者说，科斯定理所包含的思想观点，主要体现在他对一系列案件的评析中。科斯写道："在研究通过市场重新安排合法权利的问题时，已经强调了这种重新安排只

---

① 约翰·伊特韦尔，默里·米尔盖特，彼特·纽曼. 新帕尔格雷夫经济学大辞典：第一卷. 北京：经济科学出版社，1996：497-499.

有通过市场进行，才会导致产值的增加。但这一论点假定市场交易的成本为零。一旦考虑到进行市场交易的成本，那么显然只有这种重新安排后的产值增长多于它所带来的成本时，权利的重新安排才能进行。反之，禁令的颁布和支付损害赔偿金的责任可能导致发生在无成本市场交易条件下的活动终止（或阻止其开始）。在这种情况下，合法权利的初始界定会对经济制度的运行效率产生影响。权利的一种安排会比其他安排产生更多的产值。但除非这是法律制度确认的权利的安排，否则通过转移和合并权利达到同样后果的市场费用如此之高，以至于最优的权利安排以及由此带来的更高的产值也许永远也不会实现。"① 这段话，堪称科斯本人对科斯定理的集中表达。

在1994年的一篇演讲中，科斯重申了《社会成本问题》一文的主题，他说："这篇文章一发表后，即刻受到芝加哥大学一群有影响力的经济学者的全力支持，特别是施蒂格勒。我的论点是，在交易成本为零的环境下，资源配置与负债的法律地位无关。施蒂格勒将之命名为'科斯定律'。这样更加深各方对这篇文章的注意，许多攻击以及防卫科斯定律的文章纷纷出笼。科斯定律所探讨的是零交易成本下的状况，这一点对该文受到瞩目也有所帮助，因为大部分的经济学者都习惯于在交易成本为零的假设下从事分析，尽管这项假设大为背离真实世界。大家似乎未发现，此一定律可以应用到交易成本大于零的真实世界。"②

通过这段话，科斯告诉我们：第一，如果交易成本为零，那么，法定权利的初始界定不影响资源配置的效率——这是学

术界对科斯定理的一般印象，也是《新帕尔格雷夫经济学大辞典》"科斯定理"词条作者的立场。第二，交易费用为零的情形，并不是科斯的最终指向，因为这样的情形背离真实世界。在真实世界中，交易费用始终大于零，在这样的情形下，法律对初始权利的界定将会影响到资源配置的效率——这种情况，才是科斯定理的最终指向。

在《社会成本问题的注释》一文中，科斯追溯了"科斯定理"的由来，这亦有助于我们更深入地理解"科斯定理"。他说："'科斯定理'这一术语并非我的首创，我亦未曾对这一定理作过精确的表述。该术语的提出及其表述应归功于施蒂格勒。然而，他对该定理的阐述确实是建立在我的研究工作基础上的。人们可以在我的论文中发现同样的思想，尽管表述不同。我最初是在《联邦通讯委员会》一文中提出了业已被归纳为科斯定理的观点。我说：'一个新发现的山洞是属于发现山洞的人，还是属于山洞入口处的土地所有者，或是属于山洞顶上的土地的所有者，无疑取决于财产法。但是，法律只确定谁是必须与之签约才能获得山洞使用权的人。至于山洞是用于储藏银行账簿，还是作为天然气贮存库，或种植蘑菇，并不取决于财产法，而取决于银行、天然气公司和蘑菇企业哪一个能够付出最高费用以获得山洞使用权。'"① 按照科斯的这番自述，"科斯定理"萌生于《联邦通讯委员会》，成熟于《社会成本问题》。

按照科斯的这些论述，我们认为，科斯定理可以概括为：如果交易费用为零，合法权利的初始界定不影响资源配置的效率；如果存在交易成本，合法权利的初始界定会对经济制度的

---

① 科斯. 企业、市场与法律. 盛洪，陈郁，译. 上海：格致出版社，上海三联书店，上海人民出版社，2009：153.

运行产生影响，会影响到资源配置的效率。这个定理，可以说是科斯的法律经济学思想的核心内容。

五、评论及延伸性讨论

以上我们从几个不同的方面论述了科斯的思想观点，但是，在科斯自己看来，他只有一个观点。正如他在《企业、市场与法律》这本论文集的开篇所言："本书的核心是《企业的性质》（1937）、《边际成本的论争》（1946）和《社会成本问题》（1960），其余几篇或拓展、或说明、或解释了上述三篇文章的观点。我们很快就会看出，所有这些文章实质上都包含同一观点。"① 这个"同一观点"，其实就是对交易费用的发现、论证与运用。要理解这个观点的价值，就需要把握科斯所置身于其中的学理背景。在科斯之前，在正统经济学理论中，交易是一个重要的概念，康芒斯在《制度经济学》中，更是对交易这个概念进行了全方位的研究，区分了买卖的交易，即平等主体之间的交易；管理的交易，即上下级之间的命令与服从关系；限额的交易，即政府对个人的交易（征税）。② 在正统经济学理论中，交易好像是在瞬间完成的，交易的过程、细节、难题并没有进入理论研究的视野。科斯的独特之处，就在于对交易过程本身的研究，正是聚焦于交易的过程，让科斯提出了交易费用这个至关重要的核心概念与

---

① 科斯. 企业、市场与法律. 盛洪，陈郁，译. 上海：格致出版社，上海三联书店，上海人民出版社，2009：1.
② 康芒斯. 制度经济学：上册. 于树生，译. 北京：商务印书馆，1981：74-86.

基本思想。①

　　交易费用的实际存在，为经济学家以及法学家提供了新的施展智慧的空间，那就是，尽可能降低人与人之间的交易费用。要降低交易费用，一个相对简便的办法就是减少交易的次数。企业就是根据这样的原理产生的。因为一个相对长期的雇佣合同，可以把多个零散的交易进行"一揽子"的打包处理，合并为一个交易，这样，频繁的、零散的交易所发生的费用就部分地节省下来了。经由这个过程，雇主与雇员之间的雇佣关系形成了，企业也由此形成了。在企业内部，雇主对于雇员的不需要谈判的科层化管理，就成为降低交易费用的有效装置。

　　按照同样的逻辑再往前推，可以发现，还有一些交易费用，仅仅通过企业这种装置，还不能有效地节省下来。在企业的科层体制所不及的地方，就是政府发挥作用的地方。在这个意义上，政府就成为企业的升级版，因为通过政府的科层制管理，同样可以达到节省交易费用的目标。可见，从交易费用这个视角出发，既可以解释"企业的性质"，还可以进一步解释"政府的性质"。

　　交易费用这个概念还提供了重新审视侵权损害（亦即外部侵害）的新视角：为了解决损害赔偿纠纷，双方就需要商谈，商谈的过程同样会产生交易费用。试想，如果没有交易费用，争议双方经过反复的、无休止的商谈，最终是可以解决纠纷的，而且纠纷的解决结果能够实现资源的最佳配置。然而，交易费用不可能为零，在这种情况下，司法程序就成为降低商谈费用

---

　　① 1983年，科斯在《美国经济评论》上发表的《新制度经济学》一文中写道："亚当·斯密也曾指出，我们应当关注现实中的商品与劳务，以及什么决定了它们的种类和数量。尽管如此，经济学家在研究它们时，却忽略了那些在市场中决定商品和劳务被交易且因而被定价的因素。"胡庆龙. 罗纳德·哈里·科斯——新制度经济学创始人. 北京：人民邮电出版社，2009：19.

的替代性制度安排。从经济效率的目标来看，司法程序承担了多个方面的功能：第一，以相对固定的交易费用，解决了因外部侵害而导致的纠纷；第二，通过对初始权利的界定，亦即到底是允许甲损害乙，还是允许乙损害甲，从而影响了资源的配置；第三，为了实现资源的优化配置，为了实现产值最大化，司法机关应当针对权利的相互性，作出更具经济意义的选择。前文已经提到，在当代中国的法学理论中，权利冲突已经受到了一些学者的关注，但是，透过科斯的权利相互性理论，我们可以从经济效率的维度，对权利冲突的经济根源、经济效果作出更多的研究。

概括地说，科斯的理论创造以交易费用作为内核与起点。从交易费用出发，科斯在法学与经济学的交叉地带开启了一个新的理论领域，那就是法律经济学。显然，这是一个颇具诱惑力的领域，因而构成了一个值得探索的领域。正如科斯自己所言，自从他的几篇代表性文章发表之后，"经济学家做出了出色的研究工作，但要做的事情还很多，其中最艰难的任务是新学科'法与经济学'中的课题。经济体系与法律体系的相互关系极端复杂，法律变革对经济体系的很多影响（经济政策的最好素材）仍然不为我们所知。本书的文章只是指出了我们的研究方向，漫长、艰辛而意义重大的旅程就在前方"①。科斯在《企业、市场与法律》一书中指出的"研究方向"，既在经济学家的"前方"，也在法学家的"前方"，因而必须正视。

原刊《政法论坛》2014年第3期

---

① 科斯. 企业、市场与法律. 盛洪，陈郁，译. 上海：格致出版社，上海三联书店，上海人民出版社，2009：29-30.

第二章　波斯纳

　　虽然波斯纳在法律经济学领域内的著述内容丰富、数量较多，但我们可以从逻辑起点、研究进路、价值目标三个维度予以总体性的把握。波斯纳从美国本土生长起来的实用主义出发，从哲学上的实用主义衍生出法律实用主义，以之作为自己的法律经济学的逻辑起点和思想底色。他运用经济学的基本原理与分析方法，对法律的各个领域、各个侧面进行了全面的论述，从而构建了一个立体的法律经济学理论大厦。他的法律经济学理论虽然指涉甚广，但都有一个明确的指向，那就是，在超越功利主义的基础上，追求财富最大化这个具有伦理指向的价值目标。这就是波斯纳法律经济学的理论逻辑和内在理路。

　　波斯纳（Richard Allen Posner，1939— ）生于美国纽约，1959年毕业于耶鲁大学文学系，1962年毕业于哈佛大学法学院，曾任联邦最高法院法官的秘书、斯坦福大学法学院教授、芝加哥大学法学院教授。1981年任联邦第七巡回区上诉法院法官，同时担任芝加哥大学法学院的教职。在数十年的学术生涯中，波斯纳把经济理论全面运用于法律问题的研究，为法律经济学作出了突出的贡献，是当代最为杰出的法律经济学家之一。

波斯纳在法律经济学领域著述极为丰硕，且随时都在增加，以至于要完整地列举他的论著目录也是一件很困难的事情。不过，倘若要宏观地、整体地把握波斯纳的法律经济学思想，并不需要重述波斯纳的每一个具体的观点。相反，如果我们厘清了波斯纳的法律经济学从哪里出发、沿着什么样的路径、最终抵达何处这一脉络，我们也许就能够把握波斯纳法律经济学的理论逻辑或内在理路。

阅读波斯纳在法律经济学领域内的若干代表性著作，可以发现，波斯纳以众多著述建构起来的法律经济学理论，有一个共同的理论起点，那就是美国本土的实用主义，尤其是法律实用主义；然后，通过经济学的分析进路，最终指向财富最大化这个预期的价值目标。这就是波斯纳法律经济学的理论逻辑。对于波斯纳的法律经济学所赖以展开的这个理论逻辑，可以分述如下。

一、法律实用主义

实用主义几乎可以说是最具代表性的美国本土哲学。根据当代哲学家罗蒂的归纳，实用主义是由三个美国哲学家开创的一个哲学传统，这三个哲学家分别是皮尔斯、詹姆士和杜威。他们三个人代表了经典的实用主义哲学。大体上说，他们具有自然主义立场，反对形而上学的唯心论。后来，随着"语言学转向"的发生，奎因、塞拉斯、普南特等人复活了带有实用主义倾向的整体论、反基础论和自然主义。此外，还有其他指向的实用主义。① 作为一种哲学思潮的实用主义，普遍地强调经验、强调行动、强调实践、强调效果。正是这样的实用主义哲学，构成了波斯纳法律经济学的逻辑起点。波斯纳的法律经济学理论，就是在这种实用主义的浸润中生长起来的。

实用主义并不是一个统一的哲学流派，不同的实用主义哲学家对实用主义有不同的理解。波斯纳对实用主义也有自己的理解，他特别强调："重要的是让读者了解我用的实用主义意思不一样，我的意思与每个人说的实用主义意思不一样，因为不存在一种教条化的实用主义概念。我用它时，首先是指一种处理问题的进路，它是实践的和工具性的，而不是本质主义的；它感兴趣的是，什么东西有效和有用，而不是这'究竟'是什么东西。因此，它是向前看的，它珍视与昔日保持连续性，但仅限于这种连续性有助于我们处理目前和未来的问题。"② 这种对于实用主义的理解，本身就具有实用主义的特征。

把实用主义的基本指向运用到法律领域，即为法律实用主义。波斯纳说："运用到法律上，实用主义会把依据先例判决（即人们所知的'遵循先例'学说）当作一个政策，而不是当作一种义务。但首先应提出来的一个问题是，在法律上是否应运用实用主义，即是否应当用它来指导法律决定制作。斯坦利·费希会说，不应当；他会说，实用主义只是一块理论话语，而不是一块实践——包括法律实务和司法实践——话语。"但在波斯纳看来，毫无疑问，实用主义应当运用到法律上，而且，他的法律经济学基本上就是实用主义的产物。按照波斯纳的法律实用主义，在他所属的判例法国家，法院、法官对先例的遵循，

---

① 罗蒂. 实用主义：过去与现在. 张金言，译. 国外社会科学，2000（4）.

② 波斯纳. 超越法律. 苏力，译. 北京：中国政法大学出版社，2001：4.

并不是一项法定的义务，而仅仅是一项权宜之计，是一项权宜性的政策，或者说，对先例的遵循并不是目的，更不是天条，而是一种达到目的的手段；在遵循先例的背后，还有更加"实用"的目标值得追求。

那么，波斯纳所说的法律实用主义到底呈现出一种什么样的姿态呢？他接着说："我说的这种实用主义态度是能动主义的（渐进的，能办事的），它既否弃保守主义的'现有一切都最好'的说法，也反对命令论的'一切后果均非人所意图'的观点。这种实用主义相信进步，但又不自称能够界定进步；它相信深思熟虑的人类活动能够影响进步。这些信念都与实用主义的工具特点相联系。它是一种强调行动和改进的哲学，但它并不是说这种实用主义的法官就必定是一个能动主义的法官。可以称之为司法能动主义的是这样一种观点，即认为法院的权能和责任与政府其他机构的权能和责任是你进我退的关系。一个实用主义者完全可能有一些很好的实用主义理由，认为法院应当保持低姿态。"①

这就是说，波斯纳认同的实用主义特别强调把事情办成、办好、办妥，也就是要追求实际效果。一切以实际效果为目标，既不相信"存在的就是最好的"，也不立足于为现实辩护，甚至对"进步"也坚持某种谨慎和克制的态度，对各种各样的教条则保持某种怀疑的态度。因而，只有深思熟虑地追求实际效果，才是值得努力的方向。按照这种实用主义的观点，法院必须与国家权力的其他分支，譬如议会、政府，形成某种互补性的关系，因为不同的国家机构实际上都深深地镶嵌在一个网络之中。

波斯纳还说："除了强调可行、向前看和后果外，实用主义

---

① 波斯纳. 超越法律. 苏力, 译. 北京：中国政法大学出版社，2001：5.

者，或至少是我说的那种实用主义者（因为我们会看到一种以反经验、反科学形式出现的实用主义），都重视经验。这种实用主义对'事实'很感兴趣，并因此想很好了解不同活动进程如何操作、特征如何以及可能有什么结果。与此同时，它又怀疑这样的声称：我们能够获得有充分根据的确信，我们能达到某种事物的终极真理。我们的大多数确信都不过是我们偶然归属的那个社会中的流行信仰，这些流行的信仰只是未加批判地反映了我们的成长、教育、职业训练或社会环境。甚至我们的大多数长期坚持的'真理'也并非可以证明、追问、讨论和调查的真理，它们是同我们的参照系非常紧密整合在一起的真理。如果我们怀疑这些真理，我们的深刻信仰就会动摇，就会进而陷入一种无法自拔、不知所措的状态。因为任何一个证据都不比这个证据的前提更强有力，并且在这环环相扣的前提的最底层是一些无法动摇的直觉，是一些我们无法质疑的东西，是霍姆斯说的那些'不得不'。"①

这段话强调了经验和事实，只有尊重经验、尊重事实，才会取得预期的实际效果。如果排斥经验与事实，就会陷入教条主义的泥淖。正是基于对经验和事实的尊重，波斯纳对终极真理或绝对真理保持高度的警惕与戒备，因为有很多被当作真理的东西，不过是某个时代、某个社会的流行信仰。虽然人们都"不得不"依赖这些流行的信仰，但它们并不一定是真理。甚至，有没有"终极真理"都令人生疑。在一个实用主义者看来，根本就没有什么终极性的真理，因为"实用主义者是反教义的，它怀疑我们能否有一天得知我们已经到达终极真理（或复数的真理）。它想保持持续不断的辩论、开放的探讨"，而且，"实用主义者珍视自由探讨，珍视探讨者的多样性，珍视实验。他不

① 波斯纳. 超越法律. 苏力, 译. 北京：中国政法大学出版社，2001：5-6.

把科学家当作宇宙终极真理的发现者，而是把科学家视为错误的揭露者"①。

在一个实用主义者那里，只有不间断的探讨、开放性的探讨。探讨的价值与意义，与其说是发现真理，不如说是揭露谬误。波斯纳的这种实用主义态度，可以从两个方面加以延伸。一方面，从思想源头来看，这种对待真理（流行信仰）的态度，与古希腊时期的苏格拉底对待流行信仰的态度很相似。譬如，在《理想国》的开篇，苏格拉底就提出了这样的追问："究竟正义是什么呢？""西蒙尼得所说的正义，其定义究竟是什么？"②苏格拉底对于这个问题的探讨，就是一个极其开放性的讨论，一切关于这个问题的教条或流行信仰，都受到了质疑和辩难。苏格拉底对待问题的方式，虽不能等同于美国的实用主义哲学，但是，在对待流行教条、流行信仰的问题上，他们分享了某些相似的态度和旨趣。另一方面，波斯纳认同的实用主义还可以在后现代主义的思潮中得到解释，因为后现代主义哲学对待确定性、对待真理的某些态度，譬如，反基础主义③，几乎就是波斯纳对待真理的态度。因此，在一定程度上，我们可以把波斯纳对实用主义的认同，视为后现代主义对于法律经济学理论的成功入侵。

在波斯纳看来，实用主义之所以富有生命力，一个很重要的原因就在于，"实用主义者们更具经验性，更现实，更符合真

---

① 波斯纳. 超越法律. 苏力，译. 北京：中国政法大学出版社，2001：7.
② 柏拉图. 理想国. 郭斌和，张竹明，译. 北京：商务印书馆，2002：6.
③ 譬如，罗蒂在为《哲学和自然之镜》的中译本所写的序言中指出："我们应当摒弃西方特有的那种将万事万物归结为第一原理或在人类活动中寻求一种自然等级秩序的诱惑。"而且，"那种认为人无论如何能将发生于道德和政治思考中的以及在这类思考与艺术实践的相互作用中的一切问题置于'第一原理'（哲学家的职责正在于陈述或阐明这些原理）之下的整个想法，开始变得荒诞不经了"。罗蒂. 哲学和自然之镜. 李幼蒸，译. 北京：三联书店，1987：14.

实的人们的真实需要，但是，如果从此得出一个必然推论，说法律学者都应当抛弃理论，那也是一个错误。事实和理论并不相互对立；科学，包括好的社会科学，都是事实和理论的统一。法律学者既应当抛弃糟糕的理论，也应当抛弃糟糕的经验性研究。现实主义法学家的经验研究就不仅失败了，而且，除了在法律学术界留下了一个恶名外，没有交出什么经验性研究成果。这就例证了，脱离理论框架的经验性研究不会有什么结果"①。

这里的"但是"一词，是一个值得注意的转折，它展示了波斯纳认同的实用主义的另一个维度：对于理论的特别倚重。实用主义重视经验、重视现实，因而能够取得实际效果。但是，实用主义绝不轻视理论。波斯纳在法律经济学领域内已经完成的数量庞大的著述，已经证明了这一点。因此，一个坚持实用主义的法律学者不仅应当重视经验和事实，还必须要有理论。没有理论建构和理论分析，经验和事实就只是一堆素材，就只是一些原材料。只有通过理论的加工、建构、提炼，才可能成就好的经验性研究。波斯纳似乎看不起现实主义法学家们的研究成果，认为他们只留下了"恶名"，原因就在于，按照波斯纳的标准，现实主义法学家的著述中只有经验与事实，没有理论，或者说，没有像样的理论，没有好的理论。

只有重视理论的实用主义者，才是波斯纳认同的法律实用主义者。在这个群体中，霍姆斯法官、卡多佐法官可以说是其中的杰出代表。波斯纳说："我还想在 1921 年停顿一下，我想考察一下本杰明·卡多佐在这一年对法律实用主义的系统表述，这一年，他发表了《司法过程的性质》，这是法律实用主义的一个既清晰又精到的宣言。"② 那么，《司法过程的性质》又是如

---

① 波斯纳. 超越法律. 苏力，译. 北京：中国政法大学出版社，2001：23.
② 波斯纳. 超越法律. 苏力，译. 北京：中国政法大学出版社，2001：448.

何表达法律实用主义的呢？

在这本堪称经典的著作中，与波斯纳一样，同时兼具法官与法学家两种身份的卡多佐，在谈到法律的最终原因时声称："法律的最终原因是社会的福利。未达到其目标的规则不可能永久性地证明其存在是合理的。……有那么一个古老传说，说是有一天上帝祈祷了，他的祈祷词是'让这成为我的意愿，我的正义为我的慈悲所支配'。这就是形式主义的恶魔以科学秩序的诱惑力来欺骗我们的智识时，我们大家都不时需要发出的祈祷词。当然，我不是说，法官被授权随意将现存的规则放在一边，而偏好任何其他一套他们也许认为是便利或明智的规则。我所说的是，当他们应召就现存规则应如何延伸或如何限制而发言时，他们一定要让社会福利来确定路径，确定其方向和距离。……而我们的任务就是去发现这种社会福利。"[①]

在这里，卡多佐把法律的目的和效果定位为社会福利。他认为，为了实现社会福利这一法律的终极目标，法律的规则是可以进行弹性处理的。对法律中的形式主义应当高度警惕，规则的选择、去留应当以社会福利为标准。在波斯纳看来，这就是一种追求社会效果的法律理论，堪称法律实用主义的理论宣言；至于卡多佐本人，则是典型的法律实用主义的实践者。

虽然波斯纳的法律实用主义是从实用主义哲学中孕育出来的，但是，法律实用主义与哲学上的实用主义是不同的，不能把两者混为一谈。如果要把这两种不同的实用主义区分开来，首先必须对哲学上的实用主义有一个大致的了解。波斯纳说："当年，《司法过程的性质》出现时，约翰·杜威是实用主义的首席哲学家，杜威版的实用主义在卡多佐的著述中最为明显。在此后的许多年间，杜威继续保持着多产。但一直到1960年

---

① 卡多佐. 司法过程的性质. 苏力，译. 北京：商务印书馆，2000：39-40.

代，实用主义几乎都没有什么新东西。然而，在这一时期，哲学中却发生了许多事情，都支持了实用主义的进路。逻辑实证主义就是实用主义的，因为它强调可证实性，与之相伴而来的是敌视形而上学，它要求理论对经验世界有所成就。波普尔的证伪主义科学哲学与皮尔士的科学哲学也颇为相近：两者都以怀疑作为进步的动力，都把真理看成是一个不断消退的目标。后期维特根斯坦和奎因的反基础主义、反形而上学和拒斥确定性的主旋律，也都可以看成是对詹姆士和杜威观点的延伸。到了 1970 年代和 1980 年代，这些溪流汇合了，形成了当代的实用主义，在分析哲学中，代表人物有戴维森、普特南和罗蒂，在政治哲学中，代表人物有哈贝马斯，在人类学中，有吉尔兹，在文学批评中则有费希"①，等等。

这个"波斯纳版本"的"实用主义哲学简史"告诉我们，杜威是实用主义的经典作家，他对卡多佐产生了明显的影响。实用主义以怀疑、证伪，特别是对形而上学的批判，影响了美国的法律理论和法律实践，卡多佐的法律理论与司法实践就是实用主义影响下的产物。不过，作为一名法官及法学家，波斯纳无意介入哲学上的实用主义与其反对派之间的争议。他说，哲学上关于"语言是否反映实在，自由意志与科学世界观是否兼容以及这些问题是否还有意思这样一些问题。我对这些争议都不感兴趣。我感兴趣的是作为一种倾向的实用主义，它喜欢把政策判断基于政策和后果，而不是基于概念主义和通则"。以此为基础，波斯纳对哲学上的实用主义与法律中的实用主义——两者之间的相互关系，特别是前者对后者的影响，进行了辨析。

---

① 波斯纳. 超越法律. 苏力, 译. 北京：中国政法大学出版社，2001：451-452.

他说:"哲学实用主义与实用主义审判并非完全不相关。大多数哲学玄思……都倾向于动摇某个人的前设。一位阅读社会或(更可能如此)想起自己学生时所读之书的法官或律师也许会感到界定其职业文化的那些假定都在自己脚下流变。哲学,特别是实用主义哲学,让人怀疑,而怀疑让人追究,使得一个法官较少是一个教条主义的审判者,而更多是实用主义的或至少是思想开放的审判者。……作为正统哲学的怀疑主义挑战者,实用主义的作用是鼓励一种对正统法学之基础持怀疑主义,因为正统法学与正统哲学有许多类似之处。这就是为什么理查德·罗蒂,尽管他很少讨论法律问题,却频繁为法律评论引证的原因。哲学实用主义并不一定得出法律实用主义或任何其他法理学立场。但是,它也许对法律的实用主义进路起到了一种传承或养成的作用。"[①]

哲学实用主义对法律实践、法律理论意味着什么?意味着前者蕴含的怀疑精神可以销蚀法官们沾染的教条主义习气,可以让一个法官的思想更加开放,考虑问题更加实际。波斯纳自己就是法官,哲学实用主义的这种效应,想必是他的经验之谈。因此,如果要问,作为法学家的波斯纳为什么如此成功,他也许就会归功于实用主义所蕴含的怀疑精神对他的理论滋养。如果再问,作为法官的波斯纳为何如此成功,他难道不会同样归功于实用主义让他走出了教条化的思维习惯,让他走进了一个更加开放的法律世界?

一个法官,特别是一个"实用主义法官总是为了目前和未来尽可能做最好的事,不受任何在原则上同其他官员的已为保持一致的义务所约束"。因此,一个"实用主义法官与强烈意义

① 波斯纳. 道德与法律理论的疑问. 苏力,译. 北京:中国政法大学出版社,2001:263-264.

上的实证主义法官（即相信法律就是立法机关规定的规则系统，并且仅仅由法官适用）之间的差别就在于，后一种法官的中心关注是要与以往立法保持一致，而前一种法官只有在依据先例判断也许是产生最有利于未来之结果的最好方法的范围内才关心与以往保持一致"[①]。在这里，波斯纳区分了两种法官：实用主义法官与实证主义法官。所谓实证主义法官，即严格按照法律或判例处理案件的法官。在中国的法学语境下，按照吴经熊的著名说法，即坚持"法律是本法庭的唯一偶像"的法官[②]，亦即坚持"法律至上"的法官。但是，在法官波斯纳看来，这样的实证主义法官并不值得推崇；相反，实用主义法官由于追求"最有利于未来之结果"，因而才是更好的法官。波斯纳预设的这种法官形象，与当代中国法学理论中对法官形象的期待，存在相当大的距离。

波斯纳为何出此奇谈怪论？莫非法官的天职不是"坚持法律至上"？波斯纳的天平为什么不向"坚持法律至上"的实证主义法官倾斜？实用主义法官到底好在哪里？

波斯纳对这两种法官及其遵循的逻辑进行了更仔细的分辨。他说："司法实证主义者会从考虑判例、制定法、行政规制以及宪法规定开始，通常也会以这些'权威'结束。依据法官有义务在原则上与其他官员的已为保持一致的原则，法官必须遵从这些权威。"相比之下，"司法实用主义者优先考虑的则有所不同。他希望获得这样的决定，他对目前以及未来的需求都是最好的。他并非对往昔的决定、制定法或其他不感兴趣。远非如此。首先，这些都是知识的宝库，有时甚至是智慧的宝库；因

---

① 波斯纳. 道德与法律理论的疑问. 苏力，译. 北京：中国政法大学出版社，2001：279.

② 吴经熊. 超越东西方. 周伟驰，译. 北京：社会科学文献出版社，2002：134.

此，哪怕它们不具有权威的意义，忽略它们也是愚蠢的。其次，权衡起来，一个过于鲁莽地背离先例，从而使法律不稳定的决定也许会有不好的结果。法官常常必须在针对手上的案件提出实质性正义与维系法律的确定性与可预测性之间作出选择。这种交换——最突出表现在那种一方以诉讼期限为辩解的案件中——有时会要求牺牲个别案件中的实质正义，以此来与先前的案件或制定法，或简而言之，与为有序管理社会事务所必需的深厚预期保持一致。不要忽视往昔的另一个理由是，如果不追溯规则的源头，就常常难以确定某个规则的目的和范围。因此，实用主义法官认为先例、制定法以及宪法文本都既是资源，其中有潜藏的珍贵信息，告诉我们什么是处理手边案件可能的最好结果，同时又是一些路标，法官必须小心，不要毫无理由地湮灭了或黯淡了这些路标，因为人们也许正在依赖着它们。但是由于这样的法官仅仅把这些'权威'视为信息资源，仅仅对其作出判决有某些有限制约，因此，他又不依靠它们来为真正新颖之案件提供决定的规则"①。

　　看来，并非实证主义法官"不好"，而是相对于实证主义法官来说，实用主义法官追求的目标、效果"更好"，特别是对像波斯纳这样的上诉法院的法官来说，情况更是如此。一方面，实用主义法官着眼于目前及未来，力图作出对目前及未来最好的决定。另一方面，实用主义法官对于法律、先例同样很尊重。他尊重法律特别是先例中蕴含的知识及智慧，他看重法律的稳定性、可预期性，他把法律及先例看作指引判决的路标。但是，路标终究只是路标，路标并不能限制路人的目标，路人要到哪里去，毕竟还是由路人自己设定的目标决定的。路人只能走向自己

---

　　①　波斯纳. 道德与法律理论的疑问. 苏力，译. 北京：中国政法大学出版社，2001：280-281.

的目标，而不能走向路标，路人绝不能把路标当作目的地。这就是实用主义法官的逻辑，或者说，这就是波斯纳法官的逻辑。

就像苏格拉底对智慧的热爱一样，在相当程度上，波斯纳也是一个"爱智者"。他对实用主义法官的认同，在某种意义上也是对法律智慧的认同。他说："司法实用主义的最大危险是智识上的懒惰，对一个案件作出反应要比分析它简单得多。实用主义法官一定要时刻牢记，他是一位法官，这意味着他必须考察所有可能同这个案件联系起来的法律材料和论点。"① 显然，相对于根据法律或先例"作出反应"的实证主义法官来说，实用主义法官面临着一个更加艰巨的任务，因为他要考察与一个案件相联系的所有材料与论点，他要根据所有的材料，在各种论点之间作出权衡。这在智识上，确实构成了一个不小的挑战。也许正是在面对这种挑战的过程中，无论是作为法官还是作为法学家，波斯纳都作出了杰出的贡献。套用费正清等人提出的"冲击—回应"模式②，波斯纳的法律经济学正是在这种智识挑战的冲击下努力作出智识回应的结果。由此可见，实用主义，特别是法律实用主义，不仅构成了波斯纳法律经济学的逻辑起点，而且在一定程度上，还成为波斯纳开启其法律经济学理论的推动力。

二、经济学的进路

如果说法律实用主义让我们看到了波斯纳法律经济学理论

---

① 波斯纳. 道德与法律理论的疑问. 苏力，译. 北京：中国政法大学出版社，2001：304.

② 柯文. 在中国发现历史：中国中心观在美国的兴起. 林同奇，译. 北京：中华书局，2002：1.

逻辑的起点，那么，经济学的方法则指示了波斯纳拓展其法律经济学的基本进路。波斯纳作为法律经济学的奠基人和代言人，其独特的、不可替代的理论贡献并不在于传统的法律理论，而在于把经济学的理论和方法引入法律领域后所形成的法律经济学理论。

在《法律的经济分析》这本具有"概论"或"总论"性质的代表著作中，波斯纳告诉他的读者："本书的主要命题是：第一，经济思考总是在司法裁决的决定过程中起着重要的作用，即使这种作用不太明确甚至是鲜为人知。第二，法院和立法机关更明确地运用经济理论会使法律制度得到改善。"① 这就是说，经济理论是改善法律制度、司法过程的重要工具。其实，波斯纳的著述已经证明，经济理论更是改善法律理论的重要工具。对于一个法学理论家来说，运用什么样的理论来分析法律问题，就会形成什么样的法律理论；进一步看，运用什么样的经济理论来研究法律问题，就会形成什么样的法律经济学理论。因此，可以通过波斯纳所偏爱的经济理论，从研究方法、研究进路的角度，来理解波斯纳法律经济学的理论贡献与思想创造。那么，波斯纳用来分析法律问题的经济理论，到底是一些什么样的经济理论呢？或者说，在体量庞大、内容丰富的经济学理论丛林中，波斯纳选择、裁取了哪些内容，并以之作为他的分析工具呢？

在《法律的经济分析》一书的开端，波斯纳就集中地回答了这个问题。他说："许多法律学者认为，经济学就是研究通货膨胀、失业、商业周期和其他神秘莫测的宏观经济现象的，它们与法律制度所关注的日常事务无关。事实上，经济学领域比

---

① 波斯纳. 法律的经济分析：上. 蒋兆康，译. 北京：中国大百科全书出版社，1997："中文版作者序言"，1.

这要宽泛得多。……经济学是一门关于我们这个世界的理性选择的科学——在这个世界，资源相对于人类欲望是有限的。依此定义，经济学的任务就在于探究以下假设的含义：人在其生活目的、满足方面是一个理性最大化者——我们将称他为'自利的'。"① 波斯纳的这番回答蕴含若干值得索解的信息：一方面，经济学与法律制度关注的日常事务有关。这就是说，法律制度的细节问题都可以在经济学理论中得到解释与分析。但是，在传统的法律理论中，经济学与法律制度的关联被忽视了，"许多法律学者"没有留意的地方，正是波斯纳试图努力挖掘的地方。另一方面，经济学是指导人作出理性选择的科学。这里的"人"，是理性最大化的自利的人。

什么是理性最大化的自利的人？这种对于人的形象的假设意味着："人们会对激励作出反应，即，如果一个人的环境发生变化，而他通过改变其行为就能增加他的满足，那他就会这样去做。"② 这样的解释尽管出自波斯纳本人，但这样的解释并没有揭示出这种人的形象的全部意涵，甚至没有揭示出这种人的形象的核心意涵。

因为，对激励作出反应，是一种极其普遍的现象，甚至在一些动物身上，都可以看到这样的反应。相比之下，理性最大化的自利的人当然会看重自己的利益，尤其是经济利益，但也不限于经济利益，经济利益之外的快乐、幸福、荣誉感、成就感之类的非经济利益，也可以包括在"自利"之内。对于理性最大化的自利的人来说，尽管不同的个体追求的利益可以千差万别，但是，每个人都有足够的理性，以至于可以有效地衡量、

---

① 波斯纳. 法律的经济分析：上. 蒋兆康，译. 北京：中国大百科全书出版社，1997：3.

② 波斯纳. 法律的经济分析：上. 蒋兆康，译. 北京：中国大百科全书出版社，1997：4.

有效地维护自己的利益，都有足够的理性以实现自己利益的最大化。

波斯纳对于人的形象的这种假定，是他在界定经济学的过程中提出来的。然而，追根溯源，我们在自由资本主义时期的意识形态中，已经可以看到这种形象的人。深刻地反映、回应自由资本主义时期经济关系的近代民法所假定的人的形象，就是这样的人。正如日本学者星野英一所注意到的："传统民法理论中所给定的人，是古典经济学所考虑的抽象人的某个'经济人'，那个人作为自由意志的主体，由于经常被视为合理地进行活动的主体，所以在'经济学领域中……因其理性的缘故能够选择最小的劳动而收到最大的效果'"，这样的人，即为"具有充分的理性和意思、自律性地开拓自己命运的'经济人'"①。

虽然波斯纳是在20世纪下半叶开始展开其学术思想生涯的，但他对于人的形象的假定，还是恪守了古典经济学、近代民法、自由资本主义意识形态对人的形象的假定与想象。由此也可以看出，波斯纳对人的形象的假定，还是以欧美固有的自由资本主义作为底色的。正是从人的形象的假定出发，波斯纳提出了经济学的三项基本原理。

其中的第一项原理是，"所支付的价格和所需求的数量呈反比例关系，即需求规律"。这是一个很常见的经济学现象。在通常情况下，"降价"往往是商业促销的重要方式，只要某种商品在大幅度地降价，往往会刺激消费者的购买欲望；而提高某种商品的价格，它的销售量就会下降。波斯纳举例说："如果每磅牛肉价格上涨10美分而其他价格不变，那么，消费者在一磅牛肉上的花费相对以前会更多。基于理性和自利的考虑，他会对此作出以下反应，即了解用那些在牛肉是原有价格时他不太喜

---

① 星野英一. 私法中的人. 王闯，译. 北京：中国法制出版社，2004：38.

欢、而在牛肉提价后它们因更为便宜而更有吸引力的物品作为替代品的可能性。许多消费者将继续购买与以往同样多的牛肉，这是因为对他们而言，即使其他物品的价格相对低些，但仍不是理想的代替品。但有些人将减少他们的牛肉购买量而代之以其他肉类（或其他食品，或索性全部购买其他产品）。结果是，购买者的总需求量会下降，从而导致了生产量的下降。"这种现象背后的经济原理就是需求规律。波斯纳还说，这种需求规律不仅体现在市场行为中，同时也体现在非市场行为中。譬如，"一些不受欢迎的老师有时通过提高他们所授课程学生的平均分数来增加课程注册人数。因为在其他情况相同时，严格判分者会比随便判分者拥有较少的课程注册人数。一位在服刑的已决犯被看成是在'向社会还债'，经济学家会认为此项比喻是恰当的。至少从罪犯的角度看（为什么不从社会角度看？），刑罚是社会使罪犯对其过错所支付的代价。经济学家由此预言，刑罚严厉性和其他类似负担的增加，会提高犯罪的价格，从而降低犯罪发生率，并促使罪犯代之以从事其他活动"①。

当代中国法律实践中曾经采取的"严打"政策，就是对这条经济学原理的具体运用。按照这项原理，"从重从快"打击犯罪，将会提高犯罪的价格，从而减少一些潜在的犯罪者对于"犯罪"这种行为活动的需求，可以达到降低犯罪率的目标。传统中国流行的"乱世用重典"，同样是这项经济学原理的不自觉的运用。波斯纳的贡献就是把这项经济学的原理，全面地运用到非市场行为中，以至对于性行为的法律规制，都可以运用这条原理来解释。② 甚至对于思想自由、宗教信仰自由的保护，

① 波斯纳. 法律的经济分析：上. 蒋兆康，译. 北京：中国大百科全书出版社，1997：5-6.
② 波斯纳. 性与理性. 苏力，译. 北京：中国政法大学出版社，2002：270.

同样可以适用这样的需求规律，因为"在一个高度竞争的市场中，思想是一种被大量生产的有用商品"①。既然是一种商品，它同样逃不脱需求规律的支配。

　　波斯纳认同的第二项经济学原理是，所有人"都被假定为试图使其效用（幸福、快乐、满足）最大化。可以推测，这一假定也适合于牛肉生产者，虽然就消费者而言，他通常被说成是为了利润最大化而非效用最大化。销售者所追求的是使其成本和销售收入之差最大化"②。在这里，波斯纳对于"效用"和"利润"的关系进行了区分：利润不同于效用。那么，效用是什么意思呢？波斯纳说，在经济学中，效用一词"通常用来指区别于某一特定物的预期成本或收益的价值"③。在我看来，效用是指一个理性的消费者利用有限的资源来满足自己的需求、欲望的程度，或者说，效用就是满足主体需要的程度。在很多情况下，效用与利润具有正相关的关系，但效用并不等同于单纯的收益或利润。所以，效用最大化并不是以最小的成本获得最大的经济收益，因为包括幸福、快乐、满足在内的效用，并不能用单一的经济指标来测度。即使经济收益完全相同，但如果获得相同收益的风险不同，效用也会不同。

　　波斯纳提出的第三项经济学原理可以概括为："如果允许自愿交换，即市场交换，那么资源总会趋于其最有价值的使用。"波斯纳举出的例子是："为什么农场主 A 愿意出一个比农场主 B 的财产最低价更高的价格来购买他的农场呢？这是由于这一财

　　① 波斯纳. 法律的经济分析：下. 蒋兆康，译. 北京：中国大百科全书出版社，1997：871.
　　② 波斯纳. 法律的经济分析：上. 蒋兆康，译. 北京：中国大百科全书出版社，1997：6.
　　③ 波斯纳. 法律的经济分析：上. 蒋兆康，译. 北京：中国大百科全书出版社，1997：13.

产对 A 来说更有价值，这意味着 A 能用它生产出更有价值的产品，而这些产品是以消费者愿意支付的价格来衡量的。通过这一自愿交换的过程，资源将被转移到按消费者的支付意愿衡量的最高价值的使用之中。当资源在被投入最有价值的使用时，我们可以说它们得到了有效率的利用。"[①] 按照这项原理，自愿、自由的市场交换，能够产生最大的经济效益。这个观点是西方古典经济学的基本立场，早在亚当·斯密的《国富论》等经典著作中，就已经得到了详尽的论证。波斯纳对这个基本原理的重述和强调，表明他对"看不见的手"、对古典经济学的基本原理是认同的。

把以上三个方面概括起来，就是需求规律、效用最大化、市场交换。这就是波斯纳选择的经济学的关键词。这三个关键词构成了波斯纳法律经济学的最主要的分析工具，也是他拓展其法律经济学理论的基本进路。不过，这三项经济学原理并没有完整地描述出波斯纳对于经济学进路的理解，因为对于经济学及其原理，波斯纳还有自己的更具个性化的理解；在理解经济学的过程中，波斯纳渗入了自己的观点。

尤其值得注意的是，波斯纳对经济学的内涵进行了扩张性的解释。譬如，面对某些诋毁者的指责，波斯纳对经济学的价值进行了新的界定。他说："经济学并不是简略主义的"，经济学作为"最典型的工具性科学"，其"目的并不是要把人类行为都简略为某种生物学天性、某种理性的本能，更不想证明，在我们的内心深处，左右我们一切的，是那个丑陋的渺小的'经济人'"。这就是说，即使是在经济学的框架内，唯利是图的"经济人"也不能代表人的全部本质。经济学"所要做的只是，

---

① 波斯纳. 法律的经济分析：上. 蒋兆康，译. 北京：中国大百科全书出版社，1997：12.

建构并验证一些人类行为的模型，目的在于预测和控制（在恰当的时候）这种行为。经济学想象的个体并非一个'经济人'，而是一个实用主义者。他作出决定的基础不是已损成本（sunk cost），那些都已经过去了（'不要为洒了的牛奶而哭泣'），而是其他仍然开放的行动进程可能耗费的成本和可能获得的收益。经济学想象的个人并不信奉任何狭隘的、自私的目标，比方说，货币财富最大化之类的。经济学中没有什么规定了一个个体的目标，但不论他有什么单一的或众多的目标，也许其中有些目标或——就此而言——全体目标都是利他的。经济学都假定他是以向前看的方式来追求目标，即在必须作出选择时，对自己的机会进行一番比较"①。

按照波斯纳的理解，经济学想象的个体，与其说是自私自利、狭隘丑陋、单向度的"经济人"，还不如说是实用主义者。所谓实用主义者，意味着向前看，着眼于未来，甚至是一个自利、利他相结合的统一体。经济学作为一个学科、一种分析问题的方法、一种理论体系，应当追求财富尤其是社会财富的最大化；但是，经济学中的个人并不是追求财富最大化的个人。

这种对于经济学中的个体的假设，在一定程度上，赋予波斯纳的经济学分析以一定的伦理成分。事实上，波斯纳在运用经济学方法的过程中，对经济学的伦理指向一直抱有高度的自觉。正如他自己所说："在某些问题上，哪怕你非常信奉法律经济学方法，也还是不得不在政治哲学和道德哲学问题上表明立场。我的立场是，赞同撰写《论自由》（1859）的约翰·斯图加特·密尔，这本书是对古典自由主义的经典陈述。《论自由》论辩说，每个人都有权享有与社会其他每个人的自由相一致的最大自由，既有人身自由，也有经济自由。无论是政府，还是公

① 波斯纳. 超越法律. 苏力，译. 北京：中国政法大学出版社，2001：19.

共舆论，都不应试图压制'仅关系自我'的活动，也就是那些不能明显察觉到伤害了他人的行为。这个'明显察觉'的限定很有必要，这就是要把我称之为精神外在性的东西排除在外。绝大多数美国人想到在遥远的犹它州，摩门教徒正在搞多妻制，他们都会感到震惊，但这一事实，在密尔看来，就不足以支持美国政府禁止这种做法。"①

　　这段话表明，波斯纳认同的经济学理论及其方法，与密尔表达的古典自由主义是融会贯通的，或者说，古典自由主义正是支撑波斯纳经济分析方法的政治哲学与伦理哲学。在波斯纳看来，自由主义是经济繁荣的前提条件和思想基础，这是自由主义的一个基本价值。具体地说，"通过创设一个不可侵犯的、很大的私人活动领域，并且通过便利自由市场的运作，自由主义创设了一些——经验告诉我们——对于个人自由和经济繁荣不可或缺的条件。并且，尽管个人自由和经济繁荣都取决于控制国内暴力和御敌于国门之外，但在现今时代，最强大的国家，无论从国内还是从国际上看，都一直是自由主义的国家。例如，19世纪的大不列颠和20世纪的美国。自由主义促进科学技术进步所必需的信息交换、争取无强制的公民支持，它最大化生产产出、鼓励并奖励个人能力，它防止决策的过分集中、削弱对家庭和氏族的忠诚竞争、平息宗派争斗。对自由主义来说，这种状况就是实用主义的"②。这就是说，自由主义与实用主义是互为表里的。自由主义取得的积极效果，就体现为实用主义。

　　当然，波斯纳也注意到，"自由主义并非一种完整的治理和法律的哲学。它省略了一些至关重要的细节，诸如什么是最恰

---

　　① 波斯纳. 超越法律. 苏力，译. 北京：中国政法大学出版社，2001：28.
　　② 波斯纳. 超越法律. 苏力，译. 北京：中国政法大学出版社，2001：29.

当的税收（以便购买自由主义认可的，有限但不可忽略的治理活动）。为了社会平安而'收买'吵吵嚷嚷的利益集团是否合法，这也不清楚。还有，自由政体为什么深深信奉某些家长制的——因此明显是非自由的——政策，例如禁止刑讯、酷刑和致命体育运动，这也是一个谜。也许，如同尼采认为的那样，这些政策从自由的方面可以用这样一个观点来解释，即过分拘谨的人要比习惯于暴力、痛苦和死亡的人是自由政体的更好公民。但是，这里的因果关系也许相反；当人们畏惧并鄙视追求名誉和荣耀之际，一个民族就变成自由的民族，因为同追求名誉和荣耀相联系的是喜欢暴力、追求高位以及表达自己蔑视法律"①。这就意味着，波斯纳对自由主义依然保持了怀疑与反省的态度，并没有对自由主义进行教条化的处理。这正是对待自由主义的实用主义态度。

其实，如果我们跨越学科的界限，从整体的人类活动的立场上看，市场经济、自由主义和实用主义具有一体性：一方面，自由主义为市场经济、市场交易提供了政治哲学，甚至提供了道义上、伦理上的辩护。另一方面，实用主义体现了市场交易的基本品性，因为进入市场经济中的人，都可以被贴上实用主义者的标签。至于实用主义与自由主义的关系，则更具贯通性，因为"这两种主义都拒斥——实用主义在一般哲学的层面，自由主义在政治哲学的层面——这种观点，即用某种包容一切的学说（无论是阿奎那的，穆罕默德的，卡尔文的，康德的还是马克思的）来为有关实体或个人行为的问题提供答案。自由主义（尽管不必然是密尔式的或爱默生式的）是这样一种政治哲学，它最适合人们对道德基础有不同看法的社会，而实用主义是无需基础的生活哲学。因此，自由主义与实用主义之间是相

---

① 波斯纳. 超越法律. 苏力，译. 北京：中国政法大学出版社，2001：30.

互契合的，而且如同我们在前面看到的，与经济学也相当契合。这种混合可以改造法律理论"①。

至于如何改造法律理论，涉及在法律研究中如何运用经济学的方法，或者说，涉及法律的经济分析如何展开。波斯纳告诉我们，可以从三个方面展开，具体地说，"法律的经济分析具有启示性、描述性和规范性三个层面。在启示性层面上，它试图展现法律教义和法律制度的潜在统一；在描述性层面上，它寻求识别法律教义与法律制度的经济逻辑与作用，以及法律变化的经济原因；在规范性层面上，它为法官和其他政策制定者提供通过法律进行管制的最有效方法"。概而言之，"法律经济学进路最具雄心的理论层面，是提出一个统一的法律的经济理论"②。这个概括性的论断，是对经济学进路及其意义所作的宣言式的说明，它表明波斯纳对于经济学的进路是充满信心的。

概括地说，波斯纳选择的经济学理论及其进路，与欧洲传统的自由主义、美国本土的实用主义都是可以兼容的。他所采用的经济学分析方式、分析路径，既可以得到自由主义的支持，也可以得到实用主义的支持。

三、财富最大化的目标

波斯纳的法律经济学从实用主义出发，运用经济学的方法来研究法律问题，最终旨在实现的价值目标，则是财富最大化。

---

① 波斯纳. 超越法律. 苏力，译. 北京：中国政法大学出版社，2001：35.
② 波斯纳. 法律理论的前沿. 武欣，凌斌，译. 北京：中国政法大学出版社，2002：5-6.

这里的财富，"不应从严格的金钱意义上理解，而应被理解为：以在市场上进行交易时可获得的价格衡量的、社会中全部被估价的物体的总和，既包括有形的物体也包括无形的物体"①。需要强调的是，在波斯纳的法律经济学框架中，财富最大化不仅是一个经济目标，而且具有强烈的伦理指向和伦理意义，因而是一个值得追求的价值目标。那么，财富最大化的目标为什么值得追求？其伦理意义又从何体现？

第一，从宗教角度来看，财富最大化能够得到新教伦理的支持。

波斯纳看到了新教伦理对财富最大化原则的鼓励和支持，他说："财富最大化原则鼓励并奖励传统的、与经济进步相联系的'加尔文主义者'或'新教徒'的美德或能力。"② 新教徒的美德或能力，就是对财富最大化的追求。这就意味着，在欧美世界中受到广泛信仰的新教伦理，可以为财富最大化原则提供精神上的论证和支撑。

对于新教伦理与财富最大化的关系，马克斯·韦伯在《新教伦理与资本主义精神》一书中，已经进行了全面的分析。按照韦伯的理解，"假如上帝（新教徒在所有生活领域都看得见他的指引）为他的一个选民指出一个盈利的机会，必然是有用意的。因此，一个忠诚的基督徒必须利用这个机会以遵从上帝的召唤，如果上帝向你展示了一个途径，由此可以比另一种途径合法地获得更多利益而无负于你的灵魂或任何其他人，如果你拒绝这种方法而选择获益较少的方法，你便与你的职业目的之一背道而驰，你便是拒绝做上帝的侍者，拒绝接受上帝的赏赐，

---

① 波斯纳. 法律理论的前沿. 武欣，凌斌，译. 北京：中国政法大学出版社，2002：101-102.

② 波斯纳. 司法/正义的经济学. 苏力，译. 北京：中国政法大学出版社，2002：68-69.

并在上帝要求时利用它们为上帝服务……因此，从伦理上说，只有当财富诱使人们游手好闲、贪图享受时，它才是一种不良之物；只有当取得财富的目的是为了以后生活惬意、无忧无虑时，它才是一件坏事。但是，就其作为履行职业义务的意义而言，获得财富不仅在道德上是允许的，而且在实际上是必行的"。按照新教伦理，获得财富不但是道德权利，同时还是一项道德义务，甚至是一项宗教义务，"贫穷并不能为善行增添光彩，它是对上帝荣耀的贬损"[1]。

韦伯的这番分析与波斯纳的论断遥相呼应。只不过波斯纳的立足点是财富最大化，着眼于为财富最大化寻找宗教依据；韦伯的立足点是新教伦理，着眼于论证新教伦理所导致的经济后果。两者的共同之处，在于强调了新教伦理对财富最大化的支持和激励。按照新教伦理，努力追求财富，实现财富的最大化，是一项神圣的职责，甚至是"天职"。这样的新教伦理为资本主义提供了精神动力，也为波斯纳的财富最大化的价值目标提供了正当性依据。

第二，从伦理角度来看，财富最大化为正义概念提供了基础。

波斯纳分别从分配正义和校正正义两个不同的角度，对财富最大化作为一项道德原则进行了论证。他说，"财富最大化之所以是一种更可以得到辩解的道德原则，还在于它也为分配和校正正义提供了一个更坚实的基础"[2]。

就财富最大化原则与分配正义的关系来看，由于交易费用的存在，权利的分配会影响到财富最大化的实现程度。"应当明

---

① 韦伯. 新教伦理与资本主义精神. 彭强，黄晓京，译. 西安：陕西师范大学出版社，2002：154.

② 波斯纳. 司法/正义的经济学. 苏力，译. 北京：中国政法大学出版社，2002：69.

确，如果市场交易没有费用，经济学家就不会关心某种权利起初应授予谁，资源交换的过程会无须吹灰之力就把权利重新配置给任何最珍视该权利的人。但是，一旦放弃了这个不现实的零交易费用的假定，权利分派就变成有决定意义的了。如果交易费用为正（尽管推断起来还是很低，因为否则的话，创造一种绝对权利就没有效率），财富最大化原则就要求把权利初始授给那些可能是最珍视这些权利的人，以此来使交易费用最小化。"[1] 什么样的分配是正义的分配？只有把初始权利分配给最珍视这些权利的人，才是正义的分配，因为他们会最有效率地利用资源，有助于实现财富的最大化。这样的分配正义是财富最大化原则所支撑起来的。

　　关于校正正义与财富最大化原则的关系，波斯纳主要是引用了亚里士多德的理论来论证的。在《尼各马可伦理学》中，亚里士多德在"矫正的公正"的标题下，对校正正义进行了阐述。他说："如果一方打了人，另一方挨了打，或者一方杀了人，另一方被杀了，做这个行为同承受这个行为这两者之间就不平等，法官就要通过剥夺行为者来使他受到损失。……所以，尽管平等是较多与较少之间的适度，得与失则在同时既是较多又是较少：得是在善上过多，在恶上过少；失是在恶上过多，在善上过少。又由于平等——我们说过它就是公正——是过多与过少之间的适度，所以矫正的公正也就是得与失之间的适度。"[2] 波斯纳认为："亚里士多德的校正正义概念与财富最大化的进路是一致的，并且事实上也是这一进路所要求的。如果某个不公的行为导致了伤害，那么，要想不破坏资源使用的效

　　① 波斯纳. 司法/正义的经济学. 苏力，译. 北京：中国政法大学出版社，2002：71.
　　② 亚里士多德. 尼各马可伦理学. 廖申白，译注. 北京：商务印书馆，2003：137-138.

率，就必须有某种形式的校正。应当明确，应当把不正义等同于无效率，而亚里士多德并没有提出这样的结论。但是，在亚里士多德那里，校正正义的概念只是一个程序性的观点，而不是一个实质性的观点。"在波斯纳看来，虽然亚里士多德在其校正正义理论中没有界定什么是不公，但是，"把一个不公的行为界定为减少了社会财富的行为，这样的界定与校正正义的概念是可以兼容的。并且一旦采用了这一步骤，就很容易显示，在审理因这种不公行为而发生的权利主张中，如果不遵守分配中性，就会减少社会财富。例如，如果收入不同的两人因伤害者的不公行为造成的同一事故中伤残了，如果以他们在某种意义上有权享有同等的社会物品分配为理由，给他们每个人同样的损害赔偿，这就是没有效率的"①。因此，符合正义标准的校正，还是应当遵循效率的原则，亦即符合财富最大化的原则。

第三，从法律角度来看，财富最大化原则还是准确界定法律概念的基础。

从财富最大化的角度，波斯纳对法律的概念进行了重新讨论，希望由此把扭曲了的法律概念重新扭转过来，从而形成关于法律概念的更准确的理解。他说："财富最大化不仅为一种权利和救济的理论提供了一个基础，而且为法律概念本身提供了一个基础。'法律'只是定义为有国家强制力支持的命令，根据这个定义，任何来自主权权力的命令都是法律。但是这个说法扭曲了这个术语的普通含义。因此，有人提出了这样的定义，如果要足以描述'法律'一词的实际用法，就一定要包含下列额外因素：（1）要算作法律，一个命令就必须能够为其所针对的人所服从；（2）它还必须同等对待那些在一切与该命令相关

---

① 波斯纳. 司法/正义的经济学. 苏力，译. 北京：中国政法大学出版社，2002：73-74.

的方面境况都相当的人；（3）它必须是公开的；（4）还必须有一个程序，按照该命令的规定确认那些为适用该命令所必需的事实真相。这些因素都是法律经济学理论的组成部分。从经济学或财富最大化的视角来看，法律的基本功能就是改变激励因素。这隐含着，法律不要求那些不可能做到的事；一个命令如果不可能完成，就不会改变人的行为。必须把不可能的命令同仅因躲避费用高于制裁费用而无法避免的法律制裁区分开来。"①

波斯纳在此提出了对于法律一词的重新理解。他认为，把法律理解为国家强制力支持的命令，并不是对法律这个概念的正确理解。他更认同"有人"（指罗尔斯，详见后文）提出的法律一词的实际用法，即法律还应当包括"四个额外因素"。为什么这些"额外因素"构成了法律经济学理论的组成部分？原因就在于，这些"额外因素"都是形成激励的必要条件。法律必须得到人的服从，必须同样情况同等对待，必须公开透明，必须高度程序化。从经济学或财富最大化的要求来看，这些因素能够对人构成有效的激励。但从自然法的角度来看，这些"额外因素"正是法律应当具备的条件。

譬如，按照富勒关于"法律的内在道德的八项要求"，法律应当具有一般性，应当颁布，不溯及既往，应当清晰，相互之间不矛盾，不要求不可能之事，应当具有连续性，官方行为与法律保持一致。② 把富勒对法律的期待与波斯纳对法律的期待进行比较，可以发现两者之间有一些共性——它们都强调法律不能要求不可能之事，法律都必须公开透明，等等。但是，由于他们的立场不同，波斯纳强调的这些"额外因素"是从经济

① 波斯纳. 司法/正义的经济学. 苏力, 译. 北京：中国政法大学出版社，2002：74-75.

② 富勒. 法律的道德性. 郑戈, 译. 北京：商务印书馆，2005：55-96.

学或财富最大化的角度提出来的，在波斯纳看来，这些因素有助于改变激励的条件。富勒作为新自然法学的代表人物，他对"八项要求"的强调，是从法律的道德性的角度提出来的。不过，无论是法律经济学还是新自然法学，虽然其看待法律的立场不同，但它们处理的对象却是相同的，这两种理论在根本上也是相通的。

就在《法律的道德性》一书中，富勒就专门讨论过"合法性与经济计算"的关系。他说："法律应当在时间之流中保持稳定以及法律不应当使人们服从法律的行为遭遇不可逾越的障碍，这两项要求同时都是人们希望坚持的。但是，情势的迅速变迁，比如一场通货膨胀所带来的情况变化，可能会使原来十分容易做到的对某一特定法律的服从变得越来越困难，以至于达到不可能做到的程度。此时，寻求一条使两项要求都打折扣的中间道路再次变得势在必行。"富勒还举了一个例子，以说明"使法律变得为大众理解的努力带有一项潜在的成本，即：法院对法律的适用变得反复无常并且难以预测"①。

波斯纳认同的法律应当包括的四项"额外因素"，出自罗尔斯的《正义论》。在这本著名的政治哲学著作中，罗尔斯在"法治"的标题下提出了一些准则，诸如"应当意味着能够"，"类似情况类似处理"，"法无明文规定不为罪的准则及其暗含的种种要求"，以及"自然正义观"，等等。② 在提出这些法治准则的时候，罗尔斯也参照了富勒以及英国法学家哈特的相关论述。这在一定程度上意味着，波斯纳的财富最大化原则与富勒、罗尔斯、哈特的理论能够相互贯通：既可以在新自然法理论、政

---

① 富勒. 法律的道德性. 郑戈，译. 北京：商务印书馆，2005：54.

② 罗尔斯. 正义论. 何怀宏，等译. 北京：中国社会科学出版社，1988：235-236.

治哲学中得到论证，亦能够得到分析实证主义法学的某些支持。这就意味着，波斯纳预设的财富最大化原则，并不是一个单纯的经济目标，而是一个具有伦理价值的目标，具有一定的道德性。正如他自己所言："我努力提出一种超越古典功利主义的道德理论，并认为判断行为和制度是否公正或良好的标准就是这些行为或制度是否最大化了社会的财富。这一进路可以调和效用、自由甚至平等这些竞争的伦理原则。"虽然"财富最大化并不是对会影响法律的善或公正的唯一理解"①，但是，财富最大化是理解法律之善或公正的一个极其有效的方式，或者说，关于法律的善或公正虽然有多种理解，但财富最大化却是一种值得重视的理解。这种理解即是法律经济学对于价值目标的设定。

以上三个方面表明，无论在宗教层面上、伦理层面上还是在法律层面上，财富最大化的原则与目标都能够得到支持，都具有积极意义和正面效应，因而是一个值得追求的价值目标。

尽管在波斯纳的理论建构中，财富最大化的原则和目标具有丰沛的伦理资源，但却必须面对种种责难。譬如，有一些批评法律经济学的人总是喜欢把法律经济学的目标等同于功利主义，然后通过对功利主义发难，从而达到批判法律经济学的目的。对于这样的批评，波斯纳强调，法律经济学预设的财富最大化目标，绝不等同于功利主义。

在学术史上，关于功利主义存在各种各样的论说。作为一个伦理学说，功利主义也许可以概括为"以经验主义和抽象人性论为哲学基础，以个人主义为出发点，以功利幸福为核心内

---

① 波斯纳. 司法/正义的经济学. 苏力，译. 北京：中国政法大学出版社，2002：115.

涵，以行为效果为评价依据，以社会感情为纽带，把个人与社会联系起来，以最大多数人的最大幸福为基本原则和最高理想"①。不过，在功利主义经典作家边沁的笔下，"功利原理是指这样的原理：它按照看来势必增大或减小利益有关者之幸福的倾向，亦即促进或妨碍此种幸福的倾向，来赞成或非难任何一项行动。我说的是无论什么行动，因而不仅是私人的每项行动，而且是政府的每项措施。……功利是指任何一种客体的这么一种性质：由此，它倾向于给利益有关者带来实惠、好处、快乐、利益或幸福（所有这些在此含义相同），或者倾向于防止利益有关者遭受损害、痛苦、祸患或不幸（这些也含义相同）；如果利益有关者是一般的共同体，那就是共同体的幸福，如果是一个具体的人，那就是这个人的幸福"②。

波斯纳将边沁阐述的功利原理概括为："应当根据一个行动、做法、制定或法律推动的'社会'的各种居民（在有些类型的功利主义那里，是所有有知觉的物体）的总和幸福（'减去痛苦后的快乐的剩余'）的效果来评判其道德值（moral worth），而这个社会也许是一个民族或整个世界。"③ 简而言之，就是一个行动或法律在伦理、道德上的价值，应当以它导致的幸福多少来衡量，应当追求幸福的最大化。然而，波斯纳并不认同这样的功利主义。他认为，要把功利主义运用于实践，存在诸多难以克服的缺陷。

一方面，"它的领域不确定。在设计最大化幸福的政策时，应把谁的幸福计算在内呢？动物的幸福是否计算？"法律是否把人的幸福与动物的幸福平等对待，譬如，一只狗的幸福与一个

---

① 郝清杰. 90 年代功利主义研究述评. 社会科学辑刊, 2000 (4).
② 边沁. 道德和立法原理导论. 时殷弘, 译. 北京: 商务印书馆, 2002: 58.
③ 波斯纳. 司法/正义的经济学. 苏力, 译. 北京: 中国政法大学出版社, 2002: 48.

人的痛苦能否相互抵消？即使只针对人，还有本国人与外国人的区别、当代人与后代人的区别。"美国的政策是否应最大化美国人的幸福？而完全不考虑外国人的幸福？或者是要有一种更世界化的视角？并且，未出生者又该怎么办？"此外，"与外来者和未出生者的问题相联系的是一个老争议，即功利主义的目标应当是最大化幸福的平均值还是幸福的总量？如果把孟加拉国人口中比较贫困的那一半人都杀了，剩下的那一半人的生活标准——以及他们的主观幸福——都会增加，因为人与土地的比例以及人与其他自然资源的比例都会更高"①。然而，能够通过杀掉一半人的方式来提高剩下那一半人的主观幸福的平均值吗？

另一方面，从幸福的总量来看，"没有一种办法来计算某个决定或政策对相关计数总量的影响。哪怕只是在人类总量之内，也还是没有可靠的技巧来测度与某个个体的满足度改变相关的另一个个体的满足度改变"。日常生活的经验甚至还给我们提供了这样的信息：自己的不幸反而可以增加邻人的幸福感，自己的成功则可能增加邻人的挫折感和不幸福感。我们尽管还不能说在邻人和自己组成的这个小小的共同体内，幸福的总量是恒定的，但是，幸福的数量在邻人与自己之间此消彼长的现象，就足以表明，要测度幸福的总量，几乎是一件不可能的事。此外，波斯纳还发现，功利主义者在道德上也有一些问题，因为他们会"随时准备在社会需要的祭坛上牺牲无辜的个体"，"全权国家中的人们看起来不如民主国家中的人们幸福，但如果更幸福，那么始终如一的功利主义者就不得不支持全权国家"②。

①　波斯纳. 司法/正义的经济学. 苏力，译. 北京：中国政法大学出版社，2002：51-53.
②　波斯纳. 司法/正义的经济学. 苏力，译. 北京：中国政法大学出版社，2002：54-56.

这就是说，功利主义者很可能对民主、自由等基本价值采取某种功利主义的态度，为了某种臆想的、乌托邦式的幸福，即使支持全权国家，即使牺牲民主自由，也在所不惜。这就很危险了。

基于以上两个方面的原因，波斯纳总结道："功利主义并不是社会政策的可靠指导。基本的理由有三重。首先，几乎没有人真的相信——而且没有方法可以证明他们错了——幸福、满意、享受、偏好的满足、超越痛苦的快乐或效用的一些其他形式的最大化，是或者应该是一个人生活的目标。"波斯纳认为，这是无法证明的。"第二，通过加总人与人之间的效用，功利主义是把人们作为整个社会有机体的细胞而不是作为个体来对待的。这一点是为人熟知的功利主义道德之野蛮性的根源，譬如为了社会（或者世界，或者宇宙）幸福总量的最大化而有意地牺牲无辜。"换言之，功利主义有可能销蚀人的主体地位，把有尊严的个人缩减为社会有机体的细胞，从而导致为了总体幸福而牺牲个体自由、个体尊严的道德野蛮。"第三，功利主义没有界限原则，可能除了感觉之外。"[①] 但感觉是飘忽不定的，很难从法律规则、社会制度上进行界定。

基于以上几个方面的原因，波斯纳认为，功利主义是靠不住的，"无论是把它作为一个个人道德的体系，还是作为指导社会决策的指南，功利主义都有一些严重的缺陷。但是，通常作为功利主义之替代的康德主义就其自身而言也有严重缺陷；缺陷之一就是它很像功利主义，在这样一个背景下"，只有经济学视野中的财富最大化才可以作为一个替代性的道德体系[②]，才能作为社会政策、法律制度的应有目标。

---

① 波斯纳. 法律理论的前沿. 武欣，凌斌，译. 北京：中国政法大学出版社，2002：101-102.

② 波斯纳. 司法/正义的经济学. 苏力，译. 北京：中国政法大学出版社，2002：59-60.

波斯纳对功利主义的归纳、认知当然是一家之言。他对功利主义的批评有一个直接的目的，那就是为他的财富最大化原则提供论证。他的法律经济学为法律制度预设的价值目标，就是整个社会的财富最大化。

在此有必要补充说明的是，在1990年的《法理学问题》一书中，波斯纳似乎将以财富最大化作为价值目标和伦理原则的观点有所修正。他说："如果对财富最大化作实用主义的理解，财富最大化就是工具性的，而不是基础性的。"① ——这样的论断意味着，在这本著作中，波斯纳对于财富最大化原则的性质，似乎有了新的看法。尽管如此，我们仍可以得出这样的结论：在波斯纳的法律经济学著作中，财富最大化始终都是他高悬的一个价值目标。当然，作为一个涉猎甚广的法律理论家，波斯纳在法律经济学领域之外，还有其他方面的著作。譬如，在2008年的《法官如何思考》一书中，波斯纳在讨论美国法官如何思考疑难案件时，认为政治性的考量就居于主导性的地位。② 在这样一些不属于法律经济学的著作中，波斯纳不仅远离了财富最大化的价值目标，而且远离了经济学的分析进路。但是，这样一些"非法律经济学"著作已经不是这里讨论的"法律经济学"及其"理论逻辑"了，而是其他的法律理论问题了。

四、结论

以上我们从逻辑起点、研究进路、价值目标三个相互关联

---

① 波斯纳. 法理学问题. 苏力, 译. 北京：中国政法大学出版社，2002：483.
② 波斯纳. 法官如何思考. 苏力, 译. 北京：北京大学出版社，2010.

的要素着眼，对波斯纳法律经济学的理论逻辑进行了整体性的归纳和概括。从理论逻辑的这几个要素来看，虽然可以把法律实用主义作为波斯纳法律经济学的理论起点，把经济学方法作为它的研究进路，把财富最大化作为它的价值目标，但是，理论逻辑的这三个要素又是整合在一起的，三者共同组合成为一个不能截然分割的理论框架。波斯纳的法律经济学就是在这个框架之内展开的。本章的旨趣，就在于展示这个基本的理论框架。

通过这个理论框架，我们对于"波斯纳牌号"的法律经济学，可以获得一种整体性的理解。波斯纳说，作为一种有生命力的法律思潮，"法律经济学运动的根子很深"①。很深的"根子"就体现在波斯纳自己的法律经济学的理论逻辑中。通过上文的分析可以看出，波斯纳从美国本土生长起来的实用主义出发，从哲学上的实用主义衍生出法律实用主义，以之作为自己理论的逻辑起点和思想底色，然后，运用经济学的基本原理与分析方法，对法律的各个领域、各个侧面进行了全面的论述，从而构建了一个丰富多彩的法律经济学大厦。波斯纳的法律经济学理论虽然指涉甚广，但都有一个明确的指向，那就是，在超越功利主义的基础上，追求财富最大化这个具有伦理指向的价值目标。这就是波斯纳法律经济学的理论逻辑和内在理路。

此外，我们还应当注意到，法律经济学为法学与经济学之间的交叉学科，法学家和经济学家进入这个学科的立场是有差异的。譬如科斯，他自我期待的角色主要是一个经济学家，因而，他主要是从经济学的角度进入法律经济学领域的。与科斯相比，波斯纳的领域是法律，他既是法官，也是法律理论家，他主要是从法学的角度进入法律经济学领域的。他对这种以法

---

① 波斯纳. 超越法律. 苏力，译. 北京：中国政法大学出版社，2001：501-502.

律为本位的法律经济学怀有高度的理论自觉与理论自信，正如他自己所言："法学研究中最重要的交叉领域就是法律的经济分析，或者，通常被称为'法律经济学'。而耶鲁法学院院长——一位法律经济学运动的评论家，则称其为'美国法律思想中的一股巨大的充满生气的力量'。"① 对于这个评价，波斯纳显然是赞同的。

原刊《烟台大学学报》2014 年第 2 期

---

① 波斯纳. 法律理论的前沿. 武欣，凌斌，译. 北京：中国政法大学出版社，2002：31.

第三章 卡拉布雷西

卡拉布雷西立足于普遍性的法律关系，分析了权利设置的正当理由，为权利的设置确立了经济上的依据。在此基础上，卡拉布雷西区分了权利保护的三种规则：财产规则、责任规则与不可转让规则。其中，财产规则尊重财产原初所有者的主观估价，责任规则尊重交易双方之外的客观定价。这两种法律规则着眼于定价权的不同，不仅可以适用于侵权法领域，而且提供了分析法律问题、一般法律关系的普遍框架，因而是一个具有法理意义的理论建构。从方法论的角度来看，卡拉布雷西的法律规则理论体现了经济分析方法与分析实证主义法学方法的融合，体现了一般法理对于部门法理的依赖。

卡拉布雷西（Guido Calabresi，1932— ），生于意大利米兰，早年求学于耶鲁大学、牛津大学。1957—1958 年，先后担任《耶鲁法律杂志》编辑、美国联邦最高法院大法官助理。1959 年开始任教于耶鲁大学法学院，并长期担任耶鲁大学法学院院长。1994 年被任命为联邦第二巡回区上诉法院法官。至

今，卡拉布雷西仍是耶鲁大学法学院教授。作为法律经济学耶
鲁学派的开创性学者，卡拉布雷西先后发表了 4 本著作与 100
多篇论文。受到学界称道的代表性著作主要有《事故的成本：
一个法律与经济分析》（1970 年）、《制定法时代的普通法》
（1982 年）、《理想、信仰、态度与法律》（1985 年）等。

在卡拉布雷西的众多作品中，1961 年的《关于风险分配和
侵权法的一些思考》引起了较多的关注，这篇发表于《耶鲁法
律杂志》上的长篇论文，主要论述了"企业责任与资源配置理
论""损失分担理论"等。由于这篇论文发表的时间与科斯的
《社会成本问题》问世的时间（1960 年）比较接近，卡拉布雷
西由此也被视为法律经济学的创始人之一。一般认为，《事故的
成本：一个法律与经济的分析》是卡拉布雷西的代表作。这本
书主要分析了事故责任规则改革的五种方案，论证了事故法改
革的两个目标：正义与减少事故成本，进而提出了减少事故的
两种方案：一般威慑与特殊威慑。这些论述体现了卡拉布雷西
法律经济学的一个特征：兼顾公正与效率。由于卡拉布雷西倾
向于更多地运用税收和行政补贴这样的行政机制，以之对个人
的选择形成一定的激励，所以与芝加哥学派偏好的普通法救济
方案具有不同的旨趣。

不过，较之于这两篇论著，更具普遍意义、更具法理意义
的作品是 1972 年发表于《哈佛法律评论》的论文《财产规则、
责任规则与不可让与性：一个权威的视角》。① 这篇论文尽管是
卡拉布雷西与他的学生梅拉米德合著的，但却更加典型地体现
了卡拉布雷西的思想与方法。因此，下文拟以这篇文章作为分

---

① 卡拉布雷西，梅拉米德. 财产规则、责任规则与不可让与性：一个权威的
视角. 明辉，译//徐爱国. 哈佛法律评论：侵权法学精粹. 北京：法律出版社，
2005：275-321.

析的对象，着重揭示其具有一般法理价值的法律规则理论。因此，下文的逻辑可以概括为：首先论述权利设置的正当理由，其次归纳权利保护的三种规则，接着探讨规则选择的四种方案，最后是一个简短的结论，以揭示卡拉布雷西的方法论及其启示意义。

一、权利设置的正当理由

在《财产规则、责任规则与不可让与性：一个权威的视角》一文的开篇，卡拉布雷西就提出，一种整合各个部门法处理法律关系的尝试是有用的。这就意味着，卡拉布雷西的法律规则论可以适用于性质不同的各种法律领域。从法的一般理论的角度切入，卡拉布雷西发现，任何一个法律问题必须面对的首要问题，就是权利问题，或者说，权利是一切法律问题的起点。因为法律问题常常体现为人与人之间的利益冲突，当国家面对人与人之间的利益冲突时，国家必须决定支持哪一方。如果没有国家作出的决定，人与人之间的利益冲突就只能通过强力（might）来解决——这种情况，等于没有法律，就等于回到丛林时代。因此，法律要解决的根本问题，就是要决定：在相互冲突的当事人之间，谁有权获胜。譬如，吵闹的权利与沉默的权利，污染的权利与呼吸新鲜空气的权利，生育的权利与绝育的权利，等等。这些权利既需要国家来设置，也需要国家来保障。卡拉布雷西认为，国家设置权利的正当理由主要包括三个方面：经济效率、分配目的与社会公正。

先看经济效率。经济效率作为设置权利的理由，突出地体现了卡拉布雷西作为一个法学家所秉持的经济学立场。他之所以被认为是法律经济学的代表人物，原因也在这里。他认为，设置一项权利的最简单的理由，就是实施这项权利的成本要小。如果在设置权利的时候有两个备选项，两个备选权利的理由都能被接受，那么，如果此项权利的实施成本小于另一项权利的实施成本，那么，此项权利就应当被优先设置。这就是说，在多种选项中设置某种权利，在其他指标大致相同的情况下，实施成本的高低是一个应当考虑的重要因素。不过，实施成本只是经济效率的一个方面。经济效率更重要的方面是资源配置的优化，换言之，权利的设置应当追求帕累托最优的目标。科斯的经典论文《社会成本问题》认为，如果交易成本为零，无论初始权利如何设置，都能够实现资源的优化配置，都可以达到帕累托最优的目标。卡拉布雷西认为，如果要支持科斯的观点，必须对"交易成本为零"进行更宽泛的理解，譬如，交易双方完全了解对方，双方之间没有协商成本。不过，卡拉布雷西认为，科斯的观点并不能理解为：无论权利的初始配置如何，同样的资源配置始终存在，因为还必须考虑交易双方的相对富裕程度。卡拉布雷西举出的例子是：托尼为行使制造噪音的权利而支付费用的意愿，可能取决于其富裕程度；同样，马歇尔为行使保持安静的权利而支付费用的意愿，同样取决于其财富的多寡。在一个赋予托尼制造噪音的权利并强制马歇尔从托尼那里购买安静的社会里，较之身处将这些权利反向设置的社会中的各方而言，托尼的经济状况可能会好一些，而马歇尔的经济状况可能会差一些。马歇尔对安静的要求和托尼对噪音的要求，随他们的财富多寡而发生变化，制造噪音的权利将导致一些协商活动，与保持安静的权利相比，这些活动将会导致一个不同的噪音量。

尽管科斯的观点并不完美，卡拉布雷西还是认为，无交易成本的假定可以成为一个有用的起点，因为无交易成本的假定有助于我们看清经济效率的目的是如何影响权利的设置的。在此基础上，卡拉布雷西从经济效率的角度提出了设置权利的几个原则：第一，要考虑社会收益与实现该收益的社会成本之间的关系。第二，如果一项收益与社会成本之间的关系无法确定，社会成本应当由易于进行成本收益分析的当事人来承担。第三，谁可以用最低的代价避免事故或损害，谁就应当承担社会成本。第四，如果当事人无法确定，那么，社会成本应当由这样的当事人来承担：他们在市场中能够以最低的交易成本实现交易。第五，尽管市场上存在交易成本，但关于市场交易或集体许可的权利设置仍应当追求帕累托最优的结果。

作为权利设置的正当理由，分配目的主要是指，在权利设置的过程中，应当考虑分配的目的。卡拉布雷西认为，分配包括两个方面：财富的分配，以及某些特定利益的分配。

财富的分配对于权利设置发挥了至关重要的作用，因为权利的设置对某一社会的财富分配具有极其重要的影响。如果一个社会希望实现绝对的平等，那么使每个人享有同样多的财产是不够的。一个财政上奉行平等主义的社会赋予了个人直接制造噪音的权利，就使得准备制造噪音的人较之喜爱安静的隐居者更为富裕一些。同样，一个授权精明之人运用其精明而获得财富的社会，其财富分配必然不同于一个按需分配的社会。因此，很难想象一个财富绝对平等的社会——这样的社会要么由完全一样的个体组成，要么必须消除因既定的权利设置所导致的财富上的差异。前者是不可能的。后者是极其困难的，因为必须了解每个人的品位是什么，并以一种足以补偿权利赋予其收益的税率向每个权利持有人征税，譬如，某人智力优越，并因智力优越而获得相应的财富，则向其征收"智力优越税"，以补偿那些智力平庸的人。这显然是不可能的。

平等是财富分配的一个目的，此外还有其他的目的，也可以为权利设置提供正当理由。譬如，法律可以限制一项权利的行使，可以通过向权利持有人支付费用的方式来限制其行使权利，以保护那些因该权利的行使而受到伤害的人。譬如，为了限制私家车车主的开车时间或线路，可以向车主支付一定的费用，以此可以提高公交车的通行速度。反过来，法律也可以规定，只有当人们向政府支付了费用，购买了某项权利之后，才可以获得该权利。譬如，法律可以决定是否授权人们生育子女，然后引导他们对生育进行控制，或者，要求人们首先购买生育子女的权利。一个社会也可以决定是否授权人们免服兵役，然后引导他们入伍，或者要求所有人必须服役，但授权每个人可以通过购买而免予服役。法律决定出售哪项权利，以及法律决定放弃哪项权利，部分取决于哪项决定有助于法律支持的财富分配。

如果说权利的配置普遍地影响了财富的分配，那么它也就影响到人们的特定利益的分配，譬如受教育这样的利益。如果法律希望个人享有这样的特定利益，它就可能赋予人们在这种利益上的权利。如果法律认为这样的利益不可或缺，它就会使这样的权利成为不可让与的。

最后，公正也是权利设置的正当理由。卡拉布雷西把公正作为一个社会选择初始权利的最终理由。但是，公正的具体内容是很难界定的，而且，在卡拉布雷西的观念中，公正也是附属于经济效率与分配目的的。卡拉布雷西以举例的方式来说明，在喜欢安静与喜欢噪音之间选择安静，似乎更接近于公正。但是，它很难操作，因为这仍是一种主观的判断。因此，说到底，"公正的标准仅仅是一种引入效率与分配观念的便利手段，而这些观念在其实施上则过于多元化和一般化，以致在一个具体案件中作出决定时无法进行充分的分析"①。此外，卡拉布雷西认为，"同等情况同等处理"也是体现公正的一个选项。

　　卡拉布雷西为权利的设置确立了三个方面的正当理由。比较而言，他更看重的理由是经济效率与分配目的，他提到了公正这个理由，但并没有赋予公正某种独立的地位。这样的安排体现了卡拉布雷西法律理论的经济学本色：对经济效率、分配目的的偏好。至于公正，虽然是一个不宜忽视的理由，但由于其不可验证性，难免被置于一种从属的地位。可见，卡拉布雷西立足于法律经济学立场，但并没有完全驱逐法律中的道德因素。

二、权利保护的三种规则

　　通过以上的正当理由确立了一项初始权利之后，就需要一定的法律规则来保护这项权利。如果不能得到法律规则的保护，权利将形同虚设。卡拉布雷西认为，保护权利的法律规则可以分为三类：财产规则、责任规则与不可转让规则。

　　在卡拉布雷西的理论框架中，财产规则主要用于保护私有财产权。所谓的私有财产权可以被视为一项受财产规则保护的权利。没有人可以从权利持有人那里获得对私有财产的权利，除非权利持有人愿意按照其主观上对该财产评估的价格出售该项权利。然而实际上，具有充分理由的公用事业，有权通过赔

---

　　① 卡拉布雷西，梅拉米德. 财产规则、责任规则与不可让与性：一个权威的视角. 明辉，译//徐爱国. 哈佛法律评论：侵权法学精粹. 北京：法律出版社，2005：292.

偿而占有财产，在这种情况下，对于该项财产权利只受我们所谓的责任规则的保护：一个外部的、客观的价值标准用于促使该项权利由持有人向妨害人转移。最终，在某些情况下，我们根本不允许出售财产权，也就是说，我们有时使该项权利成为不可转让的。①

　　申而论之，财产规则适用于平等当事人之间的自由协商。我有一项私人财产，你如果想取得该项财产，你应当尊重我开出的价格。只有你同意并支付了我开出的价格，你才能获得该财产。这种对我的财产保护规则，就是卡拉布雷西所说的财产规则。在中国惯常的法律分类理论中，这样的财产规则大致可以对应于物权规则与合同规则的集合。物权规则是我对我的私有财产进行占有、使用、收益、处分的规则。表面上看，物权规则就是财产规则，但是，这两种规则的实际指向并不一样。物权规则主要是指向我与物之间的关系，这种关系是主体与客体之间的关系。财产规则虽然也强调我对物的权利，但是，财产规则的主要指向是我与你的关系。财产规则的法律含义是：如果你想取得我的物，你应当按照我对此物的定价，向我购买此物。所以，财产规则的指向，是我与你之间的关系。正是这种主体与主体之间的关系，让财产规则与合同规则形成了某种相似性，因为合同规则强调的也是合同双方主体之间的关系。

　　但是，财产规则与合同规则也有明显的区别。因为卡拉布雷西的财产规则侧重于保护我的私有财产，侧重于强调你要尊重我对财产的定价权，在财产规则中，我对财产的主观估价，

---

　　① 卡拉布雷西，梅拉米德. 财产规则、责任规则与不可让与性：一个权威的视角. 明辉，译//徐爱国. 哈佛法律评论：侵权法学精粹. 北京：法律出版社，2005：295.

居于压倒性的地位。你只有愿意尊重我对此物的主观估价，才能向我购买对于此物的所有权。但是，合同规则并不侧重于强调我的主观估价，当然也不侧重于强调你的主观估价。合同规则强调的是双方之间的合意。在合同规则中，我的意志与你的意志得到了平等的尊重，我对此物的主观估价与你对此物的主观估价得到了平等的尊重，合同规则并不偏向我与你之间的某一方。双方之间通过妥协达成合意，才是合同规则的重心所在。由此可见，对于卡拉布雷西的财产规则，并不能仅仅用物权规则（所有权规则）来解释，也不能仅仅用债权法中的合同规则来解释。财产规则立足于保护私有财产所有者的财产权利，高度尊重财产所有者的意志，财产所有者之外的其他人如果想要获得该财产，必须支付财产所有者主观确定的价格。

责任规则也是为了保护财产所有人的权利。既然财产规则也可以保护财产所有人的权利，为什么还需要责任规则呢？较之于财产规则，责任规则有什么特殊价值呢？按照卡拉布雷西的观点，单一的财产规则存在一个根本性的缺陷：它可能妨碍公共事业。譬如，我有一座房子，这是我的私人财产，但是，一条公路的修建需要拆迁我的房子。按照财产规则，这座市场价值只值十万元的房子，我的主观估价是一百万元。倘若公路建设公司不愿支付我提出的一百万元，我将拒绝拆迁该房子。这就是当代中国社会常见的"钉子户"。如果财产规则是唯一的法律规则，那么，任何"钉子户"都是合法而正当的。任何人，包括社会舆论，都不能对"钉子户"提出批评。在这种情况下，事先设计好的公路将无法修建。而且，不仅事先设计好的公路不能修建，任何公路都不能修建。因为修建一条公路，不可能不经过任何人的私有财产（私有土地、私有房产，及其他私有物）。这就意味着，按照财产规则，公共事业都可能受阻。正是考虑到这个问题，卡拉布雷西提出了责任规则。

　　在法理上，责任规则有三个要点：第一，有充足理由的公共事业的经营者，可以占有财产所有人的私有财产，实现该私有财产由所有人向公共事业经营者的转移。这里的关键是"充足理由"。公共事业的经营者可以占有他人的财产，但前提是要有充足的理由。但问题是，何谓"充足理由"？什么样的理由才可以称为"充足"？这是一个疑问。在国内法学理论中，"充足理由"常常表现为"公共利益"，"公共利益"常常充当了占有他人私人财产的理由。正是由于公共利益的界限难以确定，导致了大量的社会矛盾与社会冲突。第二，公用事业经营者作为私有财产的妨害人与占有者，应当向私有财产所有人进行赔偿。因此，责任规则中的所谓"责任"，就是指这里的赔偿责任。在这里，赔偿是一种义务与责任。这就是说，共用事业的经营者要以经济赔偿作为前提条件，才能占有他人的私有财产。第三，赔偿的价格有一个外在的、客观的标准。这个标准可能来自双方之外的第三方，或者是一个社会公认的价格，或者是某个法律文件规定的价格，这个价格与私有财产所有人的主观估价无关，私有财产所有人的主观估价不影响赔偿的标准。

　　这样的责任规则与我国法律实践中的侵权行为法律规则具有一定的关联性。从形式上看，责任规则更接近于我国的侵权行为规则。在我国的法学视野中，卡拉布雷西也主要是一个侵权法学领域的学者，或者说，卡拉布雷西的学术进路，主要也是从侵权法的角度切入的。[①] 因此，卡拉布雷西的责任规则主要是一个侵权法规则。但是，卡拉布雷西的责任规则与我国学

---

　　① 徐爱国. 侵权法的经济学理论：一个思想史的札记. 法制与社会发展，2007（6）.

界研究的侵权责任法规则还是具有较大的差异。其一，我国的侵权法通常属于民法，侵权责任通常是一种民事责任，是一种私法上的责任。但是，卡拉布雷西的责任规则强调共用事业，强调在财产征用、征收中适用，显然并不是一种纯粹的民事责任，反而与我国的行政赔偿责任具有更多的相似性。不过，卡拉布雷西的法律规则论虽然立足于侵权法，但其理论旨趣并不限于私法，而是追求在各种部门法中的普遍适用。此外，卡拉布雷西所属的英美法系，并没有严格的公法与私法的划分。其二，责任规则适宜于公用事业经营者主动、故意、自觉地妨害、占有私有财产所有人的财产。譬如，一家河道清理公司为了防洪的需要而清理河道，妨害了私人所有的财产。这种情况，在卡拉布雷西的理论中，是适用责任规则的典型情况。但是，我国的侵权行为法并不强调这一点，我国侵权行为法中的侵权，主要适用过错责任原则，有过错才承担赔偿责任。我国《侵权责任法》第 6 条规定："行为人因过错侵害他人民事权益，应当承担侵权责任。"我国民法理论亦强调，"侵权行为就是指行为人由于过错侵害他人的人身和财产并造成损害，违反法定义务，依法应承担民事责任的行为"[1]。

在财产规则、责任规则之外，卡拉布雷西提出了一个不可转让规则。不可转让规则的实质是禁止出售某些权利，或者是禁止某些交易。不可转让规则基于以下几个方面的理由。

首先，是经济方面的理由。譬如，你是一个污染的制造者，你向我购买土地，用以兴建污染企业，我如果把土地卖给了你，其后果是这块土地周围的人都会受到损害。而且，由于搭便车的心理，没有谁会出面来制止我的出售土地的行为。这种情况下，我的出售土地的行为，将会损害土地周围的多数人。为了

---

① 王利明. 侵权行为概念之研究. 法学家，2003（3）.

通过富有经济效率的方式制止我的有损他人的行为，可以制定一条制止转让规则：禁止我把土地出售给制造污染者。如果没有这样的规则，潜在的受害者可能会花费更多的经济成本，才能维护自己的正当权利。

其次，是道德方面的理由。一个人自愿出售自己的肾脏，或者把自己卖身为奴隶，或者出售自己的婴儿，这种情况下，买卖双方可能都会实现自己的意愿，但是，这种情况的存在或大量存在，会降低整个社会的道德水准。任何单独的个体都无法阻止买卖双方的行为，只有国家制定的禁止转让规则，能够阻止这样的交易。阻止这样的交易，会在社会道德方面产生收益。

最后，是家长主义的理由。卡拉布雷西所说的家长主义（paternalism），其实是我国法学理论中的法律父爱主义。法律父爱主义是在特定情况下，把当事人作为未成年人；既然是未成年人，他的财产转让行为当然会受到法律的禁止，在这种情况下，法律上的禁止转让相当于家长对于未成年人的禁止与管制。譬如，一个人在醉酒的状态下，或者在精神失常的情况下，法律就禁止他签订合同转让财产。这种状况下的禁止转让，表面上是限制了当事人的权利，其实是法律对当事人的保护。而且，这样的保护是财产规则、责任规则无法替代的，因而是对财产规则、责任规则的补充。

三、规则选择的四种方案

卡拉布雷西关于三种规则的划分并不是一个孤立的理论，而是与权利保护联系在一起的，正如卡拉布雷西所言："经常引起争论的问题是谁将被赋予某项权利以及该项权利如何得以保护。"① 卡拉布雷西以污染问题为例，分析了权利设置与规则选择之间的关系问题。

譬如，老张的企业在生产过程中排放的废气、废水、噪声污染损害了邻近的住户老王。于是，老王起诉老张，要求老张予以赔偿。在这种常见的权利争议中，法律理论提供的选择主要包括三种方案。

第一种方案：老张不能制造污染，不能损害老王，除非他得到了老王的同意。在这种情况下，权利配置给了老王。只有经过老王同意，老张的企业才能开工生产。如果老王不同意，老张的企业就不能生产，不能制造污染。这种情况下，权利不仅配置给了老王，而且权利保护适用的规则是财产规则，财产规则意味着：老张应当尊重老王的主观估价；老张只有支付了老王开出的价，才能购买开工生产的权利。如果老王漫天要价，远远超出了老张的承受能力，老张的企业只能关门。这种情况，对老张是极为不利的。

第二种方案：老张的企业可以生产，可以制造污染，但是，必须对因污染而引起的损害向老王进行赔偿，且赔偿的标准是客观的、法定的。按照这种方案，在争议双方之间，权利同样配置给了老王，这就意味着，老王享有不受污染的权利，但是，权利保护适用的规则是责任规则。责任规则意味着，老张的责任不受老王的主观估价的影响。老张的责任是由客观的法律规定的，是由法官或其他的第三方裁决的。这样的法律方案看似合理与可行，但下文的分析表明，它也存在很多问题。

---

① 卡拉布雷西，梅拉米德. 财产规则、责任规则与不可让与性：一个权威的视角. 明辉，译//徐爱国. 哈佛法律评论：侵权法学精粹. 北京：法律出版社，2005：307.

　　第三种方案：老张的企业有自主生产的权利，既然自主生产是权利，在生产过程中出现污染就是一种必然的结果，或者说，老张的企业有权开工，也有权制造污染。老王必须尊重老张的生产自主权，也必须接受老张的污染；老王如果不能接受，如果要求老张停止生产、停止污染，就必须向老张购买"不受污染"的权利。在这种情况下，在双方的争议中，权利的设置反转过来，权利配置给老张，法律保护老张的生产权与污染权，如果老王希望向老张购买"不受污染"的权利，则必须按照老张的定价付钱，在这种情况下，权利保护适用的是财产规则。如果老张漫天要价，老王几乎不可能支付老张提出的价，这对老王是极为不利的。

　　卡拉布雷西指出，在既有的法律理论中，主要存在这三种权利设置与规则选择的情况。但在卡拉布雷西看来，既有的理论忽略了第四种方案：把权利配置给老张，老张的企业可以生产，可以制造污染，但是，老王可以阻止老张的污染行为，只是老王必须赔偿老张的损失。在这种情况下，对老张的权利保护适用的是责任规则。

　　在这四种选择中，卡拉布雷西认为第四种方案既是一种逻辑上的必然结果，同时也是一种最佳的方案。主要理由是，它可以兼顾公正与效率；其他三种方案都不能实现这一点。卡拉布雷西还举了一个例子来说明他的理由：有一家工厂，因为使用廉价煤作为燃料，而污染了旁边的一个富有的社区，而且，这家工厂雇用了许多低收入工人，来生产一些主要是由穷人购买的低价格产品。

　　在这种情况下，如果采用第一种方案，把权利配置给富有社区居民，禁止工厂污染社区居民，且适用财产规则，这就是说，只要社区居民不同意，工厂就不能生产——至少不能产生污染。在这种方案下，可能会产生一定的经济效益，因为环境污染给富有社区造成的经济损失可能更大，而工厂改用优质煤、杜绝污染的成本可能相对较小。但是，在分配的公正方面，则可能造成严重的伤害：企业生产成本增长，企业雇用的低收入工人的工资可能会进一步降低，主要由穷人购买的产品的价格可能会提高。

如果采用第二种方案，把权利配置给富有社区的居民，且适用责任规则，那么，一方面，在社区居民之间，将会产生较高的交易成本，因为社区居民作为一个整体，为了向工厂索赔，必须达成一致，这个过程必然产生较大的成本；而且不能杜绝搭便车的现象：一些社区居民花费成本积极索赔，另一些社区居民可能坐享其成。另一方面，由于社区居民的索赔，同样可能使工厂破产或者减产。把这两个方面综合起来，不仅会产生与第一方案相同的消极后果，还会在社区居民之间产生一定的交易成本。这就是说，无论是在经济效率还是在分配公正方面，都会出现负面的效果。

如果采用第三种方案，把权利配置给工厂，且适用财产规则，那就意味着工厂可以排污，富有的社区居民如果想免受污染，就必须向工厂购买"不受污染"的权利，且价格由工厂自主确定，工厂主观的估价是多少，社区居民就应当支付多少。这种安排的结果是：一方面，确实有助于保护工厂的工人，也有利于保护购买工厂产品的穷人，当然也有助于保护工厂的所有者、经营者。另一方面，如果给富有的社区居民带来的污染损害实在太大，远远大于通过改用优质煤而避免污染的成本，那在经济效率上就得不偿失；而且，社区的众多居民之间由于交易成本过高，无法联合起来向工厂支付费用以使其改用优质煤，那么，第三方案不仅面临着经济效率方面的损失，而且面临着环境方面的损失。显然，这也不是可行的方案。

比较以上三种方案之失，卡拉布雷西认为，第四种方案就是最好的：把权利配置给工厂，同时适用责任规则。其结果是，富有社区的众多居民在污染造成的损害面前，共同强迫工厂改用优质煤。对于工厂来说，改用优质煤会提高成本，高出来的成本是一种经济上的损失。按照责任规则，高出来的成本应当由社区居民共同来赔偿。社区居民共同赔偿的数额，只是优质煤与廉价煤之间的差价。由富有社区的众多居民分摊这部分差价，有助于实现环境的好转，同时没有损害工厂、低收入工人的利益，也不会提高产品的价格。相比之下，这也许是兼顾经济效率与分配公正的最佳选择。

权利设置与规则选择的方案不仅适用于民事案件，还可以用来解释刑事案件。卡拉布雷西提出了这样一个问题："刚起步的学生在开始了解经济效率概念时，有时会问为什么不根据被抢之物的价值而指控抢劫者。而且，法哲学家们有时也会提出同样的问题。如果被抢之物对于抢劫者的价值大于对所有者的价值，那么，这一处罚不就不符合经济效率了吗？"① 卡拉布雷西认为，如果仅仅从道德层面上回答这个问题，不能真正满足提问者的需要。对于这个问题的法学提问方式是：为什么我们要把"不实施抢劫"作为一个强制性的义务？对于这样的问题，可以解释为财产规则与责任规则之间的考量。如果以被抢之物的客观价值来处罚抢劫犯，那就会将所有的财产规则转变成责任规则，所有受财产规则保护的权利就会转变成受责任规则保护的权利。

为什么不能将所有的财产规则转变成责任规则呢？从经济学的角度来看，责任规则仅仅表明某物对于初始所有者的近似

---

① 卡拉布雷西，梅拉米德. 财产规则、责任规则与不可让与性：一个权威的视角. 明辉，译//徐爱国. 哈佛法律评论：侵权法学精粹. 北京：法律出版社，2005：317.

价值，而且，支付这一近似价值的意愿并不说明某物对于抢劫者的价值大于对于所有者的价值。更简单地说，如果抢劫者和初始所有者之间没有进行共同的估价，双方之间并没有对某物的价值达成一致，就不能说明某物对抢劫者的价值大于对初始所有者的价值。但是，双方之间的共同估价是有成本的。如果不支付这样的成本，并不能保证某物从初始所有者转移给抢劫者，是一种有经济效率的活动。因此，即使从经济角度来看，我们也不能支持以抢劫的方式转移某物，也就是说，不能以责任规则来取代财产规则。制裁抢劫的刑罚，就是阻止将财产规则转变为责任规则的强制措施。

四、方法论及其启示

卡拉布雷西关于权利设置与规则选择的理论，确实是一个新颖的解释框架。其中蕴含的方法论主要包括两个方面。

一是经济分析的方法。就权利设置来说，经济效率是一个重要的理由，这就是说，设置某种权利，不能仅仅着眼于道德方面的考量，或者是为了人权、进步之类的目标，设置权利的首要理由是经济效率。在两种备选的权利中，选择设置某种权利，应当考虑实施该项权利的经济成本。就规则选择来说，保护权利的规则可以分为财产规则与责任规则，这两种规则的划分也许是卡拉布雷西最重要的贡献。但是，根本上说，这两种规则的本质区别就在于定价权的不同。财产规则由财产的原初所有者定价，责任规则由交易双方之外的第三方定价。根据定价权的不同归属来区分权利保护的两种规则，同样体现了经济分析的方法。

二是分析实证主义的法学方法。这种方法把法律看作规则，法律问题最终落实为规则问题。譬如，分析实证主义的代表人物哈特，就把法律视为设定义务的主要规则与授予权利的次要规则的结合。卡拉布雷西也在分析实证主义法学的学术谱系中，把规则分为财产规则与责任规则，以及不可转让规则。其中，不可转让规则是一种例外情形，可以在法律实践中普遍适用的规则其实是财产规则与责任规则。这两种规则主要适用于侵权法领域。但是，这两种规则的适用范围并不限于此。财产规则与责任规则的划分虽然源于侵权法的土壤，但是，这两项规则在合同法及其他私法领域，在刑事法及其他公法领域，都可以普遍适用。这就意味着，卡拉布雷西的规则理论，并不仅仅是一个侵权法理论，而且是一个普遍性的法理学建构。

卡拉布雷西著述众多，他关于"事故成本"的分析，一般被视为他的代表性成果。但是，卡拉布雷西最具创造性的理论建构，正是他的权利设置与规则选择理论，这个理论虽然从侵权法中生长出来，但具有普遍的理论意义，体现了学术思想从部门法理到一般法理的生长规律。从法律学术史的角度来看，一般性的法学理论并不是凭空产生出来的，一般性的法学理论总是从某个特定的部门法中孕育出来的。譬如影响深远的社会契约理论，其实是从契约法或合同法中生长起来的。大量的、反复出现的民商事契约，为一般性的社会契约理论提供了最初的种子。同样，卡拉布雷西立足于侵权法，却提出了可以适用于私法、公法的普遍性解释框架，这是他的学术优长之处，也是他的创造力之所在。

原刊《江汉学术》2017 年第 3 期

第四章　布坎南

　　布坎南的宪法经济学，是以经济学的方法研究宪法学、政治学问题。从内在理路来看，布坎南的宪法经济学可以归结为四对范畴：宪法经济学与非宪法经济学，宪法政治与普通政治，契约主义与个人主义，经济人假设与政府失败论。从外在关联来看，布坎南的宪法经济学与维克塞尔、科斯、罗尔斯、哈耶克、马斯格雷夫等人的学术思想具有紧密的关联。从内在理路与外在关联两个方面着眼，可以从整体上把握布坎南宪法经济学的学术旨趣。在此基础上，可以进一步探讨布坎南的宪法经济学与中国理论、中国实践的关系。

　　詹姆斯·麦吉尔·布坎南（James McGill Buchanan，1919—2013）生于美国田纳西州，1948 年获得芝加哥大学哲学博士学位，先后担任田纳西大学、佛罗里达州立大学、弗吉尼亚大学教授。1970 年至 1983 年，布坎南一直执教于弗吉尼亚工学院，并长期担任公共选择研究中心主任。1986 年，布坎南获诺贝尔经济学奖。

　　布坎南是公共选择理论的主要创始人和学术领袖，也是宪法经济学的主要代表。在数十年的学术生涯中，布坎南著述宏富，主要作品包括《同意的计算》（1962 年）、《民主财政论》（1966 年）、《成本与选择》（1969 年）、《自由的界限》（1975 年）、《赤字中的民主》（1978 年）、《宪法经济学》（1980 年）、《自由、市场与国家》（1986 年）、《宪法秩序的经济学与伦理学》（1991 年），等等。在这些著作中，布坎南把经济学、政治学、宪法学结合起来，把经济学的方法运用于政治问题的分析，拓展了一个引起广泛关注的学术领域，那就是宪法经济学。

　　在学术史上，宪法经济学是与布坎南的名字连在一起的。在我国法学界，学者们比较关注的相应主题是经济宪法学。[①]经济宪法学侧重于研究宪法文本中涉及经济制度的内容，着眼点主要是法学、法律，主要研究宪法学的一个方面（其他方面还有文化宪法、生态宪法等）。相比之下，布坎南自我确认的核心身份是经济学家，他的宪法经济学（Constitutional Economics）主要是从经济学理论中生发出来的，体现了经济学对政治问题的入侵，堪称"经济学帝国主义"的又一个例证。从研究方法上看，他的宪法经济学是对传统的学科壁垒的有效突破，典型地体现了交叉研究的旨趣。

　　由于布坎南主要厕身于经济学，因而他在中国学界的影响虽然很大，但影响的领域主要是经济学。在中国法学界，虽然也有一些论著提到，甚至专门研究他的宪法理论[②]，但从总体上看，布坎南的宪法经济学还不是法学领域中的热门话题，受到的关注度还远远不够，至少不如哈耶克，更不如波斯纳。但

---

　　① 譬如，赵世义. 经济宪法学基本问题. 法学研究，2001（4）.

　　② 譬如，黄锫. 规范主义经济宪法学的理论架构——以布坎南为主轴. 法商研究，2007（2）. 张启强. 布坎南宪政规则理论研究. 河北法学，2007（3）. 等等.

是，鉴于布坎南在理论与研究方法上的突出贡献，有必要从内在理路与外在关联两个方面，对布坎南的宪法经济学再作回顾。

一、宪法经济学的内在理路

布坎南的宪法经济学是以经济学的方法研究宪法问题，其内在理路可以概括为四对关键词：宪法经济学与非宪法经济学，宪法政治与普通政治，契约主义与个人主义，以及经济人假设与政府失败论。这四对范畴之间的关系是：宪法经济学与非宪法经济学之间的分野确立了宪法经济学的范围；在宪法经济学的视野中，政治可以分为宪法政治与普通政治；宪法政治的基础是契约主义与个人主义；至于经济人假设与政府失败论，则分别描绘了宪法经济学的起点与终点，其中，经济人假设是宪法经济学的理论起点，政府失败论则是宪法经济学的逻辑结果。透过这四对范畴，可以看到布坎南宪法经济学的理论内核。

（一）宪法经济学与非宪法经济学

理解一个事物的捷径，就是把该事物与它的对应物进行比较与对照。按照这种认识事物的方法，有必要从宪法经济学与非宪法经济学的差异着眼，来理解布坎南的宪法经济学。那么，宪法经济学与非宪法经济学的差异是什么呢？

非宪法经济学就是普通经济学，"在普通或正统经济学中，分析无论多么简单或多么复杂，注意力都集中在约束条件之内所作的选择之上，约束条件本身是从外部强加给要作出选择的一个人或一群人的。限定可行选择的约束条件，可以是由自然界、历史、一系列过去的选择、其他人、法律和制度安排甚或习惯和风俗强加的"，"在这种思想倾向之下，只要考虑外部决定的约束条件所允许的全部选择，就总是可以使选择者的效用最大化。正是在这一关键之点上，最为广义的宪法经济学与传统的分析框架分道扬镳了。宪法经济学将分析上的注意力指向约束条件的选择"①。在各种约束条件中，最大的可供选择的约束条件就是宪法。据此，宪法经济学的核心就是对宪法规则的选择，以及选择什么样的宪法才能实现效用的最大化。

与宪法经济学相比，非宪法经济学或普通经济学习惯于把既定的宪法规则作为一个不容选择的约束条件，因而不再考虑宪法规则的选择问题。而选择什么样的宪法规则，从实质上看，已经是一个标准的政治问题或宪法问题了。因此，如果说非宪法经济学研究的主题是传统的经济问题，那么，宪法经济学研究的主题其实已经是政治问题或宪法问题了。换言之，宪法经济学的主题其实是政治学或宪法学，它与普通政治学或普通宪法学相比，其独特之处在于：它是用经济学的方法来进行研究的。

从宪法经济学的立场来看，很多经济问题其实是政治问题、宪法问题。譬如，财税是一个普通经济学家一直偏好的经济问题。但是，这样的问题其实应当从宪法的角度来理解。因而，"我们打算阐述的特殊的税政观，它的一个典型特征就是其宪法取向。在我们的讨论中，我们始终把宪法视为一套规则，或一套社会制度，个人在其中从事活动和相互交往"②。

关于宪法经济学与非宪法经济学的区别，可以用一个比方

① 布坎南. 宪法秩序的经济学与伦理学. 朱泱，等译. 北京：商务印书馆，2008：9.
② 布伦南，布坎南. 宪政经济学·征税权. 冯克利，等译. 北京：中国社会科学出版社，2004：3.

来说明：宪法规则就相当于博弈的规则，这些规则建构了博弈得以展开的框架，这些规则界定了哪些行为是合法的，并规定了博弈的目标，以及如何决定谁为胜者。布坎南告诉我们，博弈者的选择包括两类：一是对各种备选博弈战略的选择，二是对各种备选博弈规则的选择。对于一个网球运动员来说，球网的高度就是博弈规则，相当于宪法规则。至于怎么进攻、怎么防守，则是对博弈战略的选择，相当于宪法规则约束之下的选择。传统的经济学研究主要着眼于博弈战略的选择，它把博弈规则作为一个前提条件；但是，宪法经济学研究则要立足于对博弈规则本身的选择，也就是对宪法规则的选择。

（二）宪法政治与普通政治

对宪法规则的选择是一种选择，在已经选定的宪法规则之下作出选择则意味着另一种选择。正是立足于这两种不同的选择，布坎南提出了政治决策的两个层次：宪法政治与普通政治。

其中，宪法政治是选择、选定宪法规则的政治，其实就是宪法的创制与修改。在阿克曼的论著中，这样的宪法政治被定义为宪法时刻："它要持续十多年，而非数日或数月。宪法时刻的标志是不断升级的群众运动，要求根本性的变革。"[1] 阿克曼强调了宪法时刻的具体形态，亦即"根本性的变革"；布坎南则强调了宪法政治的原则。在布坎南看来，宪法政治既然要对宪法规则作出选择，那就应当遵循一个基本的准则：一致同意或普遍同意。这是一种以契约主义与个人主义为基础的宪法原则或政治原则。它的目的在于确立宪法政治的合法性基础。因此，

---

① 阿克曼. 我们人民：奠基. 汪庆华，译. 北京：中国政法大学出版社，2012："序言"，3.

宪法政治的理论逻辑可以概括为：政治或社会是由个体组成的，个体是基本的选择主体或决策主体，个体构成了社会与政治的逻辑起点。为了维护个体的权利，就必须设立一个负责保护和落实个体权利的权威机构。设立权威机构的渠道只能通过所有的个体之间达成一致同意的契约。"为了使这种契约主义思想前后一致，必须把协议理解为具有包容性，其中的条款必须为受协议影响的团体中的全部成员所接受。把在一个团体的部分成员中达成的契约性协议中的条款强加于他人，会破坏整个结构的合法性。"①

宪法政治为什么要求"一致同意"？原因就在于，只有"一致同意"才可能赋予由此形成的宪法规则以合法性。倘若不能达成"一致同意"，倘若只能达成"多数同意"，那就会导致一部分人对另一部分人的强制，甚至是压迫。这显然背离了契约政治与宪法政治的初衷。由此可见，布坎南对于宪法政治的构想，可以概括为契约主义的宪法观。这样的宪法观既强调个体权利，又强调"一致同意"，其目的就在于追求社会秩序制度的合法性。而且，从经济学上看，合法的、同意的政治，就是有效率的政治。

与宪法政治相对应的政治是普通政治。所谓普通政治，就是在宪法规则约束下的政治。这种普通政治主要体现为宪法规则之下的政治决策。譬如，选择某个具体的政治方案或政治行动。较之于宪法政治，普通政治不要求"一致同意"，只需要多数同意就可以了。这是普通政治与宪法政治的一个根本区别。透过这种区别，人们可以发现，普通政治的合法性依据在于宪法规则，因为普通政治是按照宪法规则运行的，是宪法规则约束下的结果。这就意味着，宪法政治是普通政治的前提，也是

---

① 布伦南，布坎南. 宪政经济学·规则的理由. 秋风，等译. 北京：中国社会科学出版社，2004：31.

普通政治的约束条件。至于宪法规则的合法性依据，则有赖于所有人的"一致同意"。概而言之，宪法政治意味着对宪法规则的选择，普通政治是在宪法规则之下的选择，是依据宪法规则作出的选择、采取的行动。

（三）契约主义与个人主义

由宪法政治与普通政治的关系，可以看到布坎南宪法经济学的一对核心范畴，那就是上文已经提到的契约主义与个人主义。因为普通政治的合法性依赖于宪法政治，而宪法政治的合法性依赖于"一致同意"。为什么"一致同意"可以为政治选择、宪法规则提供终极的合法性依据呢？这就必须追溯至布坎南的契约主义立场与契约主义的宪法观。

按照布坎南的归纳，与契约主义宪法观相并列的理论形态主要有三种：第一种形态是极端保守主义的宪法理论。这种宪法理论高度尊重一直存在且一成不变的现存规则，换言之，宪法是权威的，也是不容改变的。第二种形态是不那么极端的宪法观。这种理论观点认为，宪法规则不同于根据宪法规则作出的选择，而且，社会秩序的规则不是可以随意改变的人工产物，社会规则之所以能够发挥形成秩序的功能，主要是因为它们不能直接改变。由此看来，第二种宪法观与极端保守的宪法观具有大致相同的立场，只是不那么极端和绝对而已。第三种理论形态认为，法律可以分为两个层次，其中的高级法用来保护人的自然权利，宪法就是保护自然权利的制度安排。无论宪法怎么修改，自然权利本身都是不可改变的。[①] 换言之，自然权利

---

① 布伦南，布坎南. 宪政经济学·规则的理由. 秋风，等译. 北京：中国社会科学出版社，2004：23-24.

构成了宪法的依据。对于这三种理论形态或学术立场，布坎南都不能赞同。他认为，前两种立场过于消极无为，第三种立场以自然权利作为价值的源头，也不可取，应当取而代之的是契约主义的宪法观。

契约主义宪法观的理论依据是个体、个人。布坎南说，契约主义宪法观的前提，是"完全从人类个体的角度定位价值。个人是惟一的意识单位，一切价值评估都是以此为起点。需要强调的是，这种观点丝毫不否认共同体或社会对个人的影响"。而且，"所有的人都应被看作道德上平等的个人，他们有着平等的能力对那些相关选择表达价值取向"。这样的"个人按照他们对各种前景的评估，通过一项得到一致同意的协议，组建一个集体或政体，由它履行特定的职能，这首先包括提供保护性的或最小国家的服务，其次是提供真正由集体消费的服务"①。

这里的"一致同意的协议"就是契约主义的宪法。所谓国家，就是由这种契约主义的宪法建立起来的。从行为、过程来看，契约主义的宪法其实是一个中介物，它的起点是个体，它的终点是国家，个体以协议的方式形成契约性宪法，国家依契约性宪法而形成。这就是布坎南的个人主义、契约主义及其宪法观。按照这样的宪法观，国家不是为了保护某种超验的自然权利而出现的，它也不反映某种宇宙力量，譬如上帝或神的意志。与此同时，按照个人主义的逻辑，国家也不是可以独立于个人而存在的有机体，国家没有自己的行动，也不能追求自己的目标。这就意味着，较之于个人，国家、政府的价值是次要的，甚至是无足轻重的。在某种意义上，布坎南可以被视为一个"反国家""反政府"主义者。

---

① 布伦南，布坎南. 宪政经济学·规则的理由. 秋风，等译. 北京：中国社会科学出版社，2004：25.

（四）经济人假设与政府失败论

布坎南低估政府的价值，反对政府对经济、社会的干预，是因为在他的理论中，政府很难成功，这就必须归诸布坎南宪法经济学的另一对关键词：经济人假设与政府失败论。

在近现代西方的民主政体下，长期存在着一个共识：经过选民投票选举产生的政治家与政府领导人，理所当然会成为公共利益的维护者。按照民主选举的逻辑，如果某个候选人不能成为公共利益的维护者，他就不可能得到多数选民的认同，当然也不会当选。因此，某个政治家既然是选民们集体选出来的，他就必然会维护公共利益。对于这种流行的政治意识，布坎南提出了批判。他的理论起点是经济学中最基本的经济人假设。

在经济学领域，经济人假设是经济学家分析一切经济问题的前提。在市场交易中，作为市场主体的人总是寻求自身利益最大化的人。这样的经济人在经济市场中，是无可厚非的。在布坎南看来，政治过程或政治决策中的人，同样也是经济人。置身于政治过程中的人，并不是"经济的阉人"，他们也会寻求自身利益的最大化。布坎南注意到，在通常情况下，"政治家会选择能够最大化其自身而非其委托人的效用的政策选项。这种机会是参与政治的主要动机之一。在一种真实意义上，这是一种政治收入，当被视作当官的总奖励的一部分"①。在政治市场上，由于每个具体的政治决策者都是经济人，这就足以导致政府本身的失败。政府失败有多个方面的表征，譬如，"政府机器直接地花掉了近 1/3 的国民生产总值"；再譬如，"特殊的利益集团清楚地认识到可以通过政府活动取得'利益'"；以及"全

---

① 布坎南. 自由的界限. 董子云，译. 杭州：浙江大学出版社，2012：195.

部立法的实质性部分对整个人口中的各独立集团都产生了可以测量到的差异的影响"①。

从当时的社会背景来看,布坎南从经济人假设出发,"提出了一个与'市场失败理论'完全相同的'政府—政治失败'理论"②,主要在于批判当时流行的以凯恩斯为代表的政府干预经济的理论与实践。在凯恩斯理论中,当市场导向的经济出现危机以后,应当由政府去拯救,"除了消费倾向与投资引诱二者,必须由中央统制,以便二者互相配合适应以外,实在没有理由要使经济活动比以前更社会化"③。在 20 世纪的三四十年代,凯恩斯主义及其实践虽然取得了一些效果,但在布坎南看来,政府干预绝不是解决市场失败的良方。理由很简单,政府中的人都是经济人,由这种经济人组合而成的政府,同样是靠不住的。站在宪法和法律的角度上,"对于政治家和政府官员,如果要适当设计出能制约赋予他们在这些权力范围内的行为的法律——制度规则,就必须把政治家和政府官员看成是用他们的最大权力最大限度地追求他们自己利益的人"④。换言之,只能把他们假设成"经济人",或者说,他们本身就是经济人,经济人不仅是一种假设,经济人本身还是一种事实。正是这样的"经济人",导致了政府的失败。从因果关系来看,"经济人"是原因,政府失败是结果。

① 布坎南,塔洛克. 同意的计算:立宪民主的逻辑基础. 陈光金,译. 北京:中国社会科学出版社,2000:24.
② 布坎南. 自由、市场和国家. 吴良健,译. 北京:北京经济学院出版社,1988:262.
③ 凯恩斯. 就业利息和货币通论. 徐毓枬,译. 北京:商务印书馆,1983:326.
④ 布坎南. 自由、市场和国家. 吴良健,译. 北京:北京经济学院出版社,1988:38-39.

二、宪法经济学的外在关联

通过以上四对范畴，可以有效地把握布坎南宪法经济学的内在理路；与此同时，还可以从外在关联的角度，进一步考察学术发展脉络中的布坎南及其宪法经济学。从纵向维度来看，布坎南的宪法经济学受到了维克塞尔的直接影响，当然也受到了霍布斯、亚当·斯密以及凯恩斯、奈特等人的影响。从横向维度来看，科斯、罗尔斯、哈耶克、马斯格雷夫则是布坎南反复引证的学者。布坎南和马斯格雷夫甚至还在 1998 年专门举行了一场学术辩论会。因此，如果要更全面地理解一个立体化的布坎南，不仅要把握其宪法经济学的内在理路，把握支撑其理论学说的基本范畴，还有必要弄清楚，哪些学者直接启发了布坎南，哪些学者对布坎南的宪法经济学产生了较大的影响。着眼于此，下文从外在关联的角度，选择一些与布坎南的学术思想关系密切的学者，就他们与布坎南的学术交往稍作辨析。

（一）布坎南与维克塞尔

立足于个人主义与经济人假设，以"交换"理解"政治"，把政治当作"政治市场"，是布坎南宪法经济学的旨趣，这个理论旨趣受到了 19 世纪后期瑞典经济学家维克塞尔（Knut Wicksell，1851—1926）的直接影响。透过布坎南的众多论著可以看到，对布坎南影响最大的学者，也许就是维克塞尔。布坎南的宪法经济学，甚至可以被看作对维克塞尔理论的继承和发展。

在布坎南晚期的一篇文献中，他写道，维克塞尔 1896 年出

版的《财政理论研究》是一部"伟大的著作",维克塞尔则是
"自己在公共选择领域甚或一般地说在政治经济学领域所作努力
的主要先驱"。维克塞尔对布坎南的启示主要在于,"把经济分
析的范围扩展至公共或政府资源使用部门。他试图找到一个标
准来衡量国家或集体使用资源的效率,这个标准类似于经济的
市场部门运用的衡量资源使用效率的标准。集体在市场上使用
一资源单位,如何评估其价值,估价的唯一源泉是个人,因为
个人既享受国家出资提供服务的利益,又支付因牺牲私人供应
的商品所招致的成本。根据这一基本的个人主义预设,便得出
了维克塞尔的一致同意标准"①。维克塞尔的个人主义立场、
"一致同意"的标准,这些观点在布坎南的理论创造中得到了
延续。

　　布坎南继承了维克塞尔的"一致同意"理论,同时也发展
了这一理论。因为布坎南注意到,"维克塞尔只是在为某一时刻
单个地评价可供选择的政策制定了标准。他把注意力转向了决
策规则的改变,从简单多数投票表决转向一致同意,以确保集
体批准收益等于或超过成本的项目,就任何一般项目来说都是
如此"②。在此基础上,布坎南把分析扩展至特定决策规则在整
个连续时间段中的运行。这显然是对维克塞尔理论的一个创造
性发展。布坎南关于宪法政治与普通政治的划分,其实是从一
个长时段的角度得出的理论架构:在宪法规则之下,普通政治
得以有效地、合法地运行,但是,这并不是一个凝固的框架,
因为随着条件的变化,在宪法规则之下的选择变得越来越不经
济的情况下,必然要求对宪法规则本身进行重新选择,这就必

---

　　① 布坎南. 宪法秩序的经济学与伦理学. 朱泱, 等译. 北京:商务印书馆,
2008:67.
　　② 布坎南. 宪法秩序的经济学与伦理学. 朱泱, 等译. 北京:商务印书馆,
2008:68.

须重启宪法政治，进入"宪法时刻"。可见，在一个长时段的过程中，宪法政治与普通政治总是交替进行的。

（二）布坎南与科斯

科斯与布坎南同年辞世，两人都是诺贝尔经济学奖获得者。在布坎南的代表性论著中，经常提到科斯，其中最值得注意的是布坎南对科斯定理的批评。

在《社会成本问题》一文中，科斯提出，在交易成本为零的情况下，无论产权如何界定，只要产权界限清晰，都能实现资源的最优配置。但是，由于交易成本总是存在的，并不为零，不同的产权界定，将导致不同的资源配置效果。在这种情况下，为了实现资源的最优配置，就需要重新界定产权。对于这样的科斯定理，布坎南提出了自己的批评性意见。他说："无论科斯是运用数字例子，还是引进交易成本的条件，实际上，他都是把结果准则应用于分析交易过程的效果，而不是把注意力仅限于交易过程本身。"[1] 布坎南认为，交易过程本身更重要，"只要在相互关系中，所有交易者都能自由地进行交易，并且所有的交易者的权利都是明晰的，那么资源就会按其最有价值的用途进行配置，而根本不需要什么修正条件"[2]。换言之，"只要 A 与 B 保持进行交易或不进行交易的自由，则资源的有效利用能得到保证"[3]。

---

① 布坎南. 自由、市场与国家——80 年代的政治经济学. 上海：上海三联书店，1993：135.
② 布坎南. 自由、市场与国家——80 年代的政治经济学. 上海：上海三联书店，1993：140.
③ 布坎南. 自由、市场与国家——80 年代的政治经济学. 上海：上海三联书店，1993：137.

从法学的角度来看，科斯定理关注的问题比较微观，虽然科斯定理在法律经济学或制度经济学上是一个重大的理论贡献，但对宪法学的意义却显得不那么突出。不过，布坎南对科斯的批评却体现了宪法学的基本旨趣：对个人主义与契约主义的坚定信念。在科斯定理中，经济学家科斯的追求是资源的有效配置或最优配置，这是一个经济效果导向的目标。但是，布坎南的目标却并不在资源的最优配置，而在于交易过程是否自由，是否充分体现了交易双方的真实意愿。只要交易的契约是自由达成的，那就是好的交易，就能实现资源的有效利用。这就是说，自主形成契约才是重要的，维护个人意愿才是重要的，而且，只有个人才是评判效用的真实主体。

如果说科斯定理主要体现了一个经济学家的思维方式，那么，布坎南对科斯定理的批评主要体现了一个法学家、政治学家的思维方式。布坎南在此讨论的是一个经济理论问题，但他的实际指向，却是一个宪法问题甚至是一个政治哲学问题。

（三）布坎南与罗尔斯

在阐述契约主义宪法观的过程中，布坎南经常引证政治哲学家罗尔斯（John Rawls，1921—2002）的观点。布坎南说："我们此处的讨论和罗尔斯的整个体系的密切关系是显而易见的。不过我们强调的是不确定性而不是无知"。由此，我们可以看到两张幕布：罗尔斯的无知之幕与布坎南的不确定性之幕。布坎南认为，"如果建立的模型是人们要对社会秩序的规则进行选择，而这些规则又具有普适性和准持续性，则'不确定性之幕'提供了一个解决之道，即使它不能完全得到实现。与此相比，罗尔斯的'无知之幕'是理想化的规范建构，它是人们在考虑选择基本的公正规则时的恰当起点"。对于这两张幕布，布坎南自己的评价是，"在有限的条件下，我们的幕布和罗尔斯更为充分研究过的幕布是相同的"[①]。

布坎南承认自己的"不确定性之幕"与罗尔斯的"无知之幕"具有很大的相似性。罗尔斯也多次引证布坎南的观点，譬如，罗尔斯赞同布坎南关于公共利益的描述："公共利益具有两个特点，即不可分性和公共性。"[②] 此外，布坎南与罗尔斯还有很多共同的立场，尤其是对契约主义、正义原则的推崇，都是他们着力论证的学术主题。而且，他们构想的社会秩序都需要一张"幕布"。他们共同认为，一个正义的制度或秩序都需要一张"幕布"作为前提。只有通过"幕布"的阻隔或遮挡，正义才有可能。

但他们的"幕布"同中有异。罗尔斯假定的"无知之幕"是完全、相互孤立的不知情，每个人既不知道自己的才能、禀赋、优势、缺陷，也不知道任何其他人的长处与短板。在这种完全陌生化的背景下，人们对于公共事务达成契约，在这样的契约之下，即使是最弱势的人，也不会吃亏，因为在达成契约之时，每个人都已经充分意识到，自己可能就是那个最弱势的人，所以已经对最弱势的人进行了充分的保护。但是，布坎南的"不确定性之幕"则略有不同。因为在布坎南看来，任何契约的立约人对自己的情况是知道的，但对其他人的情况则无法把握，处于不确定状态。"不确定性之幕"掩盖了特定立约人对其他立约人的了解。对于布坎南来说，"不确定性之幕"是人们达成契约时的一个程序性、工具性的假设，是大家都遵循的一个程序性的底线，在此基础上形成"一致同意"的契约或宪法规则。

---

① 布伦南，布坎南. 宪政经济学·征税权. 冯克利，等译. 北京：中国社会科学出版社，2004：35.

② 罗尔斯. 正义论. 何怀宏，等译. 北京：中国社会科学出版社，1988：266.

　　虽然布坎南的"幕布"与罗尔斯的"幕布"都是对原初状况的一种假定，但相比之下，"罗尔斯幕布"的理想化色彩更强烈一些，理论的"纯粹度"更高一些。"布坎南幕布"在程序性、现实性方面更加明显一些。两张"幕布"的微妙差异，也许可以映照出人文科学与社会科学之间的差异，虽然在社会科学家群体中，布坎南对价值问题、伦理问题的关注已经让他成为经济学领域中的异类了。

（四）布坎南与哈耶克

　　哈耶克（Friedrich August Hayek，1899—1992）也是布坎南经常引证的重要作家。他们之间有很多的相同点，譬如，都是新自由主义的代表人物，都看重个体的价值，都对国家与政府抱有高度的警惕。尽管如此，哈耶克却是布坎南批评的对象。

　　在《实行经济改革》一文中，针对"哈耶克告诫我们的假设'理性建构主义'狂妄"，布坎南说："在这一点上，我不同意哈耶克思想中的这一基本要素"[①]。布坎南还说："哈耶克认为我们往往会根据某些在长期文化进化过程中形成的行动守则行事，而这些行为守则或规则不可能被解释为理性计算的结果。这些规则自发地进化，即使我们无法有意识地理解它们，其也会指引我们的行为"。哈耶克的"这种姿态的吸引力不大"[②]。哈耶克的这种理论姿态为什么没有吸引力？布坎南解释说，那是因为"我自己的观点可说是宪法建构主义式的，我的事业同

---

　　① 布坎南. 宪法秩序的经济学与伦理学. 朱泱，等译. 北京：商务印书馆，2008：133.
　　② 布坎南. 宪法秩序的经济学与伦理学. 朱泱，等译. 北京：商务印书馆，2008：255.

样建立在个人主义/契约论的基础之上。但我的重点在于约束个人行为的规则而非行为本身的规范。在这种大致的区分图表中……就与诺齐克或哈耶克的非建构主义的关系而言，我们三个人，即罗尔斯、戈塞尔与布坎南显然彼此更为接近"①。

按照布坎南的这种划分，他自己属于宪法建构主义者，而哈耶克及诺齐克则属于非建构主义者。所谓非建构主义，按照哈耶克自己的说法，可以归结为："我们应当学到了足够多的东西，以避免用扼杀个人互动的自生自发秩序（置其于权威当局指导之下的方法）的方式去摧毁我们的文明。但是，要避免这一点，我们就必须否弃这样一种幻想，即我们能够经由审慎的思考而'创造人类的未来'，这是我……现在对我就这些问题所做的四十年研究所下的最终结论。"②

哈耶克的最终结论是，秩序必须自生自发，经由个人互动而形成；如果要以"立法"的方式创造人类的未来，只能是一种不切实际的幻想。对于这种自由秩序理论，布坎南不能赞同。在布坎南看来，自由秩序原理虽然有一定的道理，但它的解释能力是有限的，它的解释力不能延伸到制度与法律领域。因此，"应该把文化进化形成的规则同制度严格区分开来。前者是指我们不能理解和不能（在结构上）明确加以构造的，始终作为对我们的行动能力约束的各种规则；后者是指我们可以选择的，对我们在文化进化形成的规则内的行为实行约束的各种制度。文化进化形成的规则对制度是明显地有约束的；但它们并不必然地只规定一个唯一的和特定的制度结构"③。这就是说，文化

---

① 布坎南. 宪法秩序的经济学与伦理学. 朱泱，等译. 北京：商务印书馆，2008：276.

② 哈耶克. 自由秩序原理. 北京：三联书店，1997：11.

③ 布坎南. 自由、市场与国家——80年代的政治经济学. 平新乔，等译. 上海：上海三联书店，1989：116.

演进与法律变革并不是一回事，文化演进是自生自发的，但法律变革是可以理性建构的。这是布坎南的立场，也是布坎南与哈耶克的一个主要区别。

（五）布坎南与马斯格雷夫

1998 年，布坎南与马斯格雷夫（Richard Abel Musgrave，1910—2007）在德国展开了一场颇有宪法意义的讨论，并引起了广泛的关注。因此，讨论布坎南的宪法经济学，还不能避开马斯格雷夫。

马斯格雷夫被称为战后西方财政学的创始人，是专业的财政理论家。在阐述其财政理论的过程中，马斯格雷夫也提出了自己的宪法思想。而且，布坎南与马斯格雷夫有一些共同的宪法学立场，譬如，都认同契约论，都把维克塞尔作为他们共同的思想先驱。不过，较之于布坎南的自由主义立场与个人主义方法论，特别是对国家与政府的排斥，马斯格雷夫更看重政府的功能，强调通过政府干预纠正市场失灵，提高全社会的福利水准。

对于两人的宪法观念，布坎南概括地指出："我们都是立宪主义者。几乎所有的人都认为对政治权力的运用进行某种约束对于维持正常的社会秩序是必要的，首先要清楚这个普遍的共识；在这点上我和马斯格雷夫不可能有什么分歧。基本的宪法性约束要求集体性机构必须定期举行选举而且有可能被其他的机构取代，允许所有的公民都拥有平等的投票权，对于在政府机构任职的资格几乎不作限制，对代表的选举和在立法会议上的决策制定确立明确的投票规则，对授予非选举产生的官僚和法官的权力要加以限制——关于这一系列限制政治活动的措施存在的必要性人们只有很少或没有争吵或争论。"① 这就是说，布坎南认同的立宪主义，主要在于通过宪法限制、约束政治权力。他希望马斯格雷夫能够认同这样的立宪主义。

但是，马斯格雷夫并不完全认同布坎南的这种宪政主义。他说："我们不是要讨论无政府和极权主义的相对优点。我们需要政府，问题是政府应该做什么和不应该做什么。我也同意布坎南的下列观点，按照一维的标尺衡量，我的立场接近好的一端而布坎南的立法则位于坏的一端，因此我对政府的限制比布坎南对政府的限制要少。"马斯格雷夫认为："不仅仅是国家的行为才需要约束。为了在霍布斯的丛林中能够实现社会共存，需要对个人能自由做什么进行约束。为了施加这样的约束，需要通过民主国家采取集体行动。正是分别施加于集体和个人行动上的约束的正确组合才是重要的；正是这样的组合应该进入我们的标尺，而不是只有对国家行为的约束进入标尺。"②

透过马斯格雷夫的这番回应，可以发现，他与布坎南的宪法观还是有明显区别的。一方面，布坎南的宪法观与无政府主义具有一定的亲缘性，至少马斯格雷夫暗示了这一点。因为马斯格雷夫表示，没有必要讨论无政府与极权主义的优点，这意味着布坎南在讨论无政府的优点，或者说布坎南更多地靠近无政府主义的立场。相比之下，马斯格雷夫有意在无政府与极权主义之间保持某种平衡。另一方面，布坎南的宪法观单方面强调对于政府的约束，对集体和国家的约束。但马斯格雷夫认为，这种"一维的标尺"是不对的，要实现社会共存，既需要对国家的行为进行约束，也需要对个人的行为进行约束。简而言之，

---

① 布坎南，马斯格雷夫. 公共财政与公共选择：两种截然不同的国家观. 类承曜，译. 北京：中国财政经济出版社，2000：82.

② 布坎南，马斯格雷夫. 公共财政与公共选择：两种截然不同的国家观. 类承曜，译. 北京：中国财政经济出版社，2000：97-98.

马斯格雷夫的宪法观可以概括为：既要约束国家，也要约束个人。至于布坎南的宪法观，则只强调了对国家、政府的约束。

以上列举的五位学者，相当于五只探照灯，他们从不同的角度照射出来的理论光芒，可以照亮布坎南宪法经济学理论大厦中的不同房间，可以让我们更清晰地触摸到布坎南宪法经济学的某些特质。当然，布坎南宪法经济学的外在关联，并不限于这五位学者；上文对这五位学者与布坎南之间的学术思想交往，也只是给予了挂一漏万式的展示（譬如，布坎南与马斯格雷夫之间的争论，就已经汇编成了一本学术著作，因此，单就他们两人之间的学术异同，就可以作出一项专门的研究）。上文之所以选取多人，就他们与布坎南的学术源流、学术交往略作评析，是为了从整体上揭示出布坎南宪法经济学的外在关联。

三、宪法经济学的中国意义

按照"文如其人"的古训，学术思想亦如其人。因此，要准确地理解布坎南的宪法经济学，还有必要理解布坎南是一个什么样的人。那么，布坎南何许人也？他自己的说法是："在基本价值观上，我依然是一个个人主义者，一个宪政主义者，一个契约论者，一个民主派——这些语词对我而言有着相同的意义。"[①] 这就是说，个人主义、宪政主义、契约主义、民主主义，都可以融会贯通，相互支撑。把这几种"主义"结合起来，可以发现，布坎南其实是活跃于西方 20 世纪下半叶的一个自由主义者。因而，他的宪法经济学可以被视为自由主义的宪法经

---

① 布坎南. 自由的界限. 董子云，译. 杭州：浙江大学出版社，2012：9.

济学。关于布坎南宪法经济学的学理，上文已经从内与外两个不同的维度进行了全方位的梳理。那么，他的宪法经济学对于当代中国的理论与实践，又意味着什么呢？对于这样一个开放性的、难以穷竭的问题，我们可以根据布坎南的自画像，作出以下几个方面的讨论。

（一）关于个人主义

布坎南自我确认的第一身份是个人主义者。这样的角色，无论是在经济学领域还是在政治哲学、法哲学领域，都是相当平常的。在西方社会，自近现代以来，个人主义不仅是一种普遍性的思想理论与学术观点，而且已经成为一种意识形态。在相当程度上，个人主义与自由主义是互为表里的。因为人的自由就是指个人的自由，人的权利就是指个人的权利。布坎南的独特之处，就在于以经济学家的立场，反复强调了个人主义的方法论。

对于个人主义的论证，西方思想史上已有汗牛充栋的文献，这里不再赘述；个人主义对于人类文明进步的正面效应，这里也不再列举。从根本上说，个人主义满足了人的个体属性，对应于人的个体化生存，具有积极的理论意义。但是，人既有个体属性，也有群体属性。在群体性的人类生活中，如果仅仅强调个人主义，可能就是偏颇的。因为单向度的个人主义不能回应人对于群体性生活方式的需要。

在当代中国的法学理论中，法学被称为权利之学，"权利本位论"成为法学的主流理论。在"权利本位论"的框架下，个人主义的立场得到了比较全面的表达。在权利本位、个人主义、自由主义之间，已经形成了某种"三位一体"的关系。这样的理论格局尽管得到了普遍的赞同，但它其实是偏颇的。因为法学固然是权利之学，同时它也是义务之学。法学固然要关注个人的权利与自由，同时也要关注群体内部的秩序。所谓法治，就是要通过法律实现对群体的有效治理；如果只有个人，那就不需要法治。因此，个人主义尽管有相当大的感召力，但它并不足以支撑当代中国的法学理论。

（二）关于契约主义

布坎南自称契约论者，同样是在沿袭一个传统的经典理论。因为自近现代以来，社会契约论已经成为一种一般性的知识。按照洛克、霍布斯、卢梭等人的社会契约论，宪法和法律即为社会契约的表现，至少宪法具有社会契约的意义；否则，宪法以及根据宪法制定的法律在合法性方面就会存在疑问。因此，契约主义是西方近现代国家与法律合法性的依据。

布坎南以契约论者自居，主要有两个方面值得注意。一方面，他立足于所谓"同意的计算"，就政治哲学意义上的社会契约论进行了形而下的表达：宪法规则作为社会契约的肉身，应当经过"一致同意"之门，才能取得合法性。"多数同意"的决策机制可以用于宪法规则之下的选择，但不能作为对宪法规则本身的选择。这就是说，布坎南是从投票机制、公共选择、政治决策的层面上，对社会契约理论进行了程序化的表达和创造性的运用。另一方面，布坎南眼中的契约，还可以坐实为国家与纳税人之间的契约。在《征税权》等论著中，布坎南有意突出了这种契约的现实意义。这种契约典型地体现了宪法经济学视野中的契约观。凭借这种契约，布坎南旨在强调，国家不能以征税的名义，向纳税人吸取过多的财富。

布坎南的契约论有助于反思当代中国的问题。按照中国宪法序言的叙述，宪法和国家的合法性依据，主要在于"历史"或"历史规律"①。在主流意识形态中，政治国家与政府的合法性依据主要依赖"政绩"的支撑。② 然而，按照布坎南的宪法经济学，"一致同意"的契约能够为国家与政府提供更有效的合法性依据，能够让政治更好地成为被认同、被承认的政治，这是政治获得合法性的根本保障。尤其是在财税问题上，如果征税权能够得到纳税人的"一致同意"，则既是对政府征税权力的一种有效约束，也能够增加征税权力的合法性与正当性。

（三）关于民主主义

无论如何修饰"民主"，民主的核心含义都是民众说了算。在布坎南的宪法经济学中，民主的集中表达是"一致同意"。即使是作为元规则的宪法规则，如果要获得合法性，也应当经过"一致同意"这道大门。从民主的程度来说，"多数同意"显然不如"一致同意"更能体现民主的价值目标。"一致同意"甚至可以被视为民主的极致，是最高级的民主形式。

但是，以"一致同意"作为核心的民主形式，应当作为中国民主理论与民主实践发展的方向吗？回答是否定的。正如有学者所指出的："尽管一致性原则具有的效率性质在表面上看起来十分吸引人，但是实施该原则也有两个难点：第一，从时间和其他资源来看，设计出一个博得一致同意的建议是十分昂贵的；第二，一致性原则会激励人们采取策略性的行为——决不退让，并提出，如果不分配给他们额外的收益或较低的责任，

---

① 喻中. 法律文化视野中的权力. 北京：法律出版社，2013：106.

② 龙太江，王邦佐. 经济增长与合法性的"政绩困境"——兼论中国政治的合法性基础. 复旦学报，2005（3）.

他们就要否决提请通过的法律或法规的威胁，鉴于这种激励，要通过许多新法律或新法规将是不大可能的。"① 这就是说，"一致同意"几乎不具备可行性。一方面，在特定的时间条件下，在特定的资源条件下，几乎不可能设计出"一致同意"的宪法方案或法律方案。另一方面，由于人人都知道"一致同意"的规则，这就会激励人们绝不妥协，甚至会要求额外的利益，由于人人都掌握着"一票否决"的权力，以至于任何宪法与法律都不可能通过。换言之，倘若要符合"一致同意"的原则，那么，任何实体性的宪法和法律都会被阻挡在合法性大门之外。在当代中国的背景下，以"一致同意"方式来制定宪法和法律，尤其不具备可行性。因为一部宪法或法律要得到 13 亿多人的一致同意，而且没有任何异议，无论如何都是难以想象的。古希腊的城邦国家，人口总数仿佛今日中国的一个乡镇，即使是那样的小国寡民，也不可能作出"一致同意"的政治选择。

布坎南自己也清楚，任何国家的宪法与法律都不可能遵循"一致同意"的原则。在人类历史上从来没有"一致同意"的先例；在可以预测的未来，也不可能出现这样的实践。既然如此，他提出这个"极端民主"的"一致同意"原则，主要是一个理论上的假设，主要在于强调，只有"一致同意"的宪法与法律，才会充分维护每个个体的权利与自由，任何个体的权利与自由都不会在政治选择过程中受到损害。因此，"一致同意"的民主原则其实是个人主义的理念在宪法制度上的投射。如果说绝对的个人主义是虚幻的，那么，"一致同意"的民主也是一片虚幻的浮云。

原刊《山东社会科学》2015 年第 6 期

---

① 麦考罗，曼德姆. 经济学与法律——从波斯纳到后现代主义. 朱慧，等译. 北京：法律出版社，2005：117.

第五章　奥尔森

　　奥尔森的经济理论以集体行动作为核心概念，在区分集体利益与个体利益的基础上，奥尔森剖析了集体行动的逻辑，指出特殊利益集团对于国家兴衰的决定性影响。在奥尔森的理论逻辑中，能否保障个体权利，能否遏制特殊利益集团的巧取豪夺，是国家兴衰的决定性因素。由于奥尔森的理论立足于经济学，同时也兼顾法理学、政治学与社会学，因而为经济学与法理学、政治学、社会学的交叉研究提供了一个范例。奥尔森关于个人权利、集体行动与国家兴衰的理论，对于当代中国的理论创新与改革实践，具有积极的参考价值。

　　曼瑟尔·奥尔森（Mancur Lloyd Olson，1932—1998），美国经济学家，生于北达科他州，先后获得北达科他州州立大学学士学位、牛津大学硕士学位、哈佛大学博士学位，早年任职于普林斯顿大学、美国联邦政府。1969年以后，奥尔森长期任教于马里兰大学，其间，1972—1974年任美国公共选择学会会长，1981—1982年任美国南部经济学会会长，1986年任美国经济学会副会长。奥尔森的代表著作主要包括《集体行动的逻辑》（1965 年）、《国家的兴衰》（1982 年）、《权力与繁荣》（2000 年）。这三部著作影响较大，或许可以称之为"奥尔森三部曲"。通过这些代表性著作，奥尔森阐述了颇具个性的经济理论。

关于奥尔森经济理论的得失，国内学界已有若干批评性的研究。① 奥尔森的理论尽管存在这样或那样的问题（详后），但是，其中蕴含的学术贡献毕竟还是值得尊重的。对此，学界已有相关的概述。② 在本书看来，奥尔森理论的独特之处在于：立足于经济学，同时也兼顾法理学、政治学与社会学。因此，他的经济理论既可以视为政治经济学，也可以视为法律经济学，甚至还可以看作经济社会学。因此，他的理论观点既受到了经济学界的广泛关注，同时也牵动了法理学、政治学、社会学等相关学术领域。从法律经济学的角度来看，如果要把握奥尔森理论的要义，有必要着眼于奥尔森反复致意的三类主体：个人、集体与国家。在一定程度上，奥尔森的理论就是个人、集体、国家之间的关系理论。如何处理个人、集体、国家之间的关系，具有法理意义与宪制意义。③ 鉴于奥尔森侧重于从经济利益的角度审视个人、集体与国家的关系，由此描述的三种主体之间的关系，就可以归属于法律经济学这样一个交叉性的领域。

《集体行动的逻辑》这个书名意味着，奥尔森理论的核心主体是集体。但是，集体是由个体组成的，集体行动的困境就在于集体利益与个体利益之间的差异与分歧。而且，某些集体所代表的特殊利益集团或分利集团，总是与国家的兴衰息息相关。

---

① 譬如，杨光斌. 奥尔森集体行动理论的贡献与误区：一种新制度主义的解读. 教学与研究，2006（1）.

② 李增刚. 奥尔森经济思想述评. 经济评论，2002（5）.

③ 喻中. 宪法社会学. 北京：中国人民大学出版社，2016：67.

因此，集体行动一方面联系着个体权利，另一方面还关系到国家兴衰。着眼于此，我们可以把奥尔森的理论概括为以特殊利益集团为纽结的个人权利理论与国家兴衰理论。对于奥尔森阐述的个人权利、集体行动与国家兴衰之间的理论逻辑，可以概述如下。

一、个人利益与集体利益

《集体行动的逻辑》是奥尔森向哈佛大学提交的博士学位论文，也是奥尔森的成名之作，同时还是奥尔森理论生涯的起点。此书开篇就论及个人与集体的关系。因此，个人与集体的关系是走进奥尔森理论的入口。

奥尔森首先批评流行的经济理论，他说："正如单独的个人往往被认为是为他们的个人利益而行事，有共同利益的个人所组成的集团被认为是为他们的共同利益而行事。"这种流行的观点，"是建立在集团中的个人的行动都是为了自身利益这一假设上的。如果一个集团中的个人从利他主义出发而不考虑他们自身的福利，他们在集体中也不大可能去追求某个自私的共同目标或集体目标"。但是，经济学一般不这样考虑问题。因为在通常情况下，利他主义不大可能成为经济学的理论前提。按照经济学的一般思路，"如果某一集团中的成员有共同的利益或目标，那么就可以合乎逻辑地推出，只要那一集团中的个人是理性的和寻求自我利益的，他们就会采取行动以实现那一目标。但是认为从理性的和寻求自我利益的行为这一前提可以逻辑地推出集团会从自身利益出发采取行动，这种观念事实上是不正确的"。因为"有理性的、寻求自我利益的个人不会采取行动以实现他们共同的或集团的利益"①。

　　为什么不会？这背后的原因是什么？这就是奥尔森的问题意识与提问方式。这种提问方式着眼于区分个人与集体，尤其着眼于区分个人选择与集体选择。个人选择的逻辑与集体选择的逻辑有何区别？简单地说，个人选择的逻辑是理性的、寻求自我利益的。这里的个人是"经济人"。个人在作出选择时考虑的主要问题，是实现个人经济利益的最大化。

　　相对于个人对于自我利益的追求，集体有一个特定的目标，那就是促进其成员的利益。任何集体，如果不能促进其成员的利益，这样的集体组织就会消亡。任何个体，如果不能通过某个集体增加或维护自己的个人利益，他就不会加入某个集体，已经加入集体的个体也会退出集体。因此，集体应当满足个体的利益需要。但是，奥尔森注意到，个体对于集体的利益期待，主要是增加集体成员的公共利益（共享利益）。因为假如只是属于个人的利益，亦即可以通过个人就能够实现的利益，可以通过个人行动、个人选择就可以获得的利益，则意味着，这样的利益不需要借助于集体就可以现实。如果是为了满足这样的利益，个体就不需要加入某个集体了。由此，在一个集体的内部，既存在公共利益或共享利益，也存在个体成员的个人利益。

　　对于集体来说，它的基本功能是提供不可分割的、共享的、普遍的公共物品或公共利益。集体或"组织的实质之一就是它提供了不可分的、普遍的利益。一般说来，提供共同或集体物品是组织的基本功能。一个国家首先是一个为其成员——公民——提供公共物品的组织；其他类型的组织也类似地为其成员提供集体物品"。倘若不能提供公共物品，集体就是不必要

―――――――――――

①　奥尔森. 集体行动的逻辑. 陈郁，等译. 上海：格致出版社，上海三联书店，上海人民出版社，2011：1-2.

的，国家也是不必要的。但是，问题在于，"正如国家不能靠自愿捐款或在市场上出售其基本服务来维持一样，其他大型集团也不能以此为生。它们只能提供一些不同于公共物品的约束力或吸引力，使个体成员帮助承担起维持组织的重担。典型的大型组织中个体成员的地位与完全竞争市场中企业的地位，或国家里纳税人的地位相似：他个人的努力不会对他的组织产生显著的影响，而且不管他是否为组织出过力，他都能够享受其他人带来的好处"①。

按照奥尔森的这些叙述，个人与集体的关系，就像纳税人与国家的关系。一方面，在国家与纳税人之间，国家的税收不能指望公民的自愿捐款。倘若完全依赖公民的自愿捐款，根本不可能形成可靠的、持续的国家税收，甚至国家也不可能存在下去。在个人与集体之间，也存在这样的关系。如果集体的存在、集体提供的公共物品，完全指望个体成员的自愿奉献，集体恐怕也难以为继。另一方面，也是更为重要的，则是所谓的搭便车问题。在国家中，国家提供的公共物品，譬如公共安全与公共秩序，一个公民不论是否纳税，也不论他纳税多少，都可以均等地享受。在集体中，这样的问题同样存在：对于集体提供的公共物品，集体内部的个体成员都可以享有，甚至可以均等地享有。但是，集体提供的公共物品是有成本的，这个成本必须由集体内部的所有个体成员来分担。

问题是，集体能够完全指望个体成员的自愿分担吗？显然不能。因为集体提供的公共物品与集体内部的个体利益之间，并不是完全重叠的。这样的例子很多。譬如，一个企业的工人组成一个工会，工会的代表向雇主提出增加工资的要求，工会

---

① 奥尔森. 集体行动的逻辑. 陈郁，等译. 上海：格致出版社，上海三联书店，上海人民出版社，2011：13.

代表支付了各种有形无形的交往费用、谈判费用之后，工资增加了。毫无疑问，工资增加将惠及企业的每一个工人。但是，工会代表与雇主之间的交往费用、谈判费用，则需要由所有工人分担。因此，工会就需要所有的工人加入工会并分担工会会费。如果依靠工人的自愿，则搭便车的行为将会普遍化，工会提供的公共物品就不可持续，甚至工会的生存都会有问题。因此，解决搭便车的问题，是解决集体与个体相互关系的症结所在。

在集体与个体之间，个体具有均质化的特征。在工厂里，个体就是每一个工人。但是，集体有大小之分。因此，要解决搭便车的问题，还必须考虑集体的规模。奥尔森注意到，较小的集体能够形成更加有效的集体行动。较小的集体容易组织起来，容易达成一致。他说："可以考虑一个有很多人参加因而不能迅速、仔细地作出决策的会议。每个人都希望会议尽快结束，但没有人会为此牺牲自己的利益。而且尽管可以认为所有参加者都希望达成一项最终的决定，但这往往不能实现。当参加者的数量很大时，典型的参加者会意识到他个人的努力可能不会对结果产生多大的影响，而且不管他对问题投入的努力有多少，会议决定对他的影响都是大同小异。因此，与参加者能够自己作出决定的情况不同，典型的参加者不会那么仔细地研究各种问题。这样，会议的决定对参加者（或者还有其他人）来说是公共物品，而且当集团扩大时每个人为获得或改进这些公共物品所作的贡献也会越来越小。正是由于这些原因，以及其他一些原因使组织经常要求助于小集团；这样就形成了委员会、小组委员和小型领域集团。这些集团一旦形成就扮演着很重要的角色。"①

---

① 奥尔森. 集体行动的逻辑. 陈郁，等译. 上海：格致出版社，上海三联书店，上海人民出版社，2011：64.

从理论上说，从达成一致的目标来看，规模越大的会议，可能出现的分歧就越大；规模越小的会议，更容易形成一致的决议。因此，较小的集体容易形成共同的集体行动。奥尔森由此得出的结论是："在那些成员很少的集团中，一方常常可以从一个集体物品中得到充分的好处，他对集体物品的供应付出部分代价，但是他也可以从集体物品中得到收益。"[①]

较之于规模庞大的集体，规模较小的集体确实容易解决搭便车的问题。但是，会议的规模与集体的规模，对于集体行动的意义并不完全等同。因为会议的参加者仅仅需要作出一个决议，会议作出的决议可能影响参会个人的利益。但是，在很多情况下，会议作出的决议也可能不影响参会个人的利益。譬如，法院中的审判委员会会议就属于这种情况。但是，奥尔森没有对此作出必要的区分。在当代中国人的经验里，会议人数的多少，并不影响会议的效率。有的参会人数较多的会议，要作出一个决议同样是很容易的，而且，往往还是一致通过。如果把开会也看成一种集体行动的话，会议逻辑是集体行动逻辑的特例，会议的选择是公共选择的特例，需要另行研究。

二、集体行动的形成机制

如前所述，由于有些利益或物品单靠个人无法有效获得，因而集体的存在是必要的，维护集体利益、集体共享物品的集体行动也是必要的。但是，要形成有效的集体行动，就需要协调个体利益与集体利益，就需要解决搭便车的问题，通过有效

① 奥尔森. 权力与繁荣. 苏长和，嵇飞，译. 上海：上海人民出版社，2014：58.

的集体行动，以维护集体利益。奥尔森从不同的角度，阐述了集体行动的形成机制。举其要者，主要包括选择性的激励与普遍性的强制。除此之外，作为特殊情形，还应当考虑马克思理论中阶级行动的机制。

（一）选择性的激励

所谓选择性的激励，其实就是对个人的行动进行干预。激励的实质就是干预。在自由主义经济理论中，有一个前提性的基本假设：个人是自己利益的唯一的判断者、守护者，国家不能干预个人的选择。按照这样的理念，对个人的行为进行干预，其正当性是有疑问的。但是，为了促进集体行动，对个人行为进行干预就是必要的。因为只有实行选择性的激励，才可能驱使集体中的理性个体采取有利于集体的行动。而且，激励必须是选择性的。选择性激励的关键在于：为集体作出贡献的人所获得的待遇，必须区别于那些没有为集体作出贡献的人。

奥尔森特别强调，选择性的激励有两种形式，"既可以是积极的，也可以是消极的，就是说，它们既可以通过惩罚那些没有承担集团行动成本的人来进行强制，或者也可以通过奖励那些为集体利益而出力的人来进行诱导。一个或者是通过对集团中的个人进行强制，或者是对那些个人进行积极的奖励，从而被引向为其集团利益而行动的潜在集团，这里称之为'被动员起来的'潜在集团。这样，大集团被称作潜在集团，因为它们有采取行动的潜在的力量或能力，但这一潜在的力量只有通过'选择性激励'才能实现或'被动员起来'"①。

---

① 奥尔森. 集体行动的逻辑. 陈郁，等译. 上海：格致出版社，上海三联书店，上海人民出版社，2011：41-42.

换言之，只有进行选择性的激励，个人才可能为了集体利益而行动。只有通过这样的选择性激励，才可能把集体内部的个体动员起来，集体内部的个体才能熔铸成为一个集体。当然，"有选择的激励可能是正向的也可能是反向的，例如，它可能是对那些不协助集体物品供应的人进行惩罚。税收报偿当然就是在反向有选择激励的帮助下取得的，因为那些逃税的人会补税并受到惩罚"。更加典型的选择性激励出现在工会行动中。"工会是现代民主社会中最为人知的有组织利益集团，它们常常也是部分靠反向的有选择激励来开展行动的。真正有影响力的工会的大部分会费，是通过工会商场、只雇用工会会员的商店、代理商店这样的途径多多少少让会费的交纳成为强迫性的和自动性的。一些非正式的方式也同样有效。罢工期间的纠察队就是工会有时需要的一种反向有选择激励。"①

（二）普遍性的强制

选择性激励虽然有助于促成集体行动，但是，选择性激励的功能也是有限度的。在选择性激励之外，普遍性强制也可以促成集体行动。譬如国家税收，在相当程度上就是一种普遍性的强制。因为税收对于所有的纳税人来说，都是一个强制性的义务。

奥尔森习惯于以工会行动来说明普遍性强制对于集体行动的必要性。他说："大多数工会不能够再从小集团获得力量，而且一个工会的非集体收益一般也不足以吸引许多会员。规模小和非集体收益现在可能只能用来解释特殊的工会了。在大多数情况下，强制入会制和强制的纠察线才是工会成员的来源。现

---

① 奥尔森. 权力与繁荣. 苏长和, 嵇飞, 译. 上海: 上海人民出版社, 2014: 67.

在强制入会制已经成为一般性的规则。"强制入会就是普遍性的强制。在工会行动中，对于"这种对强制入会制的依赖是在意料之中的，因为工会是典型的寻求大集团或潜在集团收益的大型组织。一个工会主要争取的是较高的工资、较好的工作条件以及有利于工人的法案等这类东西；这类东西的本质决定了不能把工会所代表的集团中的某一工人排除在外。工会是用来进行'集体的讨价还价'而不是个人的讨价还价的。可想而知，一个工会的大部分成就不会激励理性的工人加入，即使这一成就比最坚决的工会宣言更令人佩服；因为工人的个人努力不会对结果产生什么影响，而且不管他是否支持工会，他都可以分享这一成就带来的收益"①。由此可见，工会行动离不开普遍性的强制。

（三）阶级的行动机制

奥尔森认为，马克思理论中的阶级也可以被视为一个集体或集团，而且是一个大型的集体。因为同一个阶级的个体拥有共同的阶级利益，而且采取共同的阶级行动。既然阶级也是一个集体，那么，如何理解阶级的行动逻辑？奥尔森说："马克思的阶级行动表现出大型潜在集团在争取实现集体目标时所具有的特点。按照马克思的定义，一个阶级包括一个由个人组成的大集团，他们由于拥有或不拥有生产性财产或资本，因而有着共同利益。就像在任何大型潜在集团中一样，阶级中的每个人会发现如果实现共同目标所必需的成本或牺牲由他人承担，这对他有利。'阶级立法'根据定义只有利于整个阶级，而不是针

① 奥尔森. 集体行动的逻辑. 陈郁，等译. 上海：格致出版社，上海三联书店，上海人民出版社，2011：88-89.

对阶级中的某一个人，因此它不能激励个体采取有'阶级觉悟'的行动。工人与无产阶级群众的关系，商人和资产阶级群体成员的关系，与纳税人同国家的关系，以及竞争企业与产业的关系是一样的。把马克思主义的阶级和普通的大型经济集团或组织进行比较完全不是牵强附会。"① 按照这样的比较，集体行动的促成机理也可以适用于阶级的行动。

奥尔森认为，虽然马克思强调了工会和罢工对无产阶级采取阶级行动的重要性，"但那些率先组织工会争取提高工资从而引发阶级斗争的工人必须正视到，为了这一目的加入工会并不符合个体工人的利益。这样，问题的症结就是，马克思关于社会阶级的理论与其假设的追求个人利益的理性、自私的行为不相一致。马克思预言的阶级行动没有成为现实，这并非如一些批评家所说的是经济动机不重要了，而是由于没有采取阶级行动的个体经济激励"②。

奥尔森的分析仅仅着眼于经济学的立场，按照他的集体行动理论，阶级行动也需要进行选择性的激励。如果不进行选择性的激励，阶级行动就无法展开。因为工人个体的利益与工人阶级的利益并不完全一致。然而，马克思的阶级理论并不是一个纯粹的经济理论，马克思的阶级理论主要是一个政治理论。工人阶级或无产阶级确实被可以看作一个集体，但是，这个集体中的个体，亦即工人个体，并不是奥尔森所假定的"经济人"。马克思理论中的工人或无产阶级中的个体，更多的是"政治人"，承担着特定的政治使命。马克思理论中的阶级，也不仅仅是一个提供经济利益的集体或集团，同样还承担着特定的政

---

① 奥尔森. 集体行动的逻辑. 陈郁，等译. 上海：格致出版社，上海三联书店，上海人民出版社，2011：129.
② 奥尔森. 集体行动的逻辑. 陈郁，等译. 上海：格致出版社，上海三联书店，上海人民出版社，2011：130.

治使命。因而，奥尔森对于马克思的阶级行动的经济解释，与马克思关于无产阶级的政治预期，存在明显的错位。

三、集体行动与国家兴衰

以集体行动的逻辑作为基础，奥尔森把理论视角延伸至国家的兴衰。奥尔森从经济学的角度看国家的兴衰，他首先找到了国家兴衰的九个命题，由此分析国家衰落的规律，以及国家兴起的原理。

（一）国家兴衰的九个命题

奥尔森认为，国家兴衰涉及九个命题，九个命题亦是九个原理：（1）不存在任何一个国家，所有具有共同利益的人都可以形成对等的组织，并通过广泛的讨价还价达成最优结果。（2）在边界不变的稳定社会中，随着时间的推移，将会出现大量的集体行动组织或集团。（3）小集团的成员具有达成集体行动的不成比例的力量，但是在稳定的社会中，这种不成比例会随着时间的推移而减弱，但不会消失。（4）特殊利益组织或联盟降低了社会效率或总收入，并且加剧了政治生活中的分歧。（5）共容性组织有动力使他们所在的社会更加繁荣，并且有动力以尽可能小的负担给其成员再分配收入，并且会禁止再分配，除非再分配的数量与再分配的社会成本相比非常大。（6）分利联盟作出决策通常要比它们所包含的个人或企业慢得多；它们通常日程繁忙、事务众多，并且更经常采用固定价格而不是固定数量。（7）分利联盟会减缓社会采用新技术的能力，减缓为回应不断变化的条件而对资源的再分配，并因此而降低经济增长率。（8）分利集团一旦大到可以成功，就会成为排他性的，并且会尽力限制分散成员的收入和价值。（9）分利集团的增多会提高管制的复杂性、政府的作用和惯例的复杂性，并且会改变社会演进的方向。①

奥尔森提出的这九个命题尽管具体内容不同，但是，其核心指向还是在于特殊利益集团。特殊利益集团也可以称为特殊利益联盟、分利联盟、分利集团，等等。按照奥尔森的理论，国家的兴衰与特殊利益集团具有至关重要的联系。

（二）国家衰落的原因

在奥尔森看来，国家衰落的根本原因，在于特殊利益集团的坐大、固化、僵化。当然，特殊利益集团的坐大、固化、僵化有一个逐渐加深的过程。

大致说来，"随着时间的推移，越来越多的集团将会享受有利的环境，并克服集体行动的困难。组织领导者的利益可以确定，在稳定的社会中，很少有集体行动组织会解散，因此这些社会随着时间的推移会积累起大量的特殊利益组织和联盟。这些组织，至少当它们相对于社会非常小的时候，几乎没有任何激励使社会更有生产力，但它们有非常强大的动力寻求国民收入的更大份额，即使这会大大减少社会产品时也如此。由这些分利集团建立起来的进入壁垒、决策的缓慢和互利的讨价还价降低了经济的活力和经济增长率。分利集团也会提高管制、官僚主义和对市场的政治干预"。特殊利益集团不仅妨碍了经济的

---

① 奥尔森. 国家的兴衰：经济增长、滞胀和社会僵化. 李增刚，译. 上海：上海人民出版社，2007：71.

增长，而且恶化了市场环境，为管制、官僚主义大肆入侵市场提供了机会，铺平了道路。"如果到现在为止的观点都是正确的，就可以得出：在那些分利集团被极权政府或外国入侵削弱或废除的国家，一旦自由稳定的法律秩序建立起来，就应当能够实现经济相对快速的增长。这可以解释二次世界大战的战败国在战后出现'经济奇迹'的原因，特别是日本和联邦德国。"① 日本和联邦德国在第二次世界大战后出现的经济奇迹，都是因为二战有效地摧毁了原有的特殊利益集体；甚至极权政府也有助于摧毁这样的特殊利益集团。

相反，"在那些长期没有遭受叛乱或外敌入侵并且组织民主自由的国家，将会遭受到来自不利于增长的组织或联盟的压力。这有助于解释，为什么大不列颠这个长期没有独裁、入侵和革命的国家在 20 世纪的经济增长率比其他发达民主国家低。确切地说，英国具有强大的特殊利益组织网络"，英国"商会的数量和实力就不需要描述了。专业协会的地位和实力也令人震惊"。譬如，"在英国，低级律师垄断了个人转让房地产中的法律事务；而高级律师垄断了在重要诉讼案件中作为顾问的权利。英国也有强大的农民协会和大量的商会。总之，随着时间的推移，英国社会获得了如此众多的强大组织和联盟，以致遭受着制度僵化症的困扰，而这又降低了它快速适应变化了的环境和采用新技术的能力"。而且，相对于美国来说，"英国的院外游说活动却更加广泛，并且经常通过缜密的安排来影响政府官员以及部长和其他政治家"。除此之外，"在英国，许多强有力的特殊利益组织是非常狭隘的，而不是利益共容的。例如，在一家工厂中就可能有多个联盟，每个联盟都对不同类型的工艺和工人

---

① 奥尔森. 国家的兴衰：经济增长、滞胀和社会僵化. 李增刚，译. 上海：上海人民出版社，2007：75.

只有垄断力量，并且没有任何一个联盟拥有那个国家工人人口的绝大部分。英国通常也被用作失控国家的例子"[1]。按照这样的解释，英国在 20 世纪的衰落，就是因为诸多强大的特殊利益集团所导致的。

再看美国的经验。美国是由不同的州组合而成的大联邦，各州提供的证据也可以说明，"一个州成立的时间越长，它积累特殊利益集团的时间越长，其增长率越慢。在以前属于南部联盟的一些州内，不同种类特殊利益集团的发展受到了内战失败、战后重建、种族歧视或骚动的严格限制。因此，理论预言，这些州应该比其他州增长更快，并且统计检验系统明确证实了这的确是个事实"。而且，"就像期望的那样，特殊利益组织的成员比例越高，增长率越慢。所有的统计检验表明，这些关系不仅总是按照预期的方向发展，而且事实上毫无例外都是统计有效的"[2]。

美国各个城市的经验也可以说明这个规律。"当我们考察城市和大都市的情况时，我们发现了同样的趋势，即特殊利益集团发展最长久的地区都在相对衰退。这种现象以及由于集团错综复杂而引起的社会失控的众所周知实例，就是纽约城由于缺乏联邦政府的特殊贷款保证而遭受破产的情况。"这种现象是普遍的，"纽约仅仅是这一现象的一个原型"。从更加广泛的范围来看，"从巴尔的摩南部到圣路易斯和密尔沃基正西部扩展的新月形以北和以东的所有大城市，都陷入了困境。一般说来，南部和西部的新城市相比较来说，状况较好一些"[3]。

---

① 奥尔森. 国家的兴衰：经济增长、滞胀和社会僵化. 李增刚，译. 上海：上海人民出版社，2007：77-78.

② 奥尔森. 国家的兴衰：经济增长、滞胀和社会僵化. 李增刚，译. 上海：上海人民出版社，2007：96.

③ 奥尔森. 国家的兴衰：经济增长、滞胀和社会僵化. 李增刚，译. 上海：上海人民出版社，2007：114.

　　根据日本、联邦德国、英国、美国的经验，奥尔森确信，特殊利益集团的固化、僵化是经济衰落的根本原因。一个国家、一个地区、一个城市，都会遭遇同样的陷阱。因此，要防止经济的停滞与衰落，必须对特殊利益集团保持高度的警惕。虽然极权政府、外来入侵可能摧毁僵化的特殊利益集团，但是，一个正常的国家毕竟不可能指望极权政府或外来入侵。因此，着眼于特殊利益集团对国家经济的侵害，还必须进一步探索积极有效的应对思路。

（三）国家兴起的原因

　　国家的兴起是一个复杂而庞大的主题，涉及很多领域，其原因很难简单地列举。奥尔森从经济学的角度，把国家的兴起缩减为经济上的成功。意思是，经济的成功就意味着国家的兴起。奥尔森认为，经济成功仅仅要求两个一般性的条件：保护个人权利，没有强取豪夺。

　　一方面，"要求有可靠而界定清晰的个人权利。"奥尔森强调，"个人权利不是只有富国才能享有的奢侈品"，不是经济成功之后的产物；个人权利对于获得"复杂交易的巨大利益、对获得产权密集和契约密集型生产所产出的丰富收益，都具有本质上的重要性。特别是，只有当所有的经济活动的参与者，不管是个人还是公司，本国的还是外国的，都有权就他（它）们选择签订的合同获得公平的执行时，市场经济才能发挥其全部的潜力。也只有当所有的参与者都拥有牢靠的定义准确的私有财产时，市场经济才能实现其全部的潜能"。而且，没有政府就没有私有财产，只有在社会、政府能够保护对占有物的私人产权，能够防止其他私人团体以及政府的掠夺时，才会有私人财产。如果社会中有清晰而可靠的个人权利，从事生产、投资和互利性交易的强大动机才能出现，因而也才会有至少是某些方面的经济进步。另一方面，"不存在任何形式的强取豪夺"。从理论上说，如果第一个条件具备了，"如果此处强调的个人权利确实受到了保护，那么某些形式的掠夺就不需要再加以考虑了"。但是，"即使在个人权利保护得最好的社会中，另外一种形式的掠夺可能而且确实经常性发生。这种形式的掠夺，一是通过游说活动，以赢得符合特殊利益集团利益的立法和法规，二是通过卡特尔化或共谋行为以操纵价格和工资"。具体地说，"以游说和价值操纵为目的的集体行动，产生了某一行业、职业和集团内的每个人都可以分享的利益，而不管涉及的个人或厂商是否为游说或价格操纵作出了贡献。正是因为这种搭便车机会的存在，使得大部分行业和集团内的集体行动需要较长时间才能出现，所以只有在一段时间内保持稳定的社会里才存在大量集体行动的联盟"[①]。奥尔森特别警惕特殊利益集团的强取豪夺，因为他们以垄断、操纵价格和工资等形式，对集团之外的群体进行掠夺。

以上两个条件，保护个人权利是做加法，打击强取豪夺是做减法。无论是保护个人权利还是打击强取豪夺，都是国家或政府的责任。这就是说，政府既要清晰界定、有效保护个人权利，特别是个人的财产权利，同时还要遏制特殊利益集团。特殊利益集团既损害了他人，又从根本上妨碍了国家的兴起，或者说，从根本上导致了国家的衰落。

既然保护个人权利与打击强取豪夺是经济成功的基本条件，那么，这两个条件得以满足的前提又是什么呢？奥尔森回答说："这两个条件最有可能在稳固的、尊重权利的民主体制中得到满

---

① 奥尔森. 权力与繁荣. 苏长和，嵇飞，译. 上海：上海人民出版社，2014：151－152.

足，在这些民主体制中，制度的设计使得权威机构的决策最大可能地服务于广泛的利益。"① 由此，我们就可以理解奥尔森关于国家兴起的理论构想：首先要建立民主体制；其次，要在民主体制下，既清晰界定并有效保护个人权利，又打击特殊利益集团的强取豪夺；再次，政府如果能够创造这两个条件，那么，经济就可以获得成功；最后，经济成功则意味着国家的兴起。

由此看来，要实现经济成功或国家兴起，政府承担了主要的责任，政府就不能是"最小政府"。政府能否建立起相应的法律制度，政府能否在民主体制下保障个人权利与打击特殊利益集团的强取豪夺，是国家兴起的关键条件。这样的政府可以称为强化市场型政府。正如卡德韦尔所言："奥尔森创造了一个概括何种政府可以获得繁荣的词语。他认为，一个政府，如果有足够的权力去创造和保护私有产权并去强制执行合约，而且受到约束不去剥夺这些个人权利，那么这样的政府就是强化市场型政府（market-augmenting government）。"② 按照卡德韦尔的看法，建立强化市场型政府是奥尔森预期的目标。

四、结语

以上所述，大致反映了奥尔森的理论旨趣与理论贡献。归纳起来，奥尔森的学术观点主要集中在几个方面：第一，集体行动中的搭便车现象。在一个特定的集体中，集体提供的公共

① 奥尔森. 权力与繁荣. 苏长和，嵇飞，译. 上海：上海人民出版社，2014：153.
② 卡德韦尔. 序. 奥尔森. 权力与繁荣. 苏长和，嵇飞，译. 上海：上海人民出版社，2014：3.

利益或公共物品将惠及每个成员。从应然的角度上说，每个个体都应当为集体利益自觉地作出贡献。但是，搭便车的人总是存在的。企业里的每个工人都希望有更好的工资待遇及劳动保障，但是，总有一些人不愿为此付出成本，总有一些人希望其他人去争取更好的工资待遇、劳动保障并支持相应的成本，而自己坐享其成。集体中的人，心不往一处想，劲不往一处使，这就是集体行动的困境。第二，就集体的规模而论，规模较小的集体更容易达成一致，更容易形成集体行动。第三，为了维护集体利益，促成集体行动，既可以实行选择性的激励，也可以实行普遍性的强制。第四，国家的衰落是因为特殊利益集团的增长、固化、僵化，国家的兴起，一方面是因为个人权利、个人利益得到了有效的保障，另一方面是特殊利益集团的强取豪夺得到了有效的遏制。英国、美国以及其他国家、地区的经验与数据，都可以说明这样的原理与规律。

　　奥尔森的上述理论观点具有一定的启示意义。在传统的经济学视野中，能够看到的主体主要是个人与国家，即使是包括若干工人的企业，在理论上也仅仅是一个法人，即一个在法律上拟制的人。与个人相对应的主体，则是国家或政府。按照自由主义的经济理论，国家应当是"最小国家"，政府应当是"最小政府"。国家或政府应当尽可能减少对个体的干预，应当给予个体最大的自由空间。即使是注重政府干预、重视"看得见的手"的经济理论，同样也只是着眼于国家与个体的关系。奥尔森的新颖之处，在于他看到了国家与个体之间的集体。一个企业内的工人构成了一个集体，一个城市、一个地区、一个国家都有各种各样的特殊利益群体。这样的集体既不是个体，也不是国家，而是国家与个体之外的另一类主体。奥尔森的理论主要着眼于集体，集体如何行动，集体与个体、国家的利益边界与利益交往，集体对于个体的影响，集体对于国家的影响，诸如此类的问题，构成了奥尔森的理论焦点。可以说，奥尔森的独特之处，就是以集体为中心展开的经济理论。

　　奥尔森的理论虽然有其新颖之处，但在当代中国的主流理论中，奥尔森的核心观点其实已有替换性的表达方式。譬如，数十年来的主流意识形态一直强调："国家和工厂、合作社的关系，工厂、合作社和生产者个人的关系，这两种关系都要处理好。为此，就不能只顾一头，必须兼顾国家、集体和个人三个方面。"[①] 这样的要求意味着，在集体利益与个体利益之间，是有差异的。20 世纪 50 年代以后，主流意识形态强调保护集体利益，要求个体尽可能维护集体利益。但是，随着 20 世纪 80 年代以来的社会变迁、观念变化，主流意识形态也强调对于个体利益的维护，强调在集体利益、个体利益之间保持某种平衡。可见，奥尔森的核心观点在当代中国的主流意识形态中，已经有所反映。但是，奥尔森对于特殊利益集体的论述，特别是他所看到的特殊利益集团对于国家兴衰的决定性影响，值得给予足够的重视。奥尔森所述虽然主要是欧洲与美国的事例，但对于当代中国的现实来说，却不乏一定的针对性。

原刊《法学杂志》2017 年第 6 期

---

① 　毛泽东. 论十大关系. 毛泽东文集：第 7 卷. 北京：人民出版社，1999：28.

第六章　威廉姆森

　　威廉姆森是法律经济学的代表人物。他对法律经济学理论的创造性贡献在于，把组织理论引入法律经济学，从而形成了一种新的"法律—经济学—组织"范式。这种新的研究范式强调法学、经济学、组织理论三大领域的彼此交叉、相互融合，使法律经济学理论走出了以往的经济学对法学单向入侵的阶段，为法律经济学打上了浓厚的交叉学科的色彩，拓展了法律经济学的一个分支——"法和组织经济学"。通过梳理"法律—经济学—组织"研究范式，有助于全面把握威廉姆森法律经济学的理论旨趣及其思想贡献。

　　威廉姆森（Oliver E. Williamson，1932—　）生于美国威斯康星州，青年时代曾求学于麻省理工学院、斯坦福大学、卡内基-梅隆大学。1963年获哲学博士学位，此后先后执教于伯克利加州大学、宾夕法尼亚大学、耶鲁大学，最后又回到伯克利加州大学，直至2004年退休。其中，1966年曾在美国司法部反托拉斯局短暂工作，1997年当选美国法与经济协会主席，

2009 年获诺贝尔经济学奖。威廉姆森长期耕耘在经济学、法学、管理学的交叉地带，被称为"新制度经济学之父"，又被称为重新发现"科斯定理"的人，是当代世界颇有代表性的法律经济学家。

威廉姆森的代表作包括《生产的纵向一体化：市场失败的思考》（1971 年）、《市场与层级制：分析与反托拉斯含义》（1975 年）、《交易成本经济学：合同关系的治理》（1979 年）、《资本主义经济制度：论企业签约与市场签约》（1985 年）、《治理机制》（1996 年），等等。通过一系列作品，他论述了"信息阻塞""关系合同""资产专用性""治理结构"等新颖的概念，他用这些新概念来分析交易费用的产生，再从交易费用的角度研究各种合同，进而从各种合同中发现相应的治理结构，通过分析各种经济制度，从经济效率上对各种法律制度进行有价值的比较。

在学术史上，威廉姆森率先把新制度经济学称为交易成本经济学。不过，从法律经济学的角度来看，无论是新制度经济学还是交易成本经济学，其实都是法律经济学运动的一个组成部分。如果要概括威廉姆森在法律经济学运动中的主要贡献，莫过于他提出的一种新的研究范式，那就是"法律—经济学—组织"研究范式。这种新范式是对法律经济学的创造性发展，给法律经济学运动带来了新的元素、视角，为法律经济学拓展了一个新的分支学科——"法和组织经济学"。因此，有必要就这种新的研究范式予以概括性的论述。

一、作为一种新范式的"法律—经济学—组织"

威廉姆森在他的代表作《资本主义经济制度》中，已经对

"法律—经济学—组织"范式进行了全面的展示。他自己对这种研究范式的集中说明，则见于他的长篇论文《再探法律现实主义：法律—经济学—组织视角》。这篇论文以再探法律现实主义作为由头，核心却在于概括和归纳威廉姆森自己在长期的学术实践中摸索出来的新范式。

在这篇论文中，威廉姆森首先比较了法律经济学与法律现实主义的利弊得失。威廉姆森注意到，以波斯纳（Richard A. Posner）为代表的法律经济学家认为，卢埃林（Karl N. Llewellyn）、弗兰克（Jerome New Frank）等人所代表的法律现实主义已经陷入了困境，取而代之的显学是波澜壮阔的法律经济学运动；这两种学说此消彼长的原因在于：法律现实主义缺少智力支持，而法律经济学由于拥有强大的新古典经济学分析框架的支撑，似乎在智力上要优越一些。对于这样的流行看法，威廉姆森并不认同。他认为，一方面，法律现实主义的目标有其实质性的内容。[①] 另一方面，法律经济学所依赖的经济学方法在知识框架上也有缺陷（详见下文的分析），因而，不足以揭示法律的本来面目。有鉴于此，威廉姆森提出了一个新的建议：把法学、经济学和组织理论结合起来，共同致力于法律问题的研究，这就是"法律—经济学—组织"范式。作为一种在法律经济学运动中推陈出新的产物，"法律—经济学—组织"作为一种新范

---

　　① 关于法律现实主义的核心观点，可以从卡尔·卢埃林的一篇论文中体现出来，按照卢埃林的归纳，法律现实主义有九个特征：第一，法律是不断变化的，是由司法活动创造出来的；第二，法律是实现社会目的的一种手段，而不是目的，因此，应当研究法律的目的和效果；第三，社会是不断变化的，因而要不断审查法律是否与变化了的社会适应；第四，要区分"现实"和"应当"，要区分事实判断与价值判断；第五，以传统的法律规则和法律概念来说明法院和人们的行为值得怀疑；第六，法律规则在法院判断中到底有多重要，也值得怀疑；第七，对案件和法律应当进行更细致的分类；第八，从法律效果来评价法律；第九，以上述原则持久地、有计划地解决法律问题。Llewellyn, Karl N. 1931. "Some Realism about Realism: Responding to Dean Pound". *Harvard Law Review*, 44: 1222–1264.

式，主要包括以下几个方面的特征。^①

首先，它强调交互式的交叉研究。威廉姆森强调，"法律—经济学—组织"范式具有实证性和充分的交互性。在三个要素中，经济学贯穿于法律和组织，法律与组织也贯穿于经济学。相比之下，传统的、特别是波斯纳牌号的法律经济学理论，总体上看，具有规范性、单向性的特征，主要体现为经济学对法律研究的影响。更明确地说，传统的法律经济学主要是经济学方法单向"入侵"法学王国并取得成功的结果，这样的法律经济学很难说是严格意义上的交叉研究。威廉姆森认为，自己的"法律—经济学—组织"范式是三个领域相互交融的结果，是严格意义上的交叉研究，具有"你中有我，我中有你"的特征。虽然在法律学、经济学、组织学三个领域中，威廉姆森立足于一个经济学家的立场，习惯于把经济学排在第一位，但是，从威廉姆森自己命名的这个新范式的名称即可看出，三者之间的地位在伯仲之间。因而，这种新的研究范式真正地体现了法律学、经济学、组织学三个领域的交互式的融合。由于这种交互式的融合，"经济学家"这个称号已经不能准确地概括威廉姆森的身份了，甚至"法律经济学家"也没有全面地反映他的学术追求，他的学术追求是在法学、经济学、组织理论之间。

其次，它强调组织理论的引入。传统的法律经济学习惯于以规范的方式提问，它的典型的提问方式是：什么是法律？典型的回答是：这就是法律。相比之下，"法律—经济学—组织"范式则习惯于以实证的方式提问，它习惯于追问：这究竟是什

---

① 威廉姆森. 再探法律现实主义：法律—经济学—组织视角//米德玛. 科斯经济学：法与经济学和新制度经济学. 罗君丽，等译. 上海：格致出版社，上海三联书店，上海人民出版社，2010：157-169.

么？这究竟是怎么回事？不同的提问方式显示了不同的理论进路和理论追求。威廉姆森认为，实证性的提问方式意味着，"法律—经济学—组织"范式更关心组织机构问题，譬如，组织机构的运转方式，组织机构在运转过程中出现的故障、机能失调、异常以及个人嗜好，都是新的研究范式关心的内容。组织机构运转所遵循的正式规则与非正式规则、明规则与潜规则，都在这种新的研究范式的视野之中。这种新的研究范式显然不是传统的规范性的法律经济学可以容纳的，也超越了传统法律经济学的理论范畴。威廉姆森特别强调，理查德·波斯纳看不起组织理论，其他正统的经济学家也普遍不支持、不关心组织理论。然而，如果不从组织的角度看问题，如果省略了组织机构的某些行动、某些运行环节，将会成为公共政策失误的根源。

最后，它强调企业的治理机制。在传统的法律经济学理论中，企业主要是一个生产函数，企业之间签订的合同是被假定为完全的，或者，至少是相当全面的，人们的行动是对事前激励条件的直接反应。威廉姆森认为，这样的假定是靠不住的。在其提出的"法律—经济学—组织"范式中，企业是按照一种治理结构的方式在运作，其合同是不完全的，人们的行动集中体现了事后的治理机制。按照传统的法律经济学，企业是一个黑箱，所有的投入都根据技术法则而直接转化为产出。按照新的研究范式，企业是一种制度结构，据此，治理机制就应当区分为不同的治理模式，并产生不同的实际结果。如果把企业当作一个黑箱，那么，企业内部组织就被忽略了，从理论上讲，企业与组织根本就没有关联。按照新的研究范式，企业内部的组织问题就相当关键。这就是说，相对于传统的法律经济学理论，新的"法律—经济学—组织"研究范式特别强调企业内部的组织结构。

以上几个方面，虽然没有穷尽"法律—经济学—组织"研究范式的所有特征，但大致可以描述出这种研究范式的基本旨趣。从理论演进的角度来看，这种研究范式主要是针对波斯纳的法律经济学提出来的。虽然在威廉姆森的理论追求中，这种新的研究范式比波斯纳的法律经济学能够更全面、更深入地实现学科之间的交叉融合，从传统的法律经济学到"法律—经济学—组织"研究范式，体现了学术理论的递进式发展。但是，两者之间的差异既有推陈出新、递进式发展的一面，同时也是不同的学术立场所导致的不同结果。比较波斯纳与威廉姆森，如果说前者主要是一个法官、法学家，那么后者自我认同的核心身份则主要是一个经济学家。对于波斯纳来说，经济学是他赖以分析法律问题的主要方法和主要工具；对于威廉姆森来说，降低交易成本、提高经济效率才是他的核心追求。正是为了这个目标，威廉姆森才把法学、经济学、组织理论三个方面结合起来，以交叉融合的立场，特别强调他的新范式。为了更深入地揭示这个新范式的理论旨趣，有必要从三个不同的方面予以进一步的分析。

二、"法律—经济学—组织"范式中的法学资源

　　威廉姆森提出的新范式强调了法律这个极其重要的维度，强调了法学资源对他的研究范式的支撑。不过，他所说的法律主要是合同法或契约法。在法学领域，上文提到的现实主义法学家卢埃林是威廉姆森反复引证的作家，卢埃林的合同理论为他的新范式提供了重要的支撑。

　　1931年，卢埃林在《耶鲁法学杂志》上发表了《哪种价格合同：一个展望性的评论》一文，针对当时流行的合同法理论

只强调法律原则的倾向，主张合同法应当少谈形式，多谈实质内容，因为死抠法律条文的做法有时确实很碍事。以此为基础，卢埃林提出了一种新的合同理论：把合同作为一种架构。在这篇论文中，卢埃林说："合同的重要性在于，它为几乎所有的团体组织、为各类个人与组织之间发生的或持续的关系提供了一个框架……这种框架调整起来非常方便，可以说它并没有对任何实际起作用的关系做出硬性规定，而只是对这些不同关系提出一个方向性的大纲；如果人们怀疑它，它就只是一个必要的指南；如果这种合同关系实际上已经终止，它就是一份绝交的哀的美敦书。"威廉姆森引证卢埃林的这段话，表明他赞同这种把合同当作架构的法律理念，因为这种法律理念重视过程，强调交易的连续性。

在 20 世纪 30 年代以后的相关文献中，威廉姆森比较看重舒尔曼（Shulman）、考克斯（Cox）、萨莫斯（Summers）等人对于集体谈判合同的特殊属性的研究。譬如，在决定如何贯彻执行瓦格纳法（Wagner Act）之际①，就涉及私下解决比法庭裁决到底好在哪里。舒尔曼认为，瓦格纳法只能理解为一种"抽象的法律框架"，经营者和劳动者会按照这个框架具体达成某种私下解决的方案。如果通过法庭来解决各种纠纷，就得经过上诉和裁判，然而，受法庭鼓励的做法，却不一定有利于维护持续性的合作关系。

考克斯也认为，应该把集体谈判达成的协议看成某种治理手段，按照普通法的精神，它也是一种交换手段，因为对于迫切需要解决的问题来说，通过集体协议可以处理好大批人群之

---

① 瓦格纳法，即美国劳工关系法。该法由参议员罗伯特·瓦格纳提出，由罗斯福总统于 1935 年 7 月 5 日签署。该法的主要内容包括：雇员有组织工会、同雇主集体谈判的权利；雇主不得干预、压制雇员行使此种权利，不得禁止罢工，不得歧视工会会员；设立全国劳工关系局，负责本法案的实施；等等。

间的复杂的多边关系。对于不可预见的突发性事件，也可以在
合同中写上一些概括的、可变通的条款，以便给交易双方提供
一种专门的裁决机制。考克斯认为，在组建一个企业时，谁都
无法把将来的所有细节都事先写得很清楚；即使是经营者和劳
动者双方已经达成一致的问题，到时候也得商量着办。

　　萨莫斯把法律纠纷的解决分成两类：一类需要严格照搬合
同文字来解决，这就是依法办事；另一类可以根据具体环境来
灵活解释——要做到这一点，就需要拓宽合同的含义，明确地
突出有效的治理关系。萨莫斯据此推测，对各类合同性的交易
都能适用的一般原则可以说寥寥无几，而且这种放之四海而皆
准的特点也根本不能算作法律原则。

　　麦克雷（Stewart Macaulay，亦译麦考莱）对合同问题的
实证性研究也引起了威廉姆森的注意。1963 年，麦克雷在《企
业中的非契约性关系》一文中讲到，在 20 世纪 50 年代美国的
商业活动中，有 60%～75% 的活动都是基于非合同关系，合同
中的详细规定对于市场经济秩序并没有实质性的影响。很多人
并不是按照合同中所规定的、有法律效力的方式来履行合同的，
而是使用更加非正式的、互相押赌的方式。因为在企业家看来，
如果要拍板、争辩，就要甩开律师和会计师，因为律师、会计
师根本不懂予取予与的经商之道。麦克雷的研究发现，要解决
合同中的争端和不明确的地方，往往不是诉诸法庭，而是要靠
私人协商达成一致，这与新古典经济学关于法律和经济学的那
些假定完全相反。[①]

　　以上诸种法学理论，都是威廉姆森的新范式赖以形成的重
要资源，不过，威廉姆森似乎更看重麦克尼尔（Ian R. Mac-

---

　　①　威廉姆森. 资本主义经济制度. 段毅才，王伟，译. 北京：商务印书馆，
2007：12-13，19-20.

neil）的合同理论。在《资本主义经济制度》中，威廉姆森大量引证麦克尼尔的论述，以之证明，在法律实践中，不完全信守承诺有着数不胜数的表现。① 那么，麦克尼尔是如何看待合同的呢？

在美国传统的合同法理论中，合同主要是一个或一组承诺。譬如，美国《法律重述》（第二版）说，所谓契约，就是一个或一组承诺，法律对于契约的不履行给予救济，或者在一定的意义上承认契约的履行是一种义务。但是，麦克尼尔并不赞同这个定义。他说："所谓契约，不过是有关规划将来交换的过程的当事人之间的各种关系。"② 以此为基础，麦克尼尔提出了个别性契约与关系性契约的二元划分。其中，"个别性契约是这样一种契约，当事人之间除了单纯的物品交换外不存在任何关系。它的范式就是新古典微观经济学的交易。但是，我们将会看到，每一个契约，即使是这种理论上的交易，除了物品的交换外，都交涉到关系。因此，每一个契约必然地在部分意义上是一个关系，也就是说，这个契约不只是一次个别性的交换，而交涉到种种关系"③。这些关系包括：人身关系（譬如婚姻），人数（并不仅限于两个人），数量和相对价值的模糊不清，契约性的团结，开端、持续性和终结，进一步的计划，未来的合作，共有与分担利益和负担（譬如一起狩猎），责任来自关系本身，可转让性减弱，以及参与人对于交易或关系的态度，等等。

---

① 威廉姆森. 资本主义经济制度. 段毅才，王伟，译. 北京：商务印书馆，2007：556.
② 麦克尼尔. 新社会契约论. 雷喜宁，潘勤，译. 北京：中国政法大学出版社，1994：4.
③ 麦克尼尔. 新社会契约论. 雷喜宁，潘勤，译. 北京：中国政法大学出版社，1994：10.

　　麦克尼尔提出的这种"关系性契约"理论对威廉姆森产生了较大的影响。与此同时，威廉姆森还进一步指出，在契约中，契约参与方能够经常就它们的争端而设计出更令人满意的解决之道。相反，法律专家们只是责无旁贷地将一般规则运用于他们所知的有限的争端。这就意味着，法院作为争端解决的背景因素比作为争端解决的中心场所更好一些。所以，契约法的法律术语对于最终诉求的目的是有用的，因为它们阐明了具有威胁性的法律前景。但是，在作为争端解决的主要场所上，法律中心主义（法律调节）还是要给私人调节让步。因此，私人调节是社会调节的更为基本的程序。相应的，经济活动的组织机构，特别是这些组织机构对可信缔约行为的提供与接受，就是分析活动中的重要部分所在。威廉姆森还认为，契约规则必须考虑具体情况，契约规则不可能用于所有的契约性交易。那种存在于所有契约性交易中的法则是比较少的，而且，这些一般性或具有优胜地位的法则根本不应该被表述为法律规则。因而，"契约法推理的一个延伸命题是：组织的每一类模式都由契约法的一个特殊形式支持"①。

三、"法律—经济学—组织"范式中的经济学资源

　　对于威廉姆森提出的新范式，经济学特别是制度经济学提供了更多的理论滋养。按照威廉姆森的叙述，以下经济学家构成了他的理论前奏，为他的新范式提供了的铺垫，成为他的

---

　　① 威廉姆森. 再探法律现实主义：法律—经济学—组织视角//米德玛. 科斯经济学：法与经济学和新制度经济学. 罗君丽，等译. 上海：格致出版社，上海三联书店，上海人民出版社，2010：172.

"法律—经济学—组织"范式的经济学资源。

首先是弗兰克·奈特（Knight），他在 1922 年发表的《风险、不确定性和利润》一文中，就已经预见到，要理解人的行为，主要问题在于懂得他们是怎样思考的，他们在打什么主意。奈特强调要研究人的本性，强调与"败德风险"作斗争乃是经济组织的一个特定条件。这个观点与威廉姆森对人的研究的偏好是一致的。

康芒斯（Commons）于 1934 年出版的《制度经济学》一书，对威廉姆森产生了较大的影响。康芒斯提出的主要命题为：交易是经济研究的基本单位。威廉姆森说："特别重要的是康芒斯对未来的阐述。'未来的概念是指预期事件，但未来的原则就是相对于未来事件而变化的现在所表现出交易及其估价动态重复的相似性。'我所理解的重点是：（1）反复订立契约，其施行条件为（2）不确定性，以及原因（3）必须连续地修订契约以使当事人进行有效的调整。"威廉姆森承认，这几个要点在他的理论中"起着非常重要的作用"①。康芒斯还指出，建立经济组织往往是为了协调交易双方的矛盾，以避免实际的或可能发生的各种冲突。康芒斯的论点启示我们，同时也启示威廉姆森，建立经济组织的目的在于，利用专门设计的治理结构，以增进交易关系的持续性。

康芒斯之后，科斯（Coase）在 1937 年发表的《企业的性质》一文中，针对当时的人们普遍把市场当作实现合作的主要手段的这一特定背景，坚信企业也在执行极其相似的功能，因而可以取代市场。科斯认为，企业与市场是经济组织的两种互相替代的手段。就交易而言，无论是在企业内部通过等级制来

---

① 威廉姆森. 市场与层级制：分析与反托拉斯含义. 蔡晓月，孟俭，译. 上海：上海财经大学出版社，2011：4.

组织，还是在企业之间通过市场自发地进行，都是一种决策变量，具体是选择市场机制还是选择企业机制，则要在比较两种交易成本的高低之后再作决定。威廉姆森认为，科斯的这篇论文最值得注意的是两点：第一，交易以及与此相关的交易成本，而不是技术，才是分析的主要对象；第二，不确定性以及暗含的有限理性是论证的主要特征。①

　　但是，科斯的理论并不能把影响交易成本的各种因素一一确定下来，因而不能说明，为什么某种交易要以企业机制来组织，而另一种交易要用市场来组织。因为交易成本这个概念缺乏可操作性，显得大而无当。有鉴于此，威廉姆森认为，交易成本理论要想继续前进，就不可避免地要等到解决了可操作性问题之后。而科斯自己也感慨不已：虽然1937年那篇论交易成本的论文被大量引证，却无人将它付诸实践。面对这样的需求，弗农·史密斯在1974年大胆断言，一种新的微观经济理论即将面世，它应当以经济组织和经济制度的功能为研究对象，掌握处理交易技术的更复杂的方法。

　　在这样的理论背景下，威廉姆森认为，哈耶克（Friedrich Hayek）的观点就很有意义，因为哈耶克指出，社会经济问题，主要是一个在特定时间、特定地点，如何迅速适应环境变化的问题。1960年，科斯在关于社会成本问题的研究中，不仅用交易成本来说明市场失灵的问题，而且通过对各种经济制度的比较研究，提出了经济组织的各种问题。在这个理论方向上，肯尼思·阿罗（Kenneth J. Arrow）的研究达到了一个新的高度，阿罗特别强调交易成本对于市场的阻碍。阿罗认为，企业与市场只是组织经济行为的两种相互替代的手段，企业组织内部的

---

　　① 威廉姆森. 市场与层级制：分析与反托拉斯含义. 蔡晓月，孟俭，译. 上海：上海财经大学出版社，2011：4.

等级结构也是一个决策变量，要评价组织内部的效率，就要考虑这个变量。① 正是从阿罗那里，威廉姆森懂得了信息的重要性。

在这样的经济理论脉络中，威廉姆森提出了自己的交易成本经济学。他的"交易成本经济学承认，技术与资产所有权都很重要；但它认为，无论这两个因素单独起作用还是共同起作用，对经济组织来说都不是决定性的因素。相反，要研究经济组织，就必须超出技术与所有权的范围，进而考察激励问题和治理问题。交易成本经济学把交易作为分析的基本单位，而且特别关注治理的问题"。威廉姆森说："一句话，对经济组织进行研究，是远比琢磨出一个生产函数公式复杂得多的工作。"②

从根本上说，"经济学的目的在于研究治理机制如何影响良好秩序的。治理机制是一种制度框架，它决定了一项交易或相关的一系列交易的诚实性"。威廉姆森还认为："治理是秩序赖以实现的手段，在治理关系中，潜在的冲突威胁破除或打乱了机会主义，从而实现了共同利益。"③ 他又说："治理概念作为一种缓和冲突、增进共有利益的手段，是节约交易成本的核心。"④

---

① 威廉姆森. 资本主义经济制度. 段毅才，王伟，译. 北京：商务印书馆，2007：10-11，17-18.

② 威廉姆森. 资本主义经济制度. 段毅才，王伟，译. 北京：商务印书馆，2007：547.

③ 威廉姆森. 再探法律现实主义：法律—经济学—组织视角//米德玛. 科斯经济学：法与经济学和新制度经济学. 罗君丽，等译. 上海：格致出版社，上海三联书店，上海人民出版社，2010：174.

④ 威廉姆森. 再探法律现实主义：法律—经济学—组织视角//米德玛. 科斯经济学：法与经济学和新制度经济学. 罗君丽，等译. 上海：格致出版社，上海三联书店，上海人民出版社，2010：180.

四、"法律—经济学—组织"范式中的组织学资源

威廉姆森对组织理论抱有极高的热情，正如他自己所言："一开始，我把研究和帮助解决经济组织的各种难题当做一种严肃但是业余的兴趣，但渐渐地，我为之着了迷。然而，因为经济组织的领域是那样色彩纷呈，魅力无穷，我不愿压抑自己那潮涌般的激情。"① 那么，组织学理论是如何进入威廉姆森的新范式的呢？

早期的组织理论注重研究创造组织的原则，威廉姆森认为，这样的方向是闭门造车。相比之下，巴纳德（Barnard）关心组织的运转过程，他既研究正式的组织，也不排除对非正式组织的研究。巴纳德认为，尽管社会学家广泛研究风俗习惯、政治结构、社会制度、态度与动机、习性与嗜好以及人类天性，但他们没有对正式组织给予应有的重视。巴纳德所谓的正式组织，是指人们有意识、有计划、有目的的合作形式。他说："一个组织能否存在下去，就看它面对各种变化不居的物理的、生物性的、社会物质性的要素和力量的环境，能否不断地进行内部调整，以保持各种复杂角色之间的某种均衡。进行这种调整固然应该考虑那些外部条件的性质；但我们最感兴趣的是，这一过程是如何完成的。"组织既包括正式组织，也包括非正式组织，对正式组织的研究，需要先确定非正式组织所起的作用。巴纳德认为，与正式组织所具有的条块分割相比，非正式组织的优点在于促成人们的交往，加大组织的凝聚力。他还说："搞实际

---

① 威廉姆森. 治理机制. 王健，等译. 北京：中国社会科学出版社，2001：459.

工作的人，必须有实践知识，而不能只夸夸其谈——这就是诀窍。也可称为行为知识。必须根据具体情况来办事。"

威廉姆森把巴纳德关于内部组织问题的研究概括为几个论点：第一，组织形式，即正式组织是至关重要的；第二，非正式组织是有益的，也更有人情味；第三，必须承认理性是有限的；第四，一个组织要有效率，关键是能适应形式的需要，不断调整自己的决策；第五，重要的是达成默契。这五个方面的论点表明，虽然巴纳德还没有想到把企业与市场进行比较，但是已经明白无误地提出了把企业看作一种治理结构的思想。

威廉姆森概括地指出，在20世纪40年代之前，关于经济组织的研究主要体现在以下命题之中：第一，投机是人类无处不在而又难以把握的本性，因此需要主动地去研究与此有关的经济组织问题（奈特）；第二，组织问题的基本分析单位是交易（康芒斯）；第三，研究经济组织的核心目的在于调和交换关系（康芒斯、巴纳德）；第四，从法律上对广义的合同进行研究，把组织与合同这二者结合起来研究，既能使二者相得益彰，又有助于对经济组织的研究（卢埃林）；第五，对内部组织和市场组织的研究，绝非风马牛不相及，反倒可以一并汇入共同的、简明的交易成本理论的框架中（科斯）。

20世纪中叶以后，组织理论得到了进一步的发展，其中，赫伯特·西蒙（Herbert A. Simon）发展了巴纳德的理性分析观点，认为要探讨组织的核心问题，就要溯本求源，把人类的理性目标与所扮角色在认知上的局限性这二者结合起来才行，因为人类是按有目的的理性行事的，但人类又只有有限的理性，这就为真正的组织理论和管理理论留下了用武之地。

接下来，钱德勒（Alfred D. Chandler）在1962年发表的名著《战略与结构》一书中，提出了"战略决定结构"的组织理论，该书通过对各种组织形式起源、扩散、性质的历史描述，走到了组织理论的前沿。作为现代企业组织学说的代表性学者，钱德勒开创性地指出，组织形式对企业的发展具有重要的促进作用。钱德勒的理论让威廉姆森认识到，企业组织自身可以通过分权的方式矫正管理的专断，这有助于降低企业内部的交易费用。尽管如此，威廉姆森还是认为，目前关于经济组织问题的研究，并没有能够统一各家学说的理论。[①]

对于不断推陈出新的诸多组织理论，威廉姆森概括地总结道："尽管对各种组织有着不计其数的解释，而且都令人感兴趣，但我这里所强调的那种解释——正是为了节省交易费用，才出现了那么多的组织形式——很多组织理论专家还是认为它有违情理而拒不接受。"尽管如此，威廉姆森还是认为："交易成本经济学在很多方面都与组织理论感兴趣的问题息息相关。但要想丰富组织理论的内容，看来还要靠对交易成本分析法加以磨砺、提炼和限定。反之也是如此：组织理论传播得更广泛，也将有利于交易成本经济学的发展。"[②]

在《经济组织的逻辑》一文中，威廉姆森进一步阐述了他的组织理论，其要点是：从微观分析方法的角度，提出了两点行为假设，即有限理性与机会主义。这两点假设对经济组织的含义是，有限理性意味着，支持适应性、连续性决策的模式将使交易容易进行；机会主义意味着，交易需要自发的或人工保护的支持。威廉姆森从有限理性和机会主义这一对行为假设出发，提出了对经济组织问题颇有启发性的论断："有限理性条件下，组织的目的是为了更经济地使用稀缺资源，并通过抵制机

① 威廉姆森. 资本主义经济制度. 段毅才，王伟，译. 北京：商务印书馆，2007：13-15，21.
② 威廉姆森. 资本主义经济制度. 段毅才，王伟，译. 北京：商务印书馆，2007：559-560.

会主义风险来捍卫交易行为."①

　　按照威廉姆森的归纳，研究经济组织的一般方法可以概括为：第一，市场和企业是完成一系列相关交易的工具；第二，交易是通过市场实现还是在企业内部实现，取决于各自的相对效率；第三，通过市场撰写和执行复杂契约的成本，将随着决策制定者的不同特征而变化，这些决策制定者一方面是参与交易的当事人，另一方面也是市场的客观属性；第四，交易的系统分析要求我们认识到内部组织的交易限制与市场失灵的原因。② 这些方法，可以被视为"法律—经济学—组织"范式中的组织学资源。

五、"法律—经济学—组织"范式的理论意义

　　对于威廉姆森提出的新范式来说，阿罗、钱德勒、科斯、西蒙的影响更直接，也更大一些。其中，阿罗的影响在于信息，钱德勒的影响在于组织创新，科斯的影响在于交易费用，西蒙的影响在于行为假设。在这四个人中，阿罗、科斯主要是经济学家，钱德勒、西蒙主要是组织学家。由此可以看到，在这个群体影响下的威廉姆森，其理论范式具有较为浓厚的组织学、经济学的色彩。因此，经过"法律—经济学—组织"范式而形成的理论形态，亦具有较强的组织经济学的色彩，

　　① 威廉姆森. 再探法律现实主义：法律—经济学—组织视角//米德玛. 科斯经济学：法与经济学和新制度经济学. 罗君丽，等译. 上海：格致出版社，上海三联书店，上海人民出版社，2010：172.
　　② 威廉姆森. 市场与层级制：分析与反托拉斯含义. 蔡晓月，孟俭，译. 上海：上海财经大学出版社，2011：10.

对于这样的组织经济学，威廉姆森将其命名为"交易成本经济学"。

威廉姆森自己把交易成本经济学的核心命题概括为五点：第一，以交易作为分析的基本单位。第二，任何问题都可以直接或间接地作为合同问题来看待，这对于了解是否能节约交易成本很有用处。第三，通过不同的途径，把各种属性不同的交易还原为各不相同的治理结构（即决定着合同关系是否完整的那种组织结构），就形成了交易成本经济（transaction cost economies），与此相应，对选定的交易都涉及哪些属性，应分别予以定义；不同的治理结构需要不同的激励属性和适应属性，应分别交代清楚。第四，交易成本经济学研究的主要内容是对各种制度进行逐个比较，并作出评价。在这个由各种制度组成的链条中，一端是古典型市场合同，另一端是集权式的等级式组织，介于两端的是企业与市场相混合的各种形式。第五，只要对经济组织进行认真的研究，最终势必把以下三个概念综合起来：一是有限理性，二是投机思想，三是资产专用性的条件。①

但是，威廉姆森的交易成本经济学还有一个特别重要的维度，那就是法律。因为就像耶鲁大学1983年为威廉姆森提供的"高登·提迪（Gordon B. Tweedy）法和组织经济学教授"这个学术职位所象征的那样。威廉姆森的组织经济学是与法律融会在一起的，因而对于他所代表的这个分支学科，更准确的称呼也许是"法和组织经济学"。

从法学的立场上看，威廉姆森的"法和组织经济学"理论有一个突出的特点，那就是把合同置于中心地位，对合同问题进行

---

① 威廉姆森. 资本主义经济制度. 段毅才，王伟，译. 北京：商务印书馆，2007：64.

了更深入、更细致的研究。譬如，他把合同分为垄断式合同与效率式合同，前者是为了形成垄断，后者是为了节约成本。[①] 还有有关合同签订过程的各种属性、签订简单合同的步骤，以及他对"合同人"的研究，都在传统法律理论的边缘地带，推进了合同理论的深入。尤其是他对"私下解决论"与"法律中心论"二者哪个更优问题的研究，都是以合同为中心而展开的。他把各种各样的经济制度都还原为某种合同。交易是合同的前奏，治理是合同的后续。这就意味着，一方面，合同是一个法律问题，同时也是一个经济问题，因为签订合同是交易形成、展开的书面记录。另一方面，合同既是一个法律问题，同时还是一个组织问题，因为签订合同对治理结构、治理效率提出了要求。经过合同这个装置，我们可以发现，法学、经济学、组织学完全是融合在一起的，这就是威廉姆森"法律—经济学—组织"研究范式的奥秘。

原刊《中国政法大学学报》2014 年第 4 期

---

① 威廉姆森. 资本主义经济制度. 段毅才，王伟，译. 北京：商务印书馆，2007：40.

第七章 米塞斯

　　米塞斯认为，自由秩序原理是一种尚未得到全面实现的理论学说。按照米塞斯的构想，自由秩序的基本原则主要包括私有制原则、自由原则、和平原则、法律面前人人平等原则、财产分配上的不平等原则、责任政府原则、民主原则、宽容原则。自由秩序的基本原则应当运用于经济制度、外交制度、政党制度。把米塞斯想象的自由秩序与康有为想象的大同秩序进行比较与对照，可以看到，米塞斯建构的自由秩序原理诚然具有思想史意义，其实更是一种关于大同世界的憧憬，具有明显的乌托邦性质。

　　米塞斯（Ludwig von Mises，1881—1973），自由主义思想家，奥地利学派的代表人物与精神领袖。米塞斯生于奥匈帝国的兰堡（Lemberg），1900 年就读于维也纳大学，1906 年获得教会法与罗马法博士学位。1909 年任职于维也纳商会（该机构的全称是维也纳商业、手工业和工业总会），1913 年任维也纳大学法律教员，职位是不领薪的编外讲师，1918 年获得不领薪

的助理教授头衔，1934 年受聘日内瓦高级国际关系学院，1940
年移居美国，1945 年进入纽约大学担任不领薪的访问教授，
1969 年从纽约大学退休，1973 年病逝于美国。[①]

米塞斯著述宏富，主要著作包括《货币及信用原理》（1912
年）、《民族、国家与经济：关于当代政治和历史的论文》（1919
年）、《公有制经济：关于社会主义的研究》（1922 年）、《自由
主义》（1927 年）、《国民经济学的基本问题》（1933 年）、《人类
行为》（1949 年）、《理论与历史》（1957 年）、《经济学的根本基
础》（1962 年），等等。这些著作既阐述了米塞斯的经济理论、
社会理论，同时也表达了他的自由主义思想。

从思想史的角度来看，在米塞斯的众多著作中，1927 年问
世的《自由主义》具有普遍而恒久的意义。这本著作的英译本
（1962 年）及中译本虽然题名为《自由与繁荣的国度》，但是，
它真正的主题其实是自由秩序原理。这本著作辐射的领域既包
括政治学、经济学、法学、社会学等社会科学，也包括哲学、
历史、宗教等人文学科，因而是一部综合性、思想性、跨学科
的著作。这本著作的思想关怀远远超越了一个经济学家的专业
视界，体现了一个思想家关于人类文明秩序的察看、省思与守
护。倘若按照米塞斯自己的术语，《自由主义》也许可以作为
"人类行动科学"的一项成果，正如他在《经济学的认识论问
题》一书中所言，"努力得出普遍正确知识的人类行动科学是一
个理论体系"，虽然这个体系"迄今为止最精心地构建的分支是
经济学"[②]。至于《自由主义》，可以看作他为"人类行动"精
心构建的基本原理。

---

① 详见米塞斯年表//米塞斯. 米塞斯回忆录. 黄华侨，译. 上海：上海社会
科学院出版社，2015：173-175.

② 米塞斯. 经济学的认识论问题. 梁小民，译. 北京：经济科学出版社，
2001：13.

在西方的文化传统中，自由主义是一个永恒的主题。在自由主义的思想谱系中，米塞斯建构的自由秩序原理体现了他对于一个理想世界的期待。用中国的传统概念来表达，这个理想世界就是《礼记·礼运》篇中所期待的大同世界，也相当于康有为在《大同书》中描绘的那个理想世界（详后）。米塞斯想象的自由秩序与康有为想象的大同世界虽然具体内容不同，历史传统各异，但两者之间的思想风格是相似的。简而言之，米塞斯的《自由主义》就是一部西方语境下的《大同书》，它体现了米塞斯关于大同世界的憧憬。因此，如果要理解20世纪的西方人关于理想世界、大同世界的想象与期待，米塞斯的《自由主义》可以说是一个典型的样本。着眼于此，有必要认真对待米塞斯建构的自由秩序原理，以之理解奥地利学派的思想内核，以之阅读西方人想象的大同世界。

为此，下文以《自由主义》作为主要依据，同时参照米塞斯的其他著作，首先叙述米塞斯建构自由秩序原理的基本预设与思维方式，这是理解米塞斯自由秩序原理的前提，也是关于米塞斯自由秩序原理的"序论"。接下来，主要从基本原则与制度表达两个不同的层面，勾画米塞斯自由秩序原理的实质内容，这是关于米塞斯自由秩序原理的"本论"。就"本论"而言，倘若要套用中国传统的道、器之分，那么，基本原则近似于自由秩序之道，制度表达近似于自由秩序之器。在此基础上，再从中西文化比较的角度，为米塞斯的自由秩序原理寻求一个恰当的定位——这一部分，可以作为关于米塞斯自由秩序原理的"广论"。最后是一个延伸性的讨论，以进一步明确米塞斯自由秩序原理的思想史意义，是为关于米塞斯自由秩序原理的"结论"。下文就按"序论""本论""广论""结论"的逻辑顺序，逐一展开。

一、基本预设与思维方式

近现代以来，西方世界关于自由主义的叙述汗牛充栋，不可胜数。在形形色色的自由主义思想家中，米塞斯作为自由主义在 20 世纪的主要代言人之一，到底有何独特之处？对此，我们可以从基本预设与思维方式两个不同的角度，对米塞斯建构的自由秩序原理作一些前提性的分析。大致说来，米塞斯建构的自由秩序原理，包含三个方面的基本预设。

首先，从思想源头来看，米塞斯把英国作为自由秩序原理的原产地；他理解的自由秩序原理主要就是从英国萌生出来的。他告诉我们，"在许多比较老的作家那里，人们已经可以看到自由主义的思想了，但直到 18 世纪和 19 世纪刚开始的时候，英格兰和苏格兰的思想家们才使自由主义形成一种体系。谁要是对自由主义的思想方法寻根究底，谁就必须追溯到他们那里去"。米塞斯所说的"他们"是谁呢？主要是大卫·休谟及其《道德、政治和文学的政论文集》、亚当·斯密及其《国家财富的性质和原因的研究》，还有杰里米·本瑟姆。在米塞斯眼里，这三个人是最重要的自由主义思想家。米塞斯对约翰·密尔评价不高。在现代中国，密尔的《论自由》（严复笔下的《群己权界论》）尽管声名卓著，被视为自由主义的经典文献，但是，米塞斯却把他视为社会主义的辩护人。他说，密尔是"自由主义和社会主义意识的没有思想的大杂烩的始作俑者，这种无思想的大杂烩导致了英国自由主义的大败，动摇了英国的国民福利"。换言之，密尔是自由秩序失败的原因之一。此外，米塞斯还提到了一些经济学家，包括大卫·李嘉图、

弗利京·斯图瓦特，还有门格尔，等等。米塞斯（亦译为
"米瑟斯"）认为，这些经济学家也对自由主义作出了重要的
贡献，是理解自由主义的重要线索，原因在于："不懂国民经
济就不能理解自由主义。因为自由主义是一种应用国民经济，
是建立在科学基础之上的国家政治和社会政治。"① 自由主义
虽然在全世界的很多地方都有较大的影响，但在米塞斯看来，
只有英国才是自由秩序的模范国家。

　　其次，从实践过程来看，米塞斯把自由秩序当作一个未被
实现的理想。米塞斯承认，他所理解的自由主义"在任何地方
任何时候都没有被全部贯彻实行过。甚至在人们视为自由主义
的故乡和自由主义的模范国家英国，也没有成功地贯彻自由主
义的全部主张。从整体上看，世界上有些地区的人们只采纳了
自由纲领的某些部分；在其他一些国家和地区，人们不是一开
始就拒绝它，或者至少在短时间内就否定它。本来，人们可以
以夸张的口吻说：世界上曾经拥有一个自由主义的时代，但事
实上，自由主义从来没有能够发挥它的全部作用"。自由主义的
秩序原理是一个未曾全部实现的理想。特别是到了 19 世纪，自
由主义的处境更加糟糕。原因在于："自由主义的敌人变得越来
越强大，他们使得自由主义的成就中的一大部分重新化为乌有。
今天的世界不再想了解自由主义。在英格兰以外的地方，'自由
主义'的名称简直受到蔑视；虽然英格兰仍然还有'自由主义
者'，但是，其中的大部分只是名义如此，实际上他们只是温和
的社会主义者。如今，政府的权力到处都掌握在反自由主义的
政党手中。"现在，"如果谁不愿意蒙上自己的双眼，他必然会
看出世界经济近在咫尺的灾难征兆。反自由主义的行动正在导

---

① 米瑟斯. 自由与繁荣的国度. 韩光明，等译. 北京：中国社会科学出版
社，1995：215-216.

致文明的普遍崩溃"①。在米塞斯的眼里，自由主义的文明秩序只能用"普遍崩溃"来评价，就像中国的春秋战国时代只能用"礼崩乐坏"来描述；以孔子所说的"太山坏乎！梁柱摧乎！哲人萎乎！"来形容②，大概也不为过。米塞斯眼里的自由主义之道，就像孔子眼里的文、武、周公之道。自由主义在米塞斯时代的普遍崩溃，就像文、武、周公之道在春秋战国时代的崩溃，不仅是秩序的崩溃，而且是文明的崩溃；不仅是"亡国"，而且几乎就是"亡天下"。不难发现，米塞斯在建构自由秩序原理的过程中，实际上是寄寓了深深的忧患意识。

最后，从认知路径来看，米塞斯把自由秩序当作一种原理、一种思想上的创造。米塞斯强调，不能简单地通过回顾历史来认知自由主义，因为自由主义在任何地方都没有成功地贯彻实行过它的要义。在历史上，任何政治家的追求与实践都不足以代表自由主义。"那些自称为自由主义的政党，它们的纲领和行为也不能给予我们关于真正的自由主义的启示。正如我们已经提及的那样，即使在英格兰，人们所理解的自由主义更多的只是与托利主义和社会主义相类似的概念，而不是自由主义的原有纲领。如果还存在着一些自认为与自由主义一致的自由主义者，即使他们赞同将铁路、矿山和其他企业国有化，甚至赞同关税保护，但事实上，人们也会毫不费力地看出：这些自由主义者只是徒有虚名而已。"换言之，那些自称是自由主义政党的所作所为，丝毫也不能代表自由主义与自由秩序原理。甚至是自由主义思想史上的经典文献，也不能表达完整的自由秩序原理。米塞斯说："从自由主义的伟大奠基者的文献里学习和研究

---

① 米瑟斯. 自由与繁荣的国度. 韩光明，等译. 北京：中国社会科学出版社，1995：42-43.

② 司马迁. 史记. 北京：中华书局，2006：330.

自由主义，在今天也是远远不够的。自由主义并不是一种已经完成的学说，它也不是僵死的教条。相反，它首先是人们社会生活的科学的应用。"① 按照米塞斯的这些阐述，对于自由秩序原理的认知，应当"不唯书""不唯实"，应当"只唯理"。自由主义的秩序原理不是已经完成的教条，而是需要发展的原理学说。言外之意，米塞斯自己的著作才是关于自由秩序在理论上的完成形态。看来，米塞斯对于自己阐述的自由秩序原理，具有高度的理论自信。

以上三个方面表明，米塞斯建构的自由秩序原理，乃是一种源于英国的、尚未得到全面实现的思想学说，是一种以自由为核心价值的文明秩序原理。这就是米塞斯关于自由秩序原理的基本预设。与此同时，我们还应当注意的是，米塞斯关于自由秩序原理的建构，主要体现为一种可以称之为二元化的思维方式。这种二元化的思维方式具体表现在以下几个方面。

第一，在精神与物质的二元划分中，追求物质利益，放弃精神利益。自由秩序原理的"着眼点和最终目的是促进人们外在的物质福利，而不是直接满足人们内在的精神上的以及形而上学的需求。它并不向人们许诺幸福和满足，而是尽一切可能将外部世界所能提供的物质用来满足人们的诸多需求"。即使"自由主义的这种面向尘世、不求永恒、纯粹追求外在的和唯物主义的观点很容易使它成为多方面指责的对象"，也必须承认，这就是自由主义的一种思维方式；或者说，这是自由主义"所有为，有所不为"的智慧。米塞斯相信，人的精神需求是重要的，但是，精神需求与物质需求具有根本性的差异，这两种需求应当通过不同的方式去满足。"自由主义并不是因为低估了精

---

① 米瑟斯. 自由与繁荣的国度. 韩光明，等译. 北京：中国社会科学出版社，1995：44.

神需求、精神财富的重要性才将其目光仅盯在物质福利方面，而是由于它坚信，任何外在的调节都不可能触及人们的最高或最深层次的追求。自由主义仅仅是试图为人们创造一个外在的富裕条件，因为它知道，人们内在的、心灵的富足感不可能来自外部世界，而仅仅是来自他们自己的内心。自由主义除了为人们的内心生活发展创造一个外部的前提条件之外，别无它求。"① 按照这样的二元划分，人的精神需求主要依靠个体自己去满足，但是，人的物质需求可以在自由秩序中得到充分的满足，自由秩序的基本原则与制度体系可以满足每个人的物质需求。

第二，在感觉与理性的二元划分中，依赖理性思维，放逐感觉思维。按照米塞斯的划分，人的感觉就是人的不理智。凭感觉行事，依感觉思维，是政治生活、社会生活中的常态。但是，这种常态恰好是自由秩序原理所反对的。米塞斯说："人们常常习惯指责自由主义是理性主义。自由主义企图理智地调整和处理一切事物，因而无视人的感觉在人们的社会存在中是违背理性的，即人们的不理智的行为很多，而且会越来越多这一事实。其实，自由主义完全没有忽视人也有不理智的行为，否则，自由主义就不会一再告诫人们要将理智作为自己的行为准则。自由主义并没有说过人们的行为总是聪明无误的，它一再告诉人们，为了他们的切身利益，必须坚持不懈地用聪明的方式行事。自由主义的性质恰恰是要使理智在政治中、生活中大行其道，让人们的行为在各个方面都变得更加理智。"② 米塞斯在此强调的理性主义、理性思维，不能从它的一般意义上来理

---

① 米瑟斯. 自由与繁荣的国度. 韩光明，等译. 北京：中国社会科学出版社，1995：44-45.

② 米瑟斯. 自由与繁荣的国度. 韩光明，等译. 北京：中国社会科学出版社，1995：46.

解。譬如，人们在作出一项选择的时候，通常都会精心地算计投入与产出、成本与收益，以实现利益的最大化。表面上看，这是一种理智、理性的思维方式，但其实未必。因为利益还有眼前利益与长远利益之分，只顾眼前利益、个人利益，不顾长远利益、整体利益，并不是一种理智的思维，与理性主义、理性思维依然是背离的（详后）。

第三，在局部与整体的二元划分中，维护整体利益，维护全社会、全人类的利益，反对局部利益、阶层利益、阶级利益。米塞斯注意到，当时社会上有一种流传很广的观点认为，"自由主义与其他政治流派的最大区别是：它将社会上一部分人的利益，即将财富的占有者、资本家和企业家的利益置于其他社会阶层的利益之上，并代表着这一部分人的利益。这种观点完全颠倒了事实。自由主义一贯注重全社会的福利，从未为某一特殊阶层谋取利益。英国功利主义者的一句名言用一种不那么巧妙的方式表述了这种意思：是为了'绝大多人的最大幸福'。从历史学的角度来看，自由主义是第一个为了大多数人的幸福，而不是为特殊阶层服务的一种政治倾向。与宣称追求同样目标的社会主义截然不同的是：自由主义不是通过其追求的目的，而是通过它选择的方法去达到这一最终目的"①。自由主义选择的方法，就是下文将要叙述的自由秩序的基本原则及其制度表达。

概而言之，区分物质与精神、理性与感觉、整体与局部，并在此基础上强调物质思维、理性思维、整体思维，是米塞斯建构自由秩序原理的思维方式。认识这种二元化的思维方式，有助于全面理解米塞斯建构的自由秩序原理。

---

① 米瑟斯. 自由与繁荣的国度. 韩光明，等译. 北京：中国社会科学出版社，1995：48.

二、自由秩序的基本原则

理解了米塞斯的基本预设与二元化的思维方式之后，我们可以讨论米塞斯建构的自由秩序原理的实体内容。先看自由秩序的基本原则，这是自由秩序的基础，具有相对稳定性，甚至具有恒定性。从思想史的角度来看，米塞斯建构的自由秩序原理在思想上的主要贡献，就是关于自由秩序基本原则的建构。分而述之，米塞斯建构的自由秩序，主要包含以下八项基本原则。

一是私有制原则。这是自由秩序必须坚持的首要原则，不可动摇。这里的私有制，特指生产资料的私有制。米塞斯断言，同时也是他代表"自由主义断言：在实行劳动分工的社会里，人类相互合作的唯一可行的制度是生产资料的私有制。自由主义断言：社会主义作为一个包括全部生产资料的社会制度是行不通的，尽管这种制度在只占有部分生产资料的情况下并非完全行不通，但它会导致生产率的下降，以至于使其非但不能够创造更多的财富，反而会起到减少财富的作用。用一个唯一的词汇就能概括自由主义的纲领，这就是：私有制，即生产资料的私有制。自由主义的一切其他主张都是根据这一根本性的主张而提出的"①。据此，自由秩序的其他原则、具体制度、具体政策，都是私有制原则派生出来的，甚至都是服务于私有制原则的。譬如，市场经济是一种经济制度，但市场经济的实质，

---

① 米瑟斯. 自由与繁荣的国度. 韩光明，等译. 北京：中国社会科学出版社，1995：59.

只不过"是在生产资料私有制的基础上进行劳动分工的社会系统"①，它是私有制的伴生物。进一步看，私有制不仅能够创造更多的财富，而且蕴含着丰沛的伦理依据。因为私有制原则并不等同于自私自利，相反，私有制原则要求"每个社会成员在从事任何活动时都必须考虑全社会的利益，放弃那些尽管可以给他本人带来好处但危害社会生活的行为，同时，还必须避免危害他人利益的行为。个人为此所作出的牺牲，是暂时的牺牲。牺牲眼前的直接的微小利益，可以换取一个大得多的间接利益。为了共同的生存和劳作，人们才联合成为一个社会整体，这个整体利益不能受到损害，因为它的存在就是每个社会成员的个人利益之所在。那些牺牲眼前利益的人，得到的是更大的长远利益"②。可见，私有制原则作为文明秩序的一项基本原则，对于它所包含的"私"，不能给予望文生义的理解，私有制原则不是为了维护个人的眼前利益，而是在于维护整体的长远利益。

二是自由原则。这里的自由，主要是指个人选择的自由。自由秩序要求私有制，私有制对应的经济形态是市场经济，"在市场经济下，大家都有机会为他们理想中的前程而努力。分工竞业，各有选择职业的自由"③。这样的个人自由是自由原则的最直观的体现。而且，自由原则、个人自由都不是天赋的。个人自由不是生而自由。个人自由是自由秩序的组成部分，是自由秩序的产物，也是支撑自由秩序的一项原则。因为"自由主义者从不认为上帝或自然界早已决定了所有的人都是自由的，

① 米塞斯. 人类行为的经济学分析：上. 聂薇，等译. 广州：广东经济出版社，2010：228.
② 米瑟斯. 自由与繁荣的国度. 韩光明，等译. 北京：中国社会科学出版社，1995：73.
③ 米塞斯. 反资本主义的心境. 夏道平，译. 台北：远流出版事业股份有限公司，1991：92.

我们不仅不愿传播上帝的意旨，而且还要从根本上避免将上帝和自然牵扯到围绕着尘世间事物的争吵中去。我们的唯一主张是：保障一切劳动者的自由，保障使人类创造出最高劳动效率的劳动制度。自由主义的这一主张符合地球上所有居民的利益"①。因此，自由秩序原理强调的个人自由，不必跟宗教教义相互纠缠，不必到上帝那里去寻找依据；自由秩序原理对个人自由的强调，主要在于追求最大的劳动效率与物质利益。因此，这里的自由原则，主要是一个物质的、世俗的原则，是物质思维的产物。

三是和平原则。自由秩序原理谴责战争，强调和平，因而把和平作为自由秩序的基本原则。当然，这也是特定时代的产物。米塞斯建构自由秩序原理的 20 世纪 20 年代，正处于两次世界大战之间，战争的威胁是米塞斯思考与写作的整体背景。战争的危害有目共睹，因此，和平原则也就成为米塞斯建构自由秩序的基本原则。米塞斯从偏好物质主义、理性主义、人类整体利益的思维方式出发，奠定了和平原则的理论依据与内在逻辑："和平是万物之父，战争则不然。只有和平才能给人类带来进步。人类与动物的区别在于，人类可以进行社会合作。只有劳动才能创造财富和丰裕，它为人类的内在繁荣奠定了外在基础。战争带来的仅仅是毁坏，而不是建设。战争、谋杀、毁坏和灭绝把人变得与森林中的猛兽毫无区别。而建设性的劳动是我们人类独有的特点。"② 据此，和平原则是一项保障人类合作、保障财富积累的功利性原则。

四是法律面前人人平等的原则。在 17、18 世纪，经典文献

---

① 米瑟斯. 自由与繁荣的国度. 韩光明，等译. 北京：中国社会科学出版社，1995：62.
② 米瑟斯. 自由与繁荣的国度. 韩光明，等译. 北京：中国社会科学出版社，1995：63.

中不乏关于平等原则的论述，但彼时的平等侧重于人与人之间的"完全平等"，并以此作为文明秩序的原则。譬如哈林顿说："政府如果达到了完全平等的状况，那么它的组织就将具有一种均势。"这样"一个平等的共和国是惟一没有缺陷的共和国，也是惟一尽善尽美的政府形式"①。在基督教中，所谓"上帝造人"的教义，也可以支持人人生而平等的原则。米塞斯阐述的自由秩序原理虽然也主张平等，但是米塞斯强调的平等原则特指法律面前人人平等。他说："我们主张法律面前人人平等是基于两个不同的原因。其一，我们列举了反对限制个人自由的种种理由，它们说明：若要使人们的生产活动达到最高的生产效率，就必须实行自由劳动制度。这是因为，只有以工资的形式获得劳动报酬的自由工人才会在生产中竭尽全力。其二，法律面前人人平等，是为了保障社会的安定与和平。和平和发展的进程必须避免任何干扰。"进一步看，法律面前人人平等既体现在个体与个体之间，也体现在阶层与阶层之间。因为"在一个社会中，如果各个社会阶层的权利和义务都不相同，那么，社会的持久安定与和平就无法得以维持。那些试图剥夺一部分居民的权利的人应当知道，如果照他们的设想去做，那些被剥夺权利的居民将团结起来，向那些拥有特权的人发动进攻。因此，为了维护社会的安定与和平，必须消灭社会的等级制度和特权，从而中止围绕着等级和特权而展开的斗争"②。由此看来，等级特权是矛盾、斗争、战争的根源。法律面前人人平等原则的对立面，是等级原则与特权原则。坚持法律面前人人平等的原则，可以从根本上消除不同等级之间的斗争与战争。

---

① 哈林顿. 大洋国. 何新，译. 北京：商务印书馆，1996：35.
② 米瑟斯. 自由与繁荣的国度. 韩光明，等译. 北京：中国社会科学出版社，1995：67-68.

五是收入关系和财产关系的不平等原则。平等原则绝不是平均原则或"均贫富"，绝不是中国人曾经熟悉的"干多干少一个样"的"大锅饭"原则。因此，在坚持法律面前人人平等原则的同时，还必须恪守收入与财产关系的不平等原则。按照自由秩序的要求，"社会制度承认财产分配的不平等现状，鼓励每一个人以最低的资金和原材料消耗生产尽可能更多的产品，因此，人类今天生产的产品数量超过了他们消费所需的数量，形成了年复一年的财富积累。假如人们消除了这种驱动力，生产量就会随之降低，从而导致在实行平均分配的情况下，人均收入将降到今天最穷的人的收入水准之下的结局。收入分配的不平等还有第二个功能，这一功能具有同上述功能同等重要的意义，即它造成了富人的奢侈行为"。奢侈是收入分配不平等的产物，奢侈行为很容易在道德上受到谴责，但是，米塞斯看到了奢侈行为的积极意义。他说："人类生活的一切改善和进步都首先以少数富人奢侈的形式进入人们的生活领域，过了一段时间之后，奢侈品就变成了所有人生活的必需品。奢侈鼓励了消费水平的提高，刺激了工业的发展，促进工业新产品的发明创造并投入大批量生产。它是我们经济生活的动力源之一。工业的革新与进步、所有居民生活水平的逐步提高，都应当归功于奢侈。"① 因此，由于财产关系的不平等分配导致的奢侈行为，是自由秩序中的正常现象，甚至是积极现象。

六是责任政府原则。自由秩序不是无政府状态。自由秩序的形成依赖于责任政府的建立。米塞斯从个体利益与社会合作的角度，论证了责任政府对于自由秩序的保障作用。他的理由是，遵守道德准则是每个社会成员的间接利益之所在，所以每

---

① 米瑟斯. 自由与繁荣的国度. 韩光明，等译. 北京：中国社会科学出版社，1995：71-72.

个人都应当关心人们的社会合作能否得到保障。社会合作这一目标的实现，要求每个人都要作出一定的牺牲。这种牺牲是暂时的，它带来的好处远远大于人们为此付出的代价。然而，有些人就是不能遵守道德规则（譬如闯红灯，就是一种最轻微的不守规则的行为），这样的人将毁坏整个社会。在这种情况下，就必须采用强制或暴力手段来对付毁坏整个社会的社会公敌。"使用强制和暴力手段，迫使那些危害社会的人遵守社会共同生活规则的社会机构，我们称之为国家；人们必须共同遵守的规则，我们称之为法律；操纵强制机器的机关，我们称之为政府。"① 政府作为操纵强制力量的国家机关，是对付社会公敌的必要装置。当然，国家机器、政府机关既是必要的，同时也是有限度的。"自由主义认为，国家机器的任务只有一个，这就是保护人身安全和健康；保护人身自由和私有财产；抵御任何暴力侵犯和侵略。一切超出这一职能范围的政府行为都是罪恶。一个不履行自己的职责，而去侵犯生命、健康，侵犯自由和私有财产的政府，必然是一个很坏的政府。"② 这就是说，政府必须履行自己的责任，不能超越职能范围，既不越职，也不失职。这就是责任政府原则的要义。

七是民主原则。国家与政府都是必不可少的，但是，国家与政府需要通过民主的方式来建立。"民主是一种国家的宪法形式，即它可以保证在不使用暴力的前提之下使政府符合被统治者的意愿。假如一个按照民主的原则组成的政府不遵照大多数人的意愿执政，人们不用打内战就可以将它推翻，并将那些受到大多数人拥护的人推到政府的执政地位。民主的国家体制中

---

① 米瑟斯. 自由与繁荣的国度. 韩光明，等译. 北京：中国社会科学出版社，1995：75.

② 米瑟斯. 自由与繁荣的国度. 韩光明，等译. 北京：中国社会科学出版社，1995：89.

的选举机构和议会就专司此职，它们使政府的更迭得以平稳、无摩擦、不用武力以及不流血地加以完成。"① 据此，自由秩序的形成离不开民主的原则。在自由秩序的框架内，民主原则是防止战争（主要是内战）的有效形式，选举机构与议会机构则是民主原则的载体，也是民主原则之"道"所凝聚而成的"肉身"。

八是宽容原则。按照米塞斯的叙述，这个原则主要是指向宗教的，当然也可以进行广义的解释。米塞斯说："自由主义完全是一种关于人类生活以及人类相互合作与交往的学说。宗教王国则是超脱尘世的。自由主义与宗教这两者可以互不干扰地并存下去。如果两者之间发生了冲突，责任不在自由主义一方。因为自由主义既未超出自己的领域，又未侵入信仰和世界观的范畴。但是，自由主义认为教会是一个政治权威集团，教会不但要调整人与来世之间的关系，而且还力图按照他们的观点来安排尘世间的事情。双方在这个问题上的冲突在所难免。"尽管如此，米塞斯还是坚信："保障社会内部的和平与和谐是高于一切的头等大事。自由主义容忍一切不同的意见，容忍所有的教会与教派，同时，自由主义也要求这些人约束自由的行为，避免一切不容忍其他人或其他教派的现象和越轨行为。"② 因此，宽容原则的基本含义是：自由秩序容忍一切不同意见与各种教会，同时也要求所有人、所有教派恪守宽容原则。

以上八项原则，是米塞斯为自由秩序确立的基本准则，也可以作为自由秩序原理所包含的八项训诫，还可以理解为自由主义的基本教义。

---

① 米瑟斯. 自由与繁荣的国度. 韩光明，等译. 北京：中国社会科学出版社，1995：80.

② 米瑟斯. 自由与繁荣的国度. 韩光明，等译. 北京：中国社会科学出版社，1995：92-93.

三、自由秩序的制度表达

自由秩序不仅体现为一个基本的原则体系，还体现在具体的政策与制度之中。米塞斯不仅描述了自由秩序的八项基本原则，而且根据这些基本原则，对经济制度、外交制度、政党制度进行了具体的设计。这些具体的设计，可以理解为自由秩序的制度表达。

（一）自由秩序中的经济制度

米塞斯观察 20 世纪 20 年代的现实世界，发现了五种相异的经济制度：其一，生产资料的私有制，发达的私有制形式具体体现为资本主义经济制度。其二，在私有制的前提下，定期地没收私有者的财产，并对其进行再分配的经济制度。其三，在某些国家中流行的工联主义经济制度。其四，生产资料的公有制，这种经济制度以社会主义或共产主义的名义闻名于世。其五，干预主义的经济制度。这就是米塞斯所见的经济政策与经济制度。在这五种经济制度中，米塞斯认为，只有生产资料的私有制是可行的经济制度。从历史经验来看，"任何一个民族都不可能在没有私有制的前提下从严重的贫困及半动物的蛮荒状态下崛起"①。一个民族的崛起，乃至一种文明的兴起，都必须依赖私有制这种经济制度。相比之下，其他几种经济制度都

---

① 米瑟斯. 自由与繁荣的国度. 韩光明，等译. 北京：中国社会科学出版社，1995：97.

是不可行的。其中，定期没收私有者的财产并对这些财产进行再分配的经济制度不可行。除非一定要倒行逆施，一定要把"实行劳动分工的国民经济摧毁，使之倒退为自给自足的农庄经济时，才能向定期实行财产分配的方向迈进"。这样的经济制度只能通往经济倒退之路，因而是一条走不通的死路。工联主义的经济制度更不行，因为"工联主义既不想把生产资料平均分配给个人，也不愿将它交给社会，而是要将它分配给在有关企业或生产部门中就业的工人。由于不同的生产部门情况差异很大，人与物的生产要素的结合情况各不相同，采用这种方法绝对不可能实行财产分配的公正化"①。

米塞斯批判的主要对象是社会主义的经济制度。他认为，社会主义经济制度存在的最大问题是：不可能对经济进行核算，这是最致命的问题。所谓经济核算，是指"生活在这样一个生产资料私有制社会基础上建立起来的以劳动分工为主体的经济系统中的人们唯一可行的计算方法"②。换言之，经济核算只能以生产资料的私有制为前提。在经济制度与经济政策上，米塞斯认为，"选择仍然只能是：要么是社会主义，要么是市场经济"③，没有中间道路可走。社会主义与市场经济也不能结合，选择了社会主义就意味着放弃了市场经济，放弃了市场经济就意味着放弃了经济核算。正是由于社会主义无法进行经济核算，"社会主义社会的领导者面临着一个他们无法完成的任务。他们没有能力选择并决定，在无数可能采用的生产方法中，究竟哪

① 米瑟斯. 自由与繁荣的国度. 韩光明，等译. 北京：中国社会科学出版社，1995：98-99.
② 米塞斯. 人类行为的经济学分析：上. 聂薇，等译. 广州：广东经济出版社，2010：192.
③ 米塞斯. 社会主义. 王建民，等译. 北京：中国社会科学出版社，2008：107.

一个是最赢利的。这样一来，社会主义经济就会走向混乱。在这个混乱中，很快会出现不可制止的普遍贫困化现象，从而不得不倒退到我们的祖先曾经历过的原始状态中去"①。米塞斯由此得出的结论是："证明了社会主义社会里经济核算的不可能，也就是证明了社会主义的不可行"②。

　　至于干预主义经济制度的信奉者，则试图走一条生产资料公有制与生产资料私有制之间的中间道路。有一些人"虽然承认生产资料的公有制、社会主义均不可行或至少在当今行不通，但另一方面，他们却宣称，对生产资料实行毫无限制的私有制也同样是有害的。因此，他们试图在生产资料的私有制和生产资料的公有制之间找到一条中间道路。他们愿意让生产资料的私有制继续存在下去，但他们主张同时对其所有者——企业家、资本家和地主——的行为通过国家或上级行政命令的方式加以调节、控制和领导。他们绘制了一幅具有调控功能的蓝图，希望通过国家的行政命令对资本主义和财产私有制加以限制，也就是说，通过国家的干预来避免资本主义和财产私有制带来的不良现象"。然而，这种干预主义经济政策将导致严峻的消极后果："国家对经济生活最重大的干预是决定商品和劳务的价格，而不是让自由的市场形成这些价格"③。由于市场机制不能发生作用，因而这种经济制度也是不可行的。

　　通过五种经济制度的比较与对照，米塞斯得出的结论是，只有资本主义的私有制经济是唯一可行的经济政策与经济制度。

---

　　①　米瑟斯. 自由与繁荣的国度. 韩光明，等译. 北京：中国社会科学出版社，1995：109.

　　②　米塞斯. 社会主义. 王建民，等译. 北京：中国社会科学出版社，2008：102.

　　③　米瑟斯. 自由与繁荣的国度. 韩光明，等译. 北京：中国社会科学出版社，1995：111-112.

(二) 自由秩序中的外交政策

自由秩序要恪守和平原则。根据这项原则，旨在实现自由秩序的外交政策，应当立足于人类合作的实现。米塞斯由此认为，自由主义外交政策的"最终理想则始终是想实现一种和平的、没有摩擦的全人类的全面合作。自由党人的思想里永远装着全人类而不是一部分人。它不依附于狭隘的团体，不终止于村庄、地区、国家和地球某个部分的边界。它是一种世界主义的、全球性的思想，一种包容了全人类和全世界的思想。从这个意义上说，自由主义是人道主义、自由的世界公民主义和世界主义"①。对于欧洲各国来说，有必要用世界主义的思想，建立起国际性的超国家机构。对于法律体系来说，应当坚持国际法高于国家法，应当建立起凌驾于国家之上的法院和行政机关，以维护国家之间的和平。按照米塞斯的这些设想，自由主义外交政策的最终目标是建立世界政府。

自由主义的外交政策坚持和平原则，当然应该避免战争，自由秩序确实也有助于消除战争，因为自由秩序中蕴含的私有制正是消除战争的前提条件。米塞斯告诉我们："如果这种私有制即使在战争中也必须得到维护，如果胜利者不能将他人的私有财产攫为己有，如果攫取公共财产意义不大，因为到处都是生产资料私有制，这样就已经消除了发动战争的一个重要原因。"② 按照这样的逻辑，只要坚持绝对的私有制，战争就不可能发生，因为在绝对的私有制条件下，战争的发动者、胜利者

---

① 米瑟斯. 自由与繁荣的国度. 韩光明，等译. 北京：中国社会科学出版社，1995：137.

② 米瑟斯. 自由与繁荣的国度. 韩光明，等译. 北京：中国社会科学出版社，1995：142.

将一无所获，没有任何利益上的回报。从另一个角度来看，自由主义的文明秩序一定是"把国家建构在一块土地上大多数居民的意愿之上，摒弃一切过去对划定边界起决定性作用的军事念头。它摒弃占领权，它无法理解，有人怎么能说出战略边界的话来。它更不能理解，有人为了占有一片开阔地，就提出将一片领土并入自己国家的要求"。由此，"自由主义创造了一种法律形式，人民愿意或不愿意属于某个国家，均可通过它来表达：公民投票表决"①。换言之，由于任何一片土地上的居民，都享有绝对的自决权——而且这样的自决权是居民自决权，而不是民族自决权，在这样的文明秩序格局下，军事占领之类的事情就无从产生，战争也就在无形中消除了。

此外，按照自由主义的外交政策，帝国主义与殖民政治都不会存在。事实上，"我们看到帝国主义侵略者到处都在撤退，或至少已经陷于巨大的困难之中"。至于殖民政治，其"主导观念是，充分利用白种人对其他种族的人的优势"，这样的思想与观念，"与一切自由主义的原则格格不入"②，因而也是难以为继的。

（三）自由秩序中的政党制度

随着政党在近现代的兴起，近代以来的政治其实都是政党政治。鉴于这种巨大的现实，米塞斯要求把自由秩序的基本原则运用于政党政治之中。根据法律面前人人平等的基本原则，米塞斯认为，在新的自由主义的文明秩序中，没有特权等级，

---

① 米瑟斯. 自由与繁荣的国度. 韩光明，等译. 北京：中国社会科学出版社，1995：148.
② 米瑟斯. 自由与繁荣的国度. 韩光明，等译. 北京：中国社会科学出版社，1995：153.

只有平等的国家公民，"这些公民为了实现以往从未完全实现过
的自由主义理想而建立了政党，这些政党是个人之间的联合，
以便在国家的立法和行政方面争取达到他们的目标"。因此，在
自由秩序的基本原则之下，自由主义政党的目标就在于实现自
由主义的文明秩序。这样的理想是以前没有完全实现的。而且，
只有追求这种理想的政党，才有正当性与合法性。与这样的自由
主义政党形成强烈反差的，是那些为某一阶层谋求特权利益或特
殊地位的政党——这种政党的服务对象仅仅只是社会中的一部分
人，这样的政党以牺牲社会上其他人的利益为代价向这一部分人
许诺了特殊利益。然而，让米塞斯感到非常遗憾的是，在现实生
活中，"所有的现代政党和现代政党的意识形态都是等级特权和
特权利益的追求者们为了反对自由主义的思想而建立起来的"①。

在米塞斯看来，所有的现代政党都不具有正当性，因为它
们都背离了自由主义理想，都追求等级特权与特权利益，这种
现状导致了米塞斯所说的"文明的普遍崩溃"。依照这个逻辑，
倘若要从"文明的普遍崩溃"走向文明的全面复兴，就必须以
自由主义的政党取代追求特权利益的政党。具体地说，按照自
由秩序原理的要求，所有的政党都应当是自由主义政党。自由
主义"政党在承担具体的政治任务时所处的地位，可以作为区
别党派的标准。因此，事实上只存在着两个政党，其中一个是
执政党，另一个是想要执政的党。它们的政治目的既不应当是
谋求利益，也不应当是为了让该党的党员加官晋爵，而是为了
让他们的思想能够在立法和行政机构中得以贯彻。只有在上述
条件下，议会制度和议会统治方式才是可行的"②。换言之，如

① 米瑟斯. 自由与繁荣的国度. 韩光明，等译. 北京：中国社会科学出版
社，1995：182-183.
② 米瑟斯. 自由与繁荣的国度. 韩光明，等译. 北京：中国社会科学出版
社，1995：193.

果政党制度背离了自由文明秩序的基本原则与理想，议会政治也将失去价值与意义，因为议会政治是依托于政党政治的。

四、作为大同世界的自由秩序

米塞斯从基本原则与制度表达两个层面，建构了一个自由主义的文明秩序。着眼于历史与当下、理论与现实、中国与世界，我们应该如何看待米塞斯的自由秩序原理？在学术思想史上，针对任何一个有影响的思想形态，向来都会形成多元化的评价。米塞斯建构的自由秩序原理获得的评价当然也不例外。即使是米塞斯的学生哈耶克对米塞斯的评价也是复调的，一方面，他赞美米塞斯；另一方面，他又认为米塞斯"太极端"了，具有"过度的理性主义""武断和不容争辩""先验论"等方面的缺陷。[①] 所谓"太极端"，站在旁观者的立场上说，就是把自由主义的精神与偏好推向极致。也许正是由于这个缘故，米塞斯被尊为20世纪颇具代表性的自由至上主义者。米塞斯之所以受到东西方学术思想界的普遍关注，也与他的这种极致的、至上的自由主义追求分不开。米塞斯不仅是自由主义精神的信奉者，而且以自由作为核心价值，构想了一个理想化的文明秩序框架。在这个框架中，包含了政治、经济、内政、外交等一系列的内容。这个理想化的自由秩序，倘若要用中国固有的概念来表达，其实就是一个大同世界；一部《自由主义》，就是一部米塞斯版本或奥地利版本的《大同书》。

---

① 米瑟斯. 自由与繁荣的国度. 韩光明，等译. 北京：中国社会科学出版社，1995：33.

前文已经提到，中国固有的大同理想，比较具体的描述见于《礼记·礼运》："大道之行也，天下为公，选贤与能，讲信修睦。故人不独亲其亲，不独子其子，使老有所终，壮有所用，幼有所长，鳏、寡、孤、独、废疾者皆有所养，男有分，女有归。货恶其弃于地也，不必藏于己；力恶其不出于身也，不必为己。是故谋闭而不兴，盗窃乱贼而不作，故外户而不闭，是谓大同。"这样一幅景象，就是历代中国人普遍向往的大同世界。在中国思想史上，直接以"大同"命名的著作，则出于康有为。根据康有为的自述："吾既生乱世，目击苦道，而思有以救之，昧昧我思，其惟行大同太平之道哉！遍观世法，舍大同之道而欲救生人之苦，求其大乐，殆无由也。大同之道，至平也，至公也，至仁也，治之至也，虽有善道，无以加此矣。"① 由此可见，康有为撰述《大同书》，就在于为中国人建构一个新的大同世界。在具体内容上，康有为的《大同书》共分十个部分，分别为"入世界观众苦""去国界合大地""去级界平民族""去种界同人类""去形界保独立""去家界为天民""去产界公生业""去乱界治太平""去类界爱众生""去苦界至极乐"。

康有为的弟子梁启超后来撰述《清代学术概论》，专写一节表彰此书，称此书是康有为"独居西樵山者两年，专为深沉之思，穷极天人之故，欲自创一学派，而归于经世之用"的结晶。他还说，《新学伪经考》《孔子改制考》"皆有为整理旧学之作，其身所创作，则《大同书》也"。换言之，前两部书虽然影响也很大，但仅仅是整理旧学的书，《大同书》则是独创性的书。《大同书》视野开阔，与时俱进，其所包含的"理想与今世所谓世界主义、社会主义者多合符契，而陈义之高且过之"。高度推

---

① 康有为. 大同书. 上海：上海古籍出版社，2014：6.

崇《大同书》的梁启超还将此书的主要观点概括为:"一、无国家,全世界置一总政府,分若干区域。二、总政府及区政府皆由民选。三、无家族,男女同栖不得逾一年,届期须易人。四、妇女有身者入胎教院,儿童出胎者入育婴院。五、儿童按年入蒙养院,及各级学校。六、成年后由政府指派分任农工等生产事业。七、病则入养病院,老则入养老院。八、胎教、育婴、蒙养、养病、养老诸院,为各区最高之设备,入者得最高之享乐。九、成年男女,例须以若干年服役于此诸院,若今世之兵役然。十、设公共宿舍、公共食堂,有等差,各以其劳作所入自由享用。十一、警惰为最严之刑罚。十二、学术上有新发明者,及在胎教等五院有特别劳绩者,得殊奖。十三、死则火葬,火葬场比邻为肥料工厂。《大同书》之条理略如是。"[①] 这样的概括无论是否准确,它反映了梁启超眼里的《大同书》。

据考,早在 19 世纪后期,亦即梁启超于万木草堂向康有为问学之际,康有为就已经开始撰写此书[②],但直至 1913 年,此书的部分内容才开始在《不忍》杂志上陆续刊出。此书首次以《大同书》之名在上海长兴书局正式出版,则已经是 1919 年的事了。[③] 八年后的 1927 年,米塞斯出版了他的《自由主义》。屈指算来,这两部著作正式出版的时间,前后相距仅数年。这就意味着,这两部著作是在大致相同的时代背景下诞生的。将它们略作比较,可以获得以下几个方面的信息。

---

① 梁启超. 清代学术概论. 上海:上海古籍出版社,2005:67-69.
② 李泽厚说:"《大同书》虽然成书极晚,虽然其中还夹杂着某些康氏晚年的思想,但是,其基本观点和中心思想却是产生得颇早的。康有为本人及其亲密的学生和朋友如陈千秋、梁启超、谭嗣同等人,曾不止一次说明这点。实际上,1884年,'演大同之义'的《人类公理》,就是《大同书》的初稿。"李泽厚. 中国近现思想史论. 北京:三联书店,2008:129.
③ 梁启超. 清代学术概论. 上海:上海古籍出版社,2005:69.

（一）两部著作都是特定文化传统的产物

《自由主义》是西方文化传统的产物，建构自由秩序原理的
米塞斯则是西方文化传统的继承人。米塞斯继承、发扬了西方
文化传统中的自由主义，并且以自由主义的代言人、守护者、
捍卫者自居。米塞斯在 1940 年移居美国之后，受到了美国学术
界的冷遇，根本的原因在于，那个时代的美国思想界已经不是
纯而又纯的自由主义的天下。以凯恩斯为代表的强调国家干预
的思想，早已成为美国的主导性思想。在欧洲，自 20 世纪初兴
起的福利国家的理论与实践，特别是社会主义、国家主义等各
种主流思潮，无不体现为对自由主义的偏离。正是在这样的思
想背景下，米塞斯希望坚持理想中的自由主义，希望以自由主
义正统思想的继承人自居。他沉痛地指出："我们所处的时代，
是一个反自由主义思想统治的时代，所有人的思维方式都是反
自由主义的，正如一百多年前绝大多数人都用自由主义思想来
思考问题一样。"① 这句话的意思是，只有米塞斯才懂得自由主
义的真义，只有米塞斯的思维方式才符合自由主义的要义。与
米塞斯本人相比，"其一，大多数人并不具有逻辑思维能力；其
二，对绝大多数人来说，尽管他们也许具有判断是非的能力，
但仍会觉得眼前的直接利益比长远的更大的利益更为重要，他
们宁可放弃长远利益而贪图眼前之小利。绝大多数人并不具有
分析和纵观错综复杂的社会生活问题的能力，而且也不具有敢
于牺牲眼前利益、换取全社会共同的长远利益的意志力"②。这

① 米瑟斯. 自由与繁荣的国度. 韩光明，等译. 北京：中国社会科学出版
社，1995：53.
② 米瑟斯. 自由与繁荣的国度. 韩光明，等译. 北京：中国社会科学出版
社，1995：180.

种对于现实、对于时代的批判态度，几乎可以用"孤怀遗恨"
来形容，几近于"举世皆浊我独清，众人皆醉我独醒"①。可
见，米塞斯自认的角色与身份，乃是西方文化传统的"托命之
人"，《自由主义》是西方文化传统的托命之书，自由秩序原理
代表了西方文化传统的未来。

至于康有为，从青年时代开始，就习惯于以"圣人"自居。
正如他在《自编年谱》中写道："静坐时忽见天地万物皆我一
体，大放光明。自以为圣人则欣然而笑，忽思苍生困苦则闷然
而哭。"② 这正是圣人意识的自我表达。他的《新学伪经考》
《孔子改制考》以及《大同书》，旨在继承今文经学的传统，希
望在春秋公羊学的框架下，重新为万世开太平。因而，康有为
的《大同书》，可以视为今文经学这一文明传统的产物。《大同
书》虽然吸收了 19 世纪后期以来的新思想，但它在骨子里，却
是春秋学的产物，是政治儒学的爱子。

（二）两部著作都对整个文明秩序进行了全面的规划

前文的叙述表明，米塞斯的《自由主义》并不是一部抽象
的哲学著作，而是一部立体的"文明秩序原理"：从政治到经
济，从文化到社会，从制度到政策，从国内到国际，无不包罗，
对于自由秩序之道统、政统、法统，都进行了详细的规定。此
书的英译本、中译本都题为《自由与繁荣的国度》，其实并没有
全面概括此书的旨趣，因为此书并非重在讲述一个"国度"的
建构，而是关于整个文明世界、自由秩序的建构。哈耶克 1960
年出版的著作《自由秩序原理》（The Constitution of Liberty,

---

① 楚辞·渔父.
② 康有为. 康南海自编年谱. 中国史学会编. 戊戌变法：第四册. 上海：上
海神州国光社，1953：116.

亦译《自由宪章》)①，倒是恰好可以概括米塞斯《自由主义》
的精义。米塞斯的《自由主义》已在哈耶克的著作之前，表达
了一种纯粹的自由秩序原理。

同样，康有为的《大同书》也是阐释文明秩序的建构。虽
然康有为建构的大同世界并不以自由作为逻辑起点与核心价值，
但《大同书》关于国界、等级、种族、性别、家庭、产业、治
乱诸方面的规划，涉及政治、经济、社会、文化诸领域，甚至
延伸至人生苦乐、善恶标准、治乱根源，足以成就一种全面而
立体的文明秩序原理。

（三）两部著作都具有理想化的、甚至是空想的特质

米塞斯的《自由主义》期待着一个纯洁的、纯粹的自由主
义世界。在这本著作中，米塞斯批判法西斯主义、国家主义、
社会主义、工联主义、干预主义、官僚主义、民族主义、帝国
主义、殖民主义等各种主义及其实践，也批判俄国、等级议会、
国际联盟、欧洲合众国。譬如他说："国际联盟从来不是真的。
外交官们已经把一个伟大的构想变成了一个拥有数百名雇员的
官僚机构。他们是一些除了保住自己的饭碗不再关心任何其他
问题的行政人员。"他又说："在一个弥漫着民族主义的世界，
不管是条约还是国际机构的创立都无法消除冲突。"② 现实世界
如此糟糕，都是因为自由主义的理想没有得到实现。不仅周遭
的世界严重地背离了自由主义，人类历史上的任何实践都不足
以代表自由主义的文明秩序。按照米塞斯的设想，自由主义世
界是一个自由而繁荣的世界。其中，物质财富极大丰富，生活于

① 哈耶克. 自由秩序原理. 邓正来，译. 北京：三联书店，1997.
② 米塞斯. 米塞斯回忆录. 黄华侨，译. 上海：上海社会科学院出版社，2015：166-167.

其间的人们既自由又和平，既平等又宽容。每个人都享有绝对的迁徙自由、贸易自由、选择自由，每个人都享有高度的，甚至是绝对的自决权。至于战争，则不复存在。这样的自由秩序，正如米塞斯所见，以前没有出现过。据本书估计，今后也不可能出现。因为这样的自由秩序就是一个彻头彻尾的乌托邦。

再看康有为设想的大同世界，以及《大同书》的理论源头——《礼记》关于大同世界的设想，我们就可以知道，"无国家""无家族"的大同世界其实也是一个十足的乌托邦。可见，《自由主义》与《大同书》都有一个共同的品质：为人类的未来描绘了一个理想图景。只是，无论是康有为想象的大同世界，还是米塞斯想象的自由秩序，都不可能变成现实。这一类的乌托邦构想的虚幻性，朱熹早有所见，他说："千五百年之间，正坐如此，所以只是架漏牵补过了时日，其间虽或不无小康，而尧、舜、三公、周公、孔子所传之道，未尝一日得行于天地之间也。"[1] 周孔之道未尝一日得行于天地之间，米塞斯的自由秩序原理、康有为的大同世界原理，何尝不是如此？

以上三个方面的信息表明，米塞斯的《自由主义》就相当于康有为的《大同书》，米塞斯建构的自由秩序原理，就相当于康有为建构的大同世界原理。虽然它们具有乌托邦的性质，但它们在思想史上的意义却是值得认真对待的。

五、小结

米塞斯的自由秩序原理作为一种学说，上文已经加以扼要

---

[1] 朱文公文集：卷三十六. 答陈同甫第六书.

的叙述。论其学，还须知其人。米塞斯对于自己的学说，有高度的自信。这种自信可以从两个方面来理解。一方面，在学理的层面上，他坚信自己阐述了自由主义、自由秩序的真理，是绝对正确的学说与原理，也是绝不能妥协的学说与原理，正如他自己所说："人们责备我陈述自己观点的方式过于突兀和强硬。也有人断言，若是我能表现一分妥协精神，我本来可以取得更大的成就。"① 对于这样的批评，米塞斯极其不以为然。另一方面，在信仰的层面上，他对自由主义文明秩序具有宗教般的情感与信仰，他建构的自由秩序原理也因此具有某种宗教教义的性质。他有意识地强调，他的自由秩序原理无涉宗教，他是在世俗的意义上、在尘世的语境下阐述其自由主义理想的。他说："贯穿整个 19 世纪，在旧的宗教信仰的废墟之上，各大宗派开始建立自己的地盘；他们试图为他们的追随者提供信仰丧失之后的'替代品'。在这些宗派当中，持续时间最久的是实证主义"②。正是因为不能认同实证主义，米塞斯希望以自由主义作为信仰丧失之后的替代品。就这样，他刻意避免的宗教情感，居然又变换形态重新回到他的世界里，从而为他的自由秩序原理增添了"自由神"崇拜的色彩。表面上看，他建构的自由秩序是一个无神的秩序，但是，他建构的自由秩序里却分明供奉着一个神，那就是"自由神"。

在学术思想史上，米塞斯是一个命运奇特的人。在漫长的学术生涯中，他一直享有很高的学术思想声誉，但却一直得不到主流学界的认同与接纳。他长期在欧洲与美国的大学执教，却始终都是不领薪的编外人员。这种情况颇像中国历史上著名

---

① 米塞斯. 米塞斯回忆录. 黄华侨，译. 上海：上海社会科学院出版社，2015：87.

② 米塞斯. 米塞斯回忆录. 黄华侨，译. 上海：上海社会科学院出版社，2015：148.

清官海瑞的处境——名气很大，一生致力于传播正能量，但是，他让朝廷左右为难，根本没法委以重任，只能把他当作一个符号性、象征性人物供起来。米塞斯的遭遇比海瑞更糟糕：主流学界、特别是美国的主流学界，至少是在他的有生之年，根本不承认他的学术地位，总是把他拒之于学术大门之外。正如中国学者所见："波澜壮阔的 20 世纪，世界上可能没有任何一位经济学家像路德维希·冯·米塞斯那样，对整个人类社会产生了巨大的思想影响，而他的个人生活却一生坎坷而郁郁不得志。"①

　　造成这种坎坷处境的原因是多方面的。一是整体性的时代背景。自 20 世纪以来，自由主义在衰落，社会主义在兴起。正如米塞斯所说："大学教职已经对我关上了大门，因为他们想要的是干预主义者和社会主义者。"② 哈耶克也注意到："第一次世界大战之后，虽然一些较年长的欧洲政治家和实践领域的领袖人物，仍受基本上属于自由主义的观点的支配，并首先试图恢复战前的政治与经济体制，但若干因素却使自由主义的影响直到第二次世界大战为止处在不断的衰落之中。最重要的因素是社会主义，尤其是在大量知识分子的舆论中，它取代了自由主义作为进步运动的地位。"③ 依照这种说法，在米塞斯建构自由秩序原理的时代，自由主义已经不是进步运动的旗帜了，自由主义对于思想界的号召力已经今非昔比了。从这个角度来看，米塞斯对自由主义的建构，旨在挽救自由主义的颓势。当然，

①　米塞斯. 米塞斯回忆录. 黄华侨，译. 上海：上海社会科学院出版社，2015：中文版序，1.

②　米塞斯. 米塞斯回忆录. 黄华侨，译. 上海：上海社会科学院出版社，2015：86.

③　哈耶克. 什么是自由主义//哈耶克文选. 冯克利，译. 开封：河南大学出版社，2015：437.

换个角度，我们似乎也可以说，在20世纪，人类整体上已经告别了自由主义的幼稚病了。

二是米塞斯的坎坷处境还要从他自己身上找原因。诗人李白的《将进酒》称，"古来圣贤皆寂寞"。圣贤为何寂寞？根本的原因在于：圣贤提出的思想过于纯粹与高洁，是一种理想化的建构。米塞斯的境遇正是如此。他对自由秩序的阐述具体而全面，实为对于大同世界的憧憬，但是，他的理想却不切实际，与真实的生活世界相距甚远。此外，从米塞斯的个性来看，他看不起多数人，认为大多数人都贪图眼前小利而忘记了长远利益。他也看不起学术同行，譬如他说："与这些人（指德国教授群体——引者注）相处久了，我就开始明白，德意志民族已经无可救药了；这些平庸的蠢人已经是千挑万选的精英分子。"①在米塞斯的眼里，千挑万选的精英分子尚且如此，其他人的低劣也就可想而知了。在学术思想上，他不愿妥协，不愿屈服。他把自己与绝大多数人区分开来，他习惯于把自己当作唯一的思想精英，这恐怕也是他不能受学界欢迎的一个重要原因。但是，他的精英意识、圣人情怀，虽然不能得到同代人的赞赏，却适合作为一个极端化的思想符号，予以远距离的观望。这正是米塞斯作为大同世界建构者的命运：身前寂寞，身后却被请进庙里，享受香烛气与冷猪肉。

原刊《贵州社会科学》2016年第11期

---

① 米塞斯. 米塞斯回忆录. 黄华侨，译. 上海：上海社会科学院出版社，2015：130.

第八章　哈耶克

　　哈耶克的法治思想与他的经济思想具有密切的联系。哈耶克立足于自由主义立场，主张法治重在维护个体自由，认为法治与计划经济存在本质上的冲突，因为计划经济会全面销蚀法治。在形式法律与实体法律的二元划分中，哈耶克认同形式法律，认为只有形式法律才是真正的法律；至于实体法律，则是人为的"立法"，法治只能依赖形式法律。形式法律保障人们在形式上的平等，只有形式上的平等才是法治的目标。法治在经济上的结果，不是平等，而是不平等。哈耶克的法治思想具有一定的启示意义，但也存在明显的偏颇，因此应当一分为二地看待。

　　哈耶克（Friedrich August Hayek，1899—1992）既是经济学家，是奥地利经济学派的代表性人物，又是政治哲学家与法哲学家，是享誉世界的自由主义经典作家。在法哲学、政治哲学领域，哈耶克通过《自由秩序原理》《法律、立法与自由》等论著，提出了若干颇具独创性的法学概念，比如"法律与立法二元观""自生自发秩序""扩展秩序"等，在中西学术思想界产生了较为广泛的、跨学科的影响。

　　作为诸多学术主题共同聚焦的对象，对于哈耶克的思想可以从不同的侧面来研究。关于哈耶克的法治思想，流行的研究主要关注他的自由主义基调。在域外，迪雅兹在《哈耶克论法治》一文中，主要站在自由主义的立场上论述了哈耶克的法治思想。[①] 在国内，邓正来关于哈耶克法律思想的研究很有代表性，但邓正来主要着眼于哈耶克的"法律与立法的二元观"，以及"普通法法治国的建构"等相关命题。[②] 高全喜关于哈耶克的专题研究侧重于从哲学的立场上，阐述哈耶克关于自由与正义、法治与宪政等方面的理论观点。[③]

　　与这些研究取向不同的是，下文主要从法治与经济相互关联的角度，阐述哈耶克的法治思想。作出这种选择的主要依据在于：一方面，从经济的角度论述哈耶克的法治思想，这在当代中国学界还是一个相对薄弱的环节，有待于进一步充实。另一方面，在哈耶克的早期学术历程中，主要是以一个经济学家的形象出现在学人面前的，他作为奥地利经济学派的主要代表之一，经济学构成了他拓展法治理论的一个基本背景与基本资源。因此，从经济的角度论述哈耶克的法治思想，有助于揭示哈耶克思想中遭到忽视的一面。

一、法治的内涵

　　法治的内涵或法治的概念，是理解哈耶克法治思想的起点。

---

　　① Gottfried Dietze. "Hayek on the Rule of Law". F. Machlup, ed.. *Essays On Hayek*, London：Poutlege & Kegan Paul, 1977：107－146.

　　② 邓正来. 哈耶克法律哲学. 上海：复旦大学出版社，2009.

　　③ 高全喜. 法律程序与自由正义：哈耶克的法律与宪政思想. 北京：北京大学出版社，2003.

按照哈耶克的归纳，所谓法治，主要体现为以下几个方面的要求，这些要求大致相当于法治的构成要素。

第一，政府受规则的约束。哈耶克认为，法治的意思，就是指政府在一切行动中，都受到事先规定并公布的规则的约束。这样的规则使得一个人有可能十分肯定地预见到政府当局在某种情况中怎样使用它的强制权力，以及根据他对规则的了解，来计划他自己的个人事务。由此可见，哈耶克的法治概念主要涉及两类主体：政府与个人。法治就是让事先公布的规则约束政府，从而让个人知道：政府会怎样使用它的强制权力，特别是政府强制权力的边界在哪里，个人可以根据这样的预测，来安排自己的事务。因此，法治的最终目的还是在于满足个人的需要。虽然法律会在一定程度上限制个人自由，但法治防止了政府采取无法预知的行动来破坏个人的自由。个人可以在已经确定的法律规则之下，来追求他私人的目的和愿望。

第二，政府的自由裁量权应当被限制到最低程度。哈耶克认为，法治的基本点是很清楚的：留给执掌强制权力的政府机构的行动自由，应当减少到最低限度。按照现在流行的一般理论，就是要严格限制政府的自由裁量权，而且，一定要把自由裁量权限制到最低程度。按照哈耶克的逻辑，政府的自由裁量权越大，个人的权利空间就越小，个人自由就越没有保障。从这个角度来说，政府的自由裁量权与个体权利在数量上就形成了反比例关系。这里需要注意的是，哈耶克特别强调的是限制政府的自由裁量权，而不是政府的法定权力。这两种权力是有差异的。政府可以按照法律的规定享有较大的权力，甚至可以剥夺公民的人身自由，只要这种权力有法律上的明文规定，就没有问题。但是，如果政府"既可以这样，也可以那样"——如此大幅度的自由裁量权，就与法治背道而驰了。

第三，个人决定资源的使用目的。哈耶克认为，在法治的体制下，政府的行动只限于确定那些决定现有资源得以使用的条件，至于把这些资源用于何种目的，则交给个人去决定。哈耶克虽然没有进一步界定"使用资源的条件"和"使用资源的目的"，但他的基本意图还是清楚的：让个人来作出最后的决定。譬如，有一块土地，到底是用来种植粮食还是用来种植花卉，就应当完全交由个人决定，政府不能干预。这样的法治观念，回应了自由资本主义在经济上的要求。

第四，法律规则是预先制定的、针对不特定人的、指向未来的形式规则。这样的形式法律规则是人们实现个人目标的工具。而且，这样的形式法律规则不能带有倾向性，从长远来看，法律规则到底对谁有利是不可知的。这样的形式法律规则与罗尔斯设想的"无知之幕"①，具有很大的共通性。这样的形式法律规则意味着，法律规则的制定者无法把自己的特殊利益偷偷地塞进法律规则当中。按照这样的形式法律规则，马克思批判过的旨在维护林木占有者特殊利益的普鲁士林木盗窃法②，以及当代中国盛行已久的"部门利益法律化"现象③，都可以得到遏制。

第五，法治作为标尺，构成了自由国家与专制政府的分水岭。哈耶克认为，能否遵循法治，是衡量一个国家到底是自由国家还是专制国家的尺度，正是在这个意义上，法治是一个伟大的原则。据此，哈耶克将国家（以及政府）一分为二：自由国家与专制国家。恪守法治原则的是自由国家，抛弃法治原则的是专制国家。这是一种简明扼要的二元划分方式，也是一种理想化的划分方式，虽然省略了很多环节，但还是具有一定的

① 罗尔斯. 正义论. 何怀宏，等译. 北京：中国社会科学出版社，1988：136.
② 马克思恩格斯全集：第一卷. 北京：人民出版社，1956：135.
③ 喻中. 权力制约的中国语境. 北京：法律出版社，2013：171.

理论意义。

以上五个方面的内涵①，大致反映了哈耶克对于法治概念的理解。与中国学界流行的"法治是什么"的理论建构相比②，哈耶克的理路还是颇有特色的。尤其是他对个体本位的强调，深刻地体现了他的自由主义本色。而且，正是以这样的法治概念作为基础，哈耶克提出了两种不同的体制：一种是法治，亦即由个人自由地决定生产活动的永久性法律体制；另一种是专制，它处在法治的对立面，主要是由中央当局管理经济活动的体制。在哈耶克看来，专制的核心或实质，是中央当局管理经济活动。专制体制在经济上的表现形式是集体主义类型的计划经济。

二、计划经济如何销蚀法治

哈耶克认为，集体主义类型的计划经济必定与法治背道而驰，而且是法治的破坏力量。计划经济对法治的销蚀主要体现在以下几个方面。

第一，计划当局不能约束自己只限于给陌生人提供机会，不能使陌生人随心所欲地利用各种机会。由于所有的机会都是由计划当局控制的，计划当局可以决定某个机会归属于某个特定的个体。正是在这里，计划当局取消了法律规则，让法律规则不能发挥作用。

---

① 哈耶克. 通往奴役之路. 王明毅，等译. 北京：中国社会科学出版社，1997：73.

② 夏勇. 法治是什么？——渊源、规诫与价值. 中国社会科学，1999（4）.

第二，计划当局不能事先用一般的形式法律规则约束自己，以防止自己的专断。简而言之，计划当局不能约束自己。计划当局的专断几乎是不可避免的。

第三，当人们的实际需要出现时，计划当局必须预为准备，然后必须在人们的各种需要之间进行有意识的选择。这就不可能平等地对待人们的需求，计划当局的意志决定了谁的需要能够得到满足。

第四，计划当局必须经常地决定那些仅仅根据形式法律规则无法得到答案的问题，并在作出决定时，必须将不同的人的需要区分出尊卑轻重。哈耶克举例说，当政府要决定饲养多少头猪，运营多少辆公共汽车，经营哪些煤矿或按什么价格出售鞋子时，这些决定不可能从形式法律规则中推论出来，或者事先作出长期的规定。计划当局不得不对各种人、各个集团的利害逐个地予以比较权衡。最终必得由某个人的观点来决定哪些人的利益比较重要；这些观点也就必定成为国家法律的一部分，即政府强加于人民的一种新的等级差别①，这就必然导致人与人之间的不平等。

要避免这种后果，政府就只能订立适用于一般情况的规则，听任个人在那些以时间、地点等情况为转移的每一件事情上自由行动，因为只有与每一种情况有关的个人，才能最充分地了解这种情况，并采取相应的行动。如果要使个人在制订计划时能够有效地运用他们的知识，他们就必须能够预见可能影响个人计划的政府行动，政府就必须遵循形式法律规则。哈耶克由此得出的结论是，政府的计划越多，个人的计划就越困难。

---

① 哈耶克. 通往奴役之路. 王明毅，等译. 北京：中国社会科学出版社，1997：75.

第五，计划当局凭借的公平、正义信念并不可靠。哈耶克指出，由于计划工作的范围越来越广泛，就经常需要越来越多地参照什么是"公平的"或"合理的"来限定法律条款。这就意味着，有必要越来越多地把有关具体事件的决定委诸有关裁决人或计划当局去裁夺。人们可以根据这些模糊的原则被逐渐引入立法和司法的情况，根据法律和司法中越来越增加的专断和不确定性，以及由此而引起的对法律和司法的不尊重，写一部法治衰落、法治国家消失的历史。① 计划经济为什么销蚀法治，原因就在于，"计划必然要涉及对于不同的人们的具体需要予以有意识的差别对待，并允许这个人做一定要禁止另一个做的事情。它必须通过法律规则来规定，某一种人处境应如何富裕，和允许各种人应当有什么和做什么。这意味着实际上回到身份统治的局面，是'进步社会的运动'的逆转，这种运动用亨利·梅因爵士的有名的话来说，'到现在为止是一种从身份、地位转变到契约的运动'。其实，也许法治比凭契约更应当被看成是人治的真正对立物。正是在形式法律这一意义上的法治，也就是不存在当局指定的某些特定人物的法律上的特权，才能保障在法律面前的平等，才是专制政治的对立物"②。

第六，计划当局管理经济的法律也是对法治的销蚀。哈耶克认为，在过去的几个世纪里，法治面临严重的威胁。因为在人民主权和民主政治的影响下，立法者的权力没有限制，立法机关对政府的授权越来越多，政府按照这些授权管理经济的活动尽管有法律作为依据，但仍然不符合法治。"在一个有计划的

---

① 正是由于这个缘故，众多的法学家主张法律规则应当清晰，代表性的观点有：Joseph Raz. *The Authority of law*: *Essays on Law and Morality*. New York: Oxford University Press, 1979: 214-218。

② 哈耶克. 通往奴役之路. 王明毅，等译. 北京：中国社会科学出版社，1997: 78-79.

社会，法治不能保持，这并不是说，政府的行动将是不合法的，或者说，这样一种社会就一定是没有法律的。它只是说，政府强制权力的使用不再受事先规定的规则的限制和决定，法律能够（并且为了集中管理经济活动也必须）使那种实质上是专断的行动合法化。如果法律规定某一部门或当局可以为所欲为，那么，那个部门和当局所做的任何事都是合法的——但它的行动肯定不是在受法治原则的支配。通过赋予政府以无限制的权力，可以把最专断的统治合法化；而且一个民主制度就可以以这样一种方式建立起一种可以想象得到的最完全的专制政府来。"①

在哈耶克看来，计划经济的思想基础就是建构主义。按照建构主义的思路，"只要人类制度是为了实现人的目的而刻意设计出来的，那么它们就会有助于人之目的的实现；这种观点还常常认为，一项制度之存在的事实，恰恰证明了它是为了实现某个目的而被创造出来的；同时它还始终如一地主张，我们应当重新设计社会及其制度，从而使我们的所有行动都完全受已知目的的指导。对于大多数人来说，这些主张几乎都是不证自明的，而且也似乎构成了具有思考能力的人所值得采取的惟一的一种态度。然而值得我们注意的是，这些主张乃是以这样一种信念为基础的，它相信所有有助益的制度都是人之设计的产物，并且认为只有这样的设计才会使或者才能使这些制度有助益于我们的目的的实现。然而，此一信念却在很大程度上是一种谬误"②。哈耶克认为，这种谬误的哲学根源，就是笛卡尔的唯理主义，或者说是建构论的唯理主义。

哈耶克在此强调的计划经济对于法治的销蚀，能够得到当

---

① 哈耶克. 通往奴役之路. 王明毅，等译. 北京：中国社会科学出版社，1997：82-83.

② 哈耶克. 法律、立法与自由：第一卷. 邓正来，等译. 北京：中国大百科全书出版社，2000：2.

代中国学界的较多赞同。因为在中国的计划经济时代，确实是一个法治不彰的时代。20 世纪 80 年代以后，随着市场经济在中国的兴起，法治的理论与实践都得到了明显的提升。论证"市场经济就是法治经济"一度成为中国法学界的热门主题，一个比较普遍的看法是，法治与市场经济具有天然的联系①，计划经济则处于法治的对立面。这样的理论认知与哈耶克的观点具有较大的共通性，或者说，中国流行的主流观点已经受到了哈耶克的强烈影响。

三、形式法律对于法治的价值

在关于法治与计划经济的关系问题上，哈耶克反复提到形式法律（或形式规则）。他认为，对形式上的法律和实体性质的法律进行区分是很重要的，当然在实践中要精确地区分也是很困难的。但是，这两类法律规则之间的界限又是很明显的。打个比方：形式法律就好比道路使用规则，实体法律就好像规定人们向何处去。在这两种法律中，哈耶克认同形式法律的价值，贬低实体法律的意义。在哈耶克看来，只有形式法律才能支持法治。那么，到底何谓形式法律？为什么法治离不开形式法律？按照哈耶克的观点，形式法律对于法治的价值主要体现在以下几个方面。

第一，形式法律事先告诉人们，在某种情况下，政府将采取何种行动。形式法律用一般性的措辞加以限定，而不考虑时间、

---

① 文正邦. 论现代市场经济是法治经济. 法学研究，1994（1）. 刘海年. 现代市场经济与法治. 南京大学法律评论，1999（1）.

地点和特定的人。这就是说，形式法律具有普遍性。在形式法律面前，所有人都是平等的。形式法律拒绝对人进行区别对待。

第二，形式法律针对的是一种任何人都可能遇到的典型情况——在那种情况下，形式法律的存在将会对各种各样的个人目的都有用处。在形式法律之下，政府将按照确定的方式采取行动，或要求人们按确定的方式行事；形式法律提供相应的知识，目的在于使个人可以按照形式法律制订自己的计划。

第三，形式法律不偏不倚，没有倾向性，对谁有利无法预知。哈耶克说，我们并不知道这些法律规则的具体效果，并不知道这些法律规则将会有助于哪一种目的或者会帮助哪一种特定的人，它们只不过被赋予了一种大体上最有可能使一切受到它们影响的人们都能得到好处的形式。正因为我们事前无法知道谁会使用、在什么情况下使用这些形式法律规则，所以它们并不涉及在某些特定目的和某些特定的人们之间进行选择的问题。所谓不偏不倚，是指对一定的问题没有答案。"在一个每一件事都能精确预见到的社会中，政府很难做一件事而仍然保持不偏不倚。只要政府政策对某种人的精确的影响是已知的，只要政府的直接目的是要达到那些特定影响，它就不能不了解这些影响，因而也就不能做到不偏不倚。它必定有所偏袒，把它的评价强加于人民，并且，不是帮助他们实现自己的目标，而是为他们选择目标。只要当制定法律的时候就已经预见到这些特定影响，那么，法律就不再仅仅是一个供人民使用的工具，反而成为立法者为了他的目的而影响人民的工具。政府不再是一个旨在帮助个人充分发展其个性的实用的机构"，而是一个"把它对一切道德问题的观点都强加于其成员"的道德机构。①

---

① 哈耶克. 通往奴役之路. 王明毅，等译. 北京：中国社会科学出版社，1997：77.

法治反对利益指向明确的实体性法律规则，尤其反对针对特定的人制定的法律规则。而且，"法治就含有限制立法范围的意思，它把这个范围限于公认为形式法律的那种一般规则，而排除那种直接针对特定的人或者使任何人为了这种差别待遇的目的而使用政府的强制权力的立法。它的意思不是指每件事都要由法律规定，而是指政府的强制权力只能够在事先由法律限定的那些情况下，并按照可以预先知道的方式被行使。因此，特定的立法能够破坏法治"①。这种特定的立法，就是哈耶克所谓的实体性法律。

形式法律与实体法律的差异就是"法律"与"立法"的差异，形式法律与实体法律的二元观就是"法律与立法的二元观"。所谓"法律与立法的二元观"，是指"法律"与"立法"具有本质的区别。哈耶克说："早在人类想到自己能够制定或改变法律之前，法律已经存在很长一段时间了。那种认为人类能够制定或改变法律的观念的出现，不太可能早于古希腊时代，甚至就在那个时代，这种观点也因其他思想的发展而被淹没了；直到中世纪晚期，这一观点才重新凸显，并且逐渐赢得了较为广泛的赞同。这种信念在当下所盛行的形式乃是所有的法律都是、能够是、也应当是立法者随心所欲发明的产物；但是，这种观点在事实上却是一种谬误，亦即我们在前文中所讨论的建构论唯理主义的一个谬种。一如我们将在下文中所见的那样，那种认为所有的法律都是立法者意志的产物的整个法律实证主义观点，就是建构论所特有的那种意向论谬误的一个结果。它深陷于那些'人类制度设计理论'之中；而一如我们所知，这些设计理论与我们关于法律和大多数其他社会制度之进化过程

---

① 哈耶克. 通往奴役之路. 王明毅，等译. 北京：中国社会科学出版社，1997：83.

的知识是完全不相融合的。"[1]

　　按照哈耶克的二元划分，只有形式法律才是可接受的真正的法律，实体性的法律其实就是"立法"，它不过是建构论唯理主义结出来的一枚恶果。对于法治来说，实体法律或"立法"都是需要防范的消极因素。在当代中国的语境下，这种关于形式法律与实体法律的二元划分，其思维模式大致相似于程序性法律与实体性法律的二元划分。因为程序性法律相当于为所有人提供的道路使用规则或交通规则，实体性法律由于事关当事人的实体权利与实体义务，相当于"到何处去"的实体指引。可见，哈耶克对于形式法律的推崇，近似于中国学界对于程序主义的强调。[2] 不过，从实践来看，不偏不倚且没有任何倾向性的形式法律，即使存在，也很难说是一种普遍的法律现象。譬如我国的刑事诉讼法，如果完全采纳"米兰达规则"，赋予犯罪嫌疑人以沉默权，就有利于犯罪嫌疑人，不利于刑事追诉机关。如果完全杜绝一切方式的逼供，也会达到同样的效果。也许只有在民事法律中，法律关系中的权利主体与义务主体都是任意的，在这种情况下，哈耶克所期待的形式法律才可能出现。

四、法治导致经济上的不平等

　　如果说计划经济会销蚀法治，那么，反过来，法治对经济

---

　　[1]　哈耶克. 法律、立法与自由：第一卷. 邓正来，等译. 北京：中国大百科全书出版社，2000：115.
　　[2]　譬如，季金华. 宪法修改的程序性力量与程序机制. 政法论丛，2012 (5). 哈贝马斯. 在事实与规范之间：关于法律和民主法治国的商谈理论. 童世骏，译. 北京：商务印书馆，1993：329.

的影响是什么？哈耶克的回答是：法治会导致经济上的不平等。与当代中国一些人的预期不同，法治并不会导致经济上的平等，法治的必然结果是经济上的不平等。哈耶克从多个方面论述了这个判断。

第一，在法律面前的形式上的平等，是和政府有意识地致力于使各种人在物质上或实质上达到平等的活动相冲突，并在事实上是不相容的。而且，任何旨在实现公平分配的政策，必定会导致法治的破坏。这就是说，法治并不追求实质上或结果上的平等，尤其反对公平的分配。

第二，要让不同的人获得同样的结果，必须给予他们不同的待遇。给予不同的人以同样客观的机会并不等于给予他们以同样主观的机会。譬如说，要让两个速度不同的人同时跑到终点，那就必须让速度较慢的人提前起跑，这样做是没有必要的，没有必要让两个人同时跑到终点。

第三，"法治产生经济上的不平等——关于这一点唯一的解释就是这种不平等并不是为了要用特定的方法影响特定的人们而设计出来的。很重要而又很典型性的是，社会主义者常常反对'纯粹的'形式上的公平，他们常常攻击那种对于某些人应当多么富裕不表示态度的法律，他们总是要求'法律的社会化'，攻击司法的独立，同时支持所有像'自由权利学派'那种破坏法治的运动。"① 这就是说，经济上的不平等是法治自然产生的一个结果，并不需要刻意去追求，更不必加以防范或救济。只要实行法治，经济上的不平等就是不可避免的。

第四，法治承认私有财产。哈耶克强调，要使法治生效，就应当毫无例外地适用规则，因为规则可以让我们能够正确地

---

① 哈耶克. 通往奴役之路. 王明毅，等译. 北京：中国社会科学出版社，1997：79-80.

预测别人的行动，这就要求它适用于一切情况，即使在某种特殊情况下，我们认为它没有道理时，也要适用它。但是，正是这种在法律面前形式上的公平与平等，与试图实现实质上的公平和平等之间形成了冲突。譬如，有些人的私有财产很多，他们过多的私有财产在另一些人看来，就造成了实质上的不公平、不正义。但这是法治的必然结果，因为私有财产是任何人根据同样的规则都可以获得的，因为某些人在取得财产方面成功了，就把私有财产本身看作是一种"特权"，那就使特权这个词失去了它的意义。

第五，法治在经济上的特定影响不能预见。这里的"特定影响"，主要是对人们的私人财产占有状况的影响。这并不意味着政府无为。哈耶克说，"认为自由主义的典型态度是政府的无为"，是"一个关于自由主义制度本质的糊涂观念"。因为"每一个政府当然必须有所作为，而政府的每一个行动都要干涉这样或那样的事。但这并非问题的关键。重要的问题是个人能否预见到政府的行动，并在制定自己的计划时，利用这种了解作为依据"[①]。因此，在哈耶克看来，政府的积极作为并不与法治相冲突，关键在于政府的行为是否遵循了形式法律，能否为公众所预见。而且，政府所遵循的形式法律并不偏袒或损害任何特定的个人。

法治必然导致经济上的不平等，作为哈耶克法治思想的一个支点，表明哈耶克反对"福利法治"，因为"福利法治"是一种追求实质平等的法治观念。哈耶克强调法治与经济结果上的不平等之间的天然联系，意味着他主张的法治是自由资本主义的法治。这样的法治观念，倾向于强调人的个体属性，忽略人

---

① 哈耶克. 通往奴役之路. 王明毅，等译. 北京：中国社会科学出版社，1997：81.

的群体属性，而且把所有人都看作是无差别的个体，不必在群体中区分老人、妇女、儿童、残疾人、精神病人、失业者、贫困者等各种各样的情况。所有人都在同一个起跑线上，所有人都遵循同样的比赛规则，至于跑得快慢，能否跑到终点，就是个人的事了。这种法治观念及其实践，虽然在 17 至 19 世纪非常盛行，但是到了 20 世纪以后，已经落后于法治发展的脚步了。因为在 20 世纪以后，"福利法治"不仅是一种流行的法治观念，而且已成为一种普遍的法治实践了；各个国家的宪法和法律既承认"普遍而平等的人"，同时也承认因各种原因导致的"愚而弱的人"，各个国家对种种"愚而弱的人"进行特别的法律扶持，对他们进行倾斜性的保障，这已经成为一种常态。①从这个角度来看，哈耶克有意张扬的"法治必然导致经济上的不平等"的观念，其实是在为一个已经过去的时代表达某种追忆。

五、结论及延伸性讨论

对于哈耶克的法治思想，西班牙学者德索托有一个很好的概括，他说："哈耶克在经济理论领域及其在法律和政治理论领域的贡献之间存在着明显的逻辑关系和统一性。实际上，在哈耶克看来，计划经济是建立在通过一系列的强制命令从而对人的行为进行系统的、制度性的侵害之上，因此它将导致传统的法律概念的消失，这种法律概念被理解为一套具有一般性（平

---

① 喻中. 宪法社会学. 北京：中国人民大学出版社，2016：137-158. 星野英一. 私法中的人. 王闯，译. 北京：中国法制出版社，2004.

等地适用于所有人）和抽象性（它们只为个体行为建立一个大的框架，而没有对社会过程的任何具体结果进行预测）的规则。这样，实质性的法律就被虚假的'法律'所取代，后者是由具体地规定每个人该如何行动的管理命令、规则和命令的集合构成的。因此，在某种程度上，随着经济干预主义的蔓延和发展，传统的法律就不再作为个体行为的标准，其角色被源于统治主体（无论是否民主选举的）的强制性命令所取代，哈耶克称后者为'立法'（legislation），以与一般的'法律'概念相区分。因此法律失去了它实际运作的空间，而被局限在那些尚未完全陷入干预主义统治直接影响的领域（不论受管制与否）当中。"①

　　根据这番概括以及上文的叙述，我们可以发现，哈耶克的法治思想其实并不复杂。哈耶克驳杂的法治理论叙述，其实可以归结为几个要点：第一，哈耶克的法治思想与他的经济理论是浑然一体的，不可截然分开，因此，应当从经济的角度来理解他的法治思想。第二，计划经济通过一系列的强制命令，对人的行为进行了强有力的控制，这种强制命令以"立法"的形式取代了真正的"法律"，让真正的法律无从发挥作用，因而计划经济是对法治的破坏。第三，在计划经济及其"立法"的控制下，没有法治可言，只有驱逐了计划经济，只有把"立法"占据的地盘让给"法律"，才有法治，才有自由。第四，法治意味着"法律"、市场经济与自由，三者是联成一体的，甚至是同一个事物的不同侧面；"立法"、计划经济、专制是另一个事物的不同侧面，它们都处于法治的对立面。这就是哈耶克法治思想的精髓。

---

　　① 德索托. 奥地利学派：市场秩序与企业家创造性. 朱海就，译. 杭州：浙江大学出版社，2010：102.

该如何评价哈耶克的法治思想呢？在持自由主义立场的人士看来，哈耶克是自由主义的大师，是自由主义的主要代言人与经典作家，哈耶克的著作堪称自由主义的圣经。因此，哈耶克对于计划经济、"立法"的批判是一种十分卓越的见解。我承认，哈耶克对计划经济的批判是有道理的，计划经济确实有它的弊端。但是，哈耶克的法治思想也存在若干值得注意的方面。

一是哈耶克拒绝认同"人为"的、"建构"的"立法"，全面地否定了"立法"、政府干预、强制性命令。这种思想观念尽管曾经盛行一时，但就现在看来，很大程度上只是一种乌托邦式的理想、虚构。在当今世界的任何国家，"人为"的立法、政府的命令都是必不可少的。20 世纪 30 年代的"罗斯福新政"就是政府干预经济的产物。即使在英美这样的强调自然演进的判例法国家，"人为"的"立法"也越来越多。譬如，美国的统一商法典就是典型的"立法"。而且，20 世纪以来的政治、法律实践足以表明，全面否弃"立法"的主张是不可行的，也是不必要的。与此同时，哈耶克把人为的"立法"与自发的"法律"对立起来，认为自发的法律是自然演进而成的，严格说来，这也是一种谬误。因为没有人的创造性的作为，就不可能有文明的法律，任何一种达到文明高度的法律都是"人为"的。即使是在原始部落中，其流行的习惯、习俗与禁忌也需要由某个权威人物来表述，完全放逐"人为"，否弃"立法"，只能导致一片茫然无序的混沌，就像《庄子·应帝王》篇中讲的那个中央之帝"浑沌"——"南海之帝为儵，北海之帝为忽，中央之帝为浑沌。儵与忽时相与遇于浑沌之地，浑沌待之甚善。儵与忽谋报浑沌之德，曰：'人皆有七窍，以视听食息，此独无有，尝试凿之。'日凿一窍，七日而浑沌死。"

二是如果说法律、秩序都是自发形成的，那么，换个角度来看，中国现行的制度也是自发形成的。中国曾经实行的计划经济，从流行的观点看来，似乎是当时的主政者主观建构的结果，是当时的主政者在价值上偏爱计划经济的结果。当然有这方面的因素，但问题并非如此简单。我们认为，当时的主政者选择什么样的经济制度，并不完全是主观选择、主观想象的结果；在相当程度上，其实是当时的各种限制性条件综合约束的产物。在1949年以前的战争年代，如果不实行供给制的军事共产主义，共产党领导的政权将会产生更高的运行成本，将会导致更低的运行效率。无论就财力还是就人才来说，那都是当时的政权不堪承受的。1949年以后，中国迅速采取了计划经济体制，在主流的观点看来，这是主观上学习苏联计划体制的结果。当然有这样的因素，但是，新政权面临的政治环境、军事环境、经济状况，以及长期革命过程中形成的对计划体制、供给制的路径依赖，才是新政权选择计划体制的根本原因。按照哈耶克的"法律"与"立法"的二元划分，1949年以后的中国实行的当然是计划经济体制，但从另一个层次来看，这样的经济体制，这种注重政府干预、注重"立法"的体制，不正是"自发"形成的吗？当时的主政者独立自主地选择了那样的体制，不正是"自发社会过程"的结果吗？相反，像韩国、日本那样，在美国占领军的强制干预下，转向了美国式的经济体制，这个过程到底是"自发"的过程，还是"计划""建构"的结果呢？

哈耶克从经济学起步，最终走向了法学、政治哲学的广阔空间。他看到了计划经济、计划体制对于个体的干预与支配，看到了法律创制过程（"立法"）包含的某些消极因素、负面因素，特别是他强调法律应当自然而然地形成，不能仅仅依据立法者的主观想象，诸如此类的法治思想，都是有价值的。但与此同时，我们也应当看到哈耶克法治思想中极端性、片面性、简单化、理想化之弊端。因为在"立法"与"法律"之间，并没有一条清晰的楚河汉界，很多"立法"正是对"法律"的表达，很多"法律"如果不借助于"立法"过程，是无法显现出它的"真身"的。应该看到，计划经济体制与自发的社会过程也是交错在一起的，"国家计划委员会"当然是计划经济体制的象征，但是从更高的层面来看，在社会演进的过程中，"国家计划委员会"本身其实也是"自发"产生的。因此，从更高、更宽的视野来看，哈耶克从计划经济与法律相互关系的角度论述法治思想，主要是在一个相对狭小的空间里，表现出一定的洞察力。他对社会主义的批判，其实并没有太突出的原创意义。他在东西方世界获得的巨大声誉，在一定程度上也是两种不同的意识形态并存、竞争的产物。基于这样的原因，我们应当承认，哈耶克在思想史上享有一定的地位，但也不大可能占据太高的思想地位。

原刊《烟台大学学报》2016年第6期

第九章 欧肯

欧肯是弗莱堡学派的代表人物，欧肯的法律经济学思想是他的思想体系的重要组成部分。欧肯从经济秩序的特征出发，论证了经济秩序的两种形成机制。其中，早期的经济秩序是自然生长而成的，近现代的经济秩序是根据经济宪法设立而成的。所谓经济宪法，是指对一个共同体经济生活秩序的总决定。经济宪法与经济秩序之间虽然有密切而复杂的关系，但经济秩序常常会偏离经济宪法的规定。欧肯从经济宪法与经济秩序相互关系的角度阐述的法律经济学思想，对当代中国的法律理论和法律实践，具有启示意义。

瓦尔特·欧肯（Walter Eucken，1891—1950）是德国弗莱堡学派的代表性学者，弗莱堡学派则是后来流行的以布坎南为代表的宪法经济学的先驱。欧肯生于耶拿，其父鲁道夫·欧肯是著名哲学家。在早年的求学生涯中，欧肯受到了德国历史学派的影响。① 从 1927 年开始，他一直担任弗莱堡大学的经济学教授。第二次世界大战以后，欧肯还担任过联邦德国政府经济部咨询委员会委员。1950 年，欧肯应伦敦大学之聘赴英讲学，当年 3 月 25 日病逝于伦敦。欧肯留下来的主要著作包括：《资本理论研究》（1934 年）、《国民经济学基础》（1940 年）、《经济政策的原则》（1952 年）等。在这一系列论著中，欧肯阐述了一种以秩序为核心的经济理论。

从总体上看，欧肯的经济理论具有强烈的现实针对性，正如他在《国民经济学基础》一书的英文版序言中所言："集中的计划、各种充分就业政策、新形式的经济危机和异常迅速地变化着的日常经济生活中的各种事实，都在强迫经济学家们再一次向自己提出这样的问题：怎样才能把握现实的经济世界。"② 正是为了有效地把握"现实的经济世界"，欧肯不仅拓展了经济理论，而且提出了有创见的法律理论，尤其是在经济与法律的交叉地带，着眼于经济秩序与经济宪法之间的复杂关系，论述了颇具启示意义的法律经济学思想。即使是在半个多世纪以后的今天，他的法律经济学思想依然蕴含着值得挖掘的价值与意义。

---

① 德国经济学中的历史学派诞生于 19 世纪 40 年代，代表人物有罗雪尔、克尼斯、施穆勒等。历史学派反对古典学派经济学家们的研究范式，认为古典学派的理论前提是片面的，忽略了精神、道德对人的经济行为的影响。历史学派认为法律、国家、文化也是经济分析的前提。历史学派把自己的方式称为"历史的方法"，认为经济学应当研究各个民族经济发展的特殊道路，这样的经济学才是有价值的。恰如罗雪尔所言："历史方法……所能提供、并且必须提供的东西，正有点像组织学和生物学在今天对生物学所提供的那样的东西。"罗雪尔. 历史方法的国民经济学讲义大纲. 朱绍文，译. 北京：商务印书馆，1981：9.

② 欧肯. 国民经济学基础. 左大培，译. 北京：商务印书馆，2010：5.

一、经济秩序的特征

弗莱堡学派即德国的新自由主义学派，这个学派有一个总体性的思想内核，那就是秩序自由主义。① 这个学派认同自由主义，但也强调秩序的价值。把这样的思想与理念运用于经济研究，"经济秩序"自然就成为一个核心概念。经济秩序作为整个弗莱堡学派所秉持的核心概念，当然也是其学术领袖欧肯再三致意的基本范畴。因此，要理解欧肯的经济思想特别是他的法律经济学思想，首先必须理解他对经济秩序的认知。

那么，经济秩序是什么意思呢？在《经济政策的原则》一书中，欧肯（亦译为"欧根"）说："一个国家的经济秩序是由企业和家庭在其中相互结合、各自实现的形式整体构成的。这就是经济秩序的定义。"② 这是欧肯对经济秩序的解释。这个定义包含两个方面的信息：一是企业与家庭构成了经济关系的主体，经济秩序主要是企业与家庭在相互交往的过程中形成的。在这里，欧肯没有强调个人，也许他认为，在经济关系中，家庭比个人更重要；家庭是经济关系、经济交往的基本单位，个人则不是。二是欧肯强调经济秩序是"一个国家"的经济秩序。国家既限定了经济秩序的范围，也会在相当程度上塑造经济秩序的形态。这一点可以解读为：经济秩序是"国家在场"的经

---

① 欧肯本人就是秩序自由主义的代表人物。所谓秩序自由主义，在于强调秩序与自由的并重。强调自由，主要在于强调自由竞争；强调秩序，主要在于强调人类尊严的存在条件，亦即强调社会保障。在相当程度上，秩序自由主义是自由主义与社会民主主义融合的产物。

② 欧根. 经济政策的原则. 李道斌，译. 上海：上海人民出版社，2001：27.

济秩序。这种对于"经济秩序"的理解与那种主张"国家是一种必要的罪恶"的观念①，具有明显的区别。

　　欧肯关于经济秩序的阐释，当然不止于一句简单的定义。事实上，他的经济理论，甚至都可以缩减成为经济秩序理论；或者说，他的经济理论的主要内容就是经济秩序理论。因而，在他的《国民经济学基础》一书的第二篇，还可以看到他对经济秩序的进一步阐述。② 归纳起来，欧肯所说的经济秩序具有以下几个方面的特征。

　　第一，经济秩序是经济活动的平台。如果没有某种经济秩序，经济活动是无法展开的。欧肯认为，任何时代、任何地方的经济，都处于某种经济秩序的范围内。他指出，无论是古埃及的经济、古罗马的经济、中世纪法兰西的经济，还是今日德国的经济，甚至任何时代、任何地方的经济，每一个农民、地主、商人、手工业者、工人，以及其他一切人的任何经济计划、任何经济活动，都发生于某个经济秩序的范围内，并且只有在当时的这个秩序的范围内才有意义。经济过程总是通过一定的形式，在历史给定的经济秩序之内运行的。历史上给定的、实证的某些经济秩序可能是坏的；但是，没有秩序根本就不能进行经济活动。这就是说，经济秩序提供了经济活动的舞台。特定的经济秩序既是经济活动展开的前提条件，同时也会对经济活动构成限制。对经济活动的理解，不能只看到农民、商人等

_____

　　① 波普尔. 猜想与反驳. 傅季重，纪树立，译. 上海：上海译文出版社，1986：499. "国家恶"表达了一种消极的政治观。美国的潘恩也表达了这种"国家恶""政府恶"的政治观，他说："可是政府呢，即使在其最好的情况下，也不过是一件免不了的祸害；在其最坏的情况下，就成了不可容忍的祸害；因为，当我们受苦的时候，当我们从一个政府方面遭受那些只有在无政府的国家中才可能遭受的不幸时，我们由于想到自己亲手提供了受苦的根源而格外感到痛心。"潘恩选集. 马清槐，等译. 北京：商务印书馆，1981：3.

　　② 欧肯. 国民经济学基础. 左大培，译. 北京：商务印书馆，2010：89-99.

各种主体的活动，同时还要看到整体性的经济秩序。

第二，经济秩序具有流变性，始终处于流变的过程中。欧肯告诉我们，有些人在观察一个蚁群时可能已经提出了有关秩序的问题，然而，在有秩序的一群蚂蚁和人类的经济秩序之间存在巨大的区别。这些区别之一是：蚁群有一种不变的秩序，但是人类的经济秩序却是流变的。如果有人在 1700 年左右鸟瞰德国并且问道，人们置身于其中的经济秩序是什么样的，那么，他就会得到一个与今天的观察者完全不同的答案。同样，如果今天有人先察看并问到中国，然后再察看并问到德国，他也会得到不同的答案。在这里，欧肯一方面强调了经济秩序在时间维度上的变迁，不同的时代有不同的经济秩序；同时也强调了经济秩序在空间维度上的差异——德国、中国以及任何国家的经济秩序都是不同的。概括地说，任何经济秩序都是特定时空条件下的经济秩序。因此，要注意时间、空间对经济秩序的规定与约束。正如中国学者所说，经济总是"以时间和空间作为自己存在的形式"①。

第三，经济秩序有不同的模型，实际上这是对经济秩序进行了类型化的处理。欧肯的提问方式是：到底是一个中心在控制那些运行着的日常经济生活，还是为数众多的个体在作出自己的决定？欧肯的意思是，谁在作出经济决定？是一个权力中心在控制着所有的经济活动，还是众多分散的个体在分别作出各自的决定？不同的经济决策方式，塑造了不同类型的经济秩序。欧肯观察到的情况有以下几种：（1）如果经济秩序是由小的、自给自足的、独立的、各自隶属于一个集中领导的经济（例如家庭经济）组成的，那么，这个经济秩序的整体就是多个小的、集中领导的经济并存的结果。欧肯认为，这样的经济秩

---

① 于光远. 经济形式与时间空间. 自然辩证法研究，1993（11）.

序在 1900 年前后的中国某些地方很常见。（2）经济秩序也可以
是较大范围内集中管理的经济生活，譬如中世纪早期的庄园经
济。（3）许多个别的经济主体独立地提出计划，作出决定，但
却相互依赖，在经济上相互联系——1900 年前后的德国就是这
种形态。除此之外，欧肯还指出，就集中与分散的极端状况或典
型状况来看，在 1940 年的俄国经济秩序中，集中领导是占据统
治地位的特征；但在美国，自由的契约关系则居于支配地位。欧
肯的这种划分，展示了经济秩序的多种类型。分类的标准，主要
是经济决策权的集中程度或范围大小。决策权最为集中的经济秩
序，就是一个权力中心控制了整个国家的经济活动；决策权最为
分散的经济秩序，就是所有的经济活动都由独立个体来决策。不
过，这两种情况都不常见，大多数经济秩序都处于这两种状态之
间。而且，这两种极端状态之间的经济秩序也是多样化的。

　　第四，经济秩序是若干局部秩序的汇合。欧肯发现，在所
有国家的农业、工业和交通中，过去和现在总是有一些局部的
秩序。譬如，劳动关系在不同的地方表现出不同的秩序关系，
货币制度中也呈现出不同的秩序关系。各种局部的经济秩序总
是互相交错的，它们共同构成了整体性的经济秩序的不同环节，
这种整体秩序也就是一个时代的经济秩序——比如，今日法国
的经济秩序，或者是 11 世纪拜占庭的经济秩序，等等。欧肯的
观点意味着，研究者既要看到局部的经济秩序，更要看到整体
的经济秩序。欧肯强调指出，个别的德国工业家或手工业者或
农民，可能熟悉他自己所处的那一部分德国今日的经济秩序，
但是他不知道而且不能知道德国的整个经济秩序。个别的从事
经济活动的人生活在他的经济环境之中，他对这种环境的形式
能够获得一个印象，但是，他的这个环境在现代经济秩序的巨
大建筑中仅仅是一个很小的房间。欧肯的这番提醒告诉我们，
对经济秩序的认知，一定要走出"盲人摸象"的困境，要多侧

面、多层次地理解经济秩序，要形成对于经济秩序的整体把握。

第五，经济秩序需要从内部结构上予以认知。欧肯发现，即使对我们生活于其中的今天的经济秩序，也不容易看得清。欧肯举例说，如果问起威廉二世时代德国的经济秩序，回答通常是：当时"资本主义"在德国占统治地位。但是，这样的回答并没有告诉我们有关经济的秩序结构的任何东西。倘若有人进一步回答说：自由放任占统治地位。这样的回答也没有说出什么东西。存在着某一种秩序，尽管是一种国家没有一直塑造到各个细节的秩序。但是，无论如何它是一种结构性的秩序，"自由放任"一词没有描述出这种秩序。那么，能否用"自由的市场经济"来概括？欧肯说，这个回答也不充分。虽然存在契约自由，但在契约自由的范围内却形成了种类极不相同的秩序形态，从完全竞争一直到单方面的垄断，都属于"自由的市场经济"。那么，威廉二世时代的秩序形态到底是什么样的？"自由的市场经济"一词没有告诉我们有关这种秩序形态的任何东西。可见，"自由的市场经济"是一个粗略的、简化的，因而也是不恰当的名称。因此，欧肯希望精确地说明各个部分的秩序，并且指明，各个部分的秩序如何相互连接成一个总的秩序。而且，由于分工联系着全部经济过程，一个专门领域中的部分秩序绝不可能独立存在。因此，必须在全部秩序的范围之内理解一个局部领域的秩序，这是科学研究的任务。欧肯的经济理论特别是其中的法律经济学理论，就是为了回答这个问题的。

二、经济秩序的形成机制

在经济秩序的视野中，可以看到两种不同的经济：一种是集中领导的经济，另一种是交换经济。欧肯认为："标志着'集中领导的经济'的经济体制是：根据一个中心地方的计划来控制一个共同体整个的日常经济生活。然而，如果社会经济由两个或者多个个别经济构成，其中的每一个都提出并执行经济计划，那就存在着交换经济的经济体制。"① 欧肯在此所说的两种经济，大致可以对应于我国通称的计划经济与市场经济。不过，在现实生活中，无论何时何地都不存在一种单一的、纯粹的经济类型，现实生活中的经济秩序常常是由这两种经济体制的某些类型所组合而成的。欧肯把他那个时代的资本主义经济看作"交换经济"或"市场经济"的一种形式。但与此同时，欧肯也注意到，当时的"交换经济"或"市场经济"由于垄断组织的形成，自由价格无法实现，自由竞争得不到保障。对于这种情况，欧肯主张国家有责任去组织、形成一种每个人都能在其中充分发挥积极性、创造性的自由经济秩序。

　　然而，自由的经济秩序并不是自发产生的，恰恰相反，自由的经济秩序是国家干预的结果。因而，国家不干预经济，并不能导致自由的经济秩序。对此，欧肯有一段简洁而有力的论述。他说："何处存在自由放任经济政策？通常的回答是：它存在于国家不干预经济的时代。对历史事实略加观察便可证明，上述回答是错误的。恰恰在自由主义的政策阶段，国家提出和制定了有关财产、契约、公司、专利法等等的严格法律。每个企业和家庭在这样一个国家确定的法制规范框架中从事日常活动，发生买卖、信贷或者其他信贷活动。——在这种情况下怎么可以谈论'国家不干预经济'呢？"② 这个反思性的评论告诉我们，"集中领导的经济"固然是国家主导的结果，近现代的

---

① 欧肯. 国民经济学基础. 左大培，译. 北京：商务印书馆，2010：130.
② 欧根. 经济政策的原则. 李道斌，译. 上海：上海人民出版社，2001：34.

"交换经济"或"市场经济"其实也是国家干预的结果。那么，经济秩序是怎么形成的呢？在欧肯的视野中，经济秩序的形成有两种主要的机制："生成的"经济秩序与"设立的"经济秩序。所谓"设立的"经济秩序，即是以理性的"秩序原则"为基础建构起来的经济秩序。让我们先看"生成的"的经济秩序，因为它率先产生。

欧肯从历史经验中注意到，大部分经济秩序生长于历史形成的过程中，或者说，是自然而然地形成的。相比之下，只有少数经济秩序是根据国家全面的秩序计划建立起来的。在古代、在中世纪早期和晚期、在近代的最初几个世纪，以及在欧洲以外的各个文化圈中的各种经济秩序，通常都是自然"生长成的"秩序。

欧肯发现，在经济秩序的自然生长过程中，那种为全部秩序而贯彻某些一定的经济秩序原则的意愿，通常不是决定性的。经济秩序常常是在当时的自然环境的范围内，在外交和国内政策以及经济事件的过程中，在没有全面的秩序计划的情况下发展起来的。虽然古代和近代的许多国家、中世纪的许多城市都通过它们的经济政策影响过它们的经济秩序的建立，可是这些地方的经济秩序仍然是"生长成的"秩序，因为这样一些干预通常不是出于一个整顿整个经济或局部领域（如农业、手工业、工业、货币制度）的秩序的全局性的计划；相反，它们是在某些眼前的国内政策或外交的争论中被推动的。它们根据各自的具体情况而产生。换言之，这种对经济秩序的影响并非事先刻意安排的结果，而是偶然形成的，是特定情势下的产物，甚至是各方进行权力斗争的结果。例如，如果中世纪的城市通过价格政策措施改变了以前的经济秩序，那么这常常发生于各种权力斗争的过程中，或者是为了消除某些弊端，但并不是按照实施一种事先周密考虑过的秩序（例如为城市的全部手工业）的意图而发生的，而是自然生成的。正是因为中世纪城市中的经济秩序主要是自然"生成的",法律史家伯尔曼才指出,中世纪的"城市法首先被看作是以习惯为基础的","早期的城市经济活动通常是一方面由习惯法、另一方面由行会规则来严格调控的"①。与这样的习惯法以及行会规则对应的经济秩序,就是欧肯所说的"生成的"经济秩序。

　　与"生成的"经济秩序形成对应的是"设立的"经济秩序。所谓"设立的"经济秩序,是以主观建构的"秩序原则"作为基础的经济秩序。欧肯说,只有在少数历史场合,经济秩序的创立才以某些一般的、理性地想出的"秩序原则"为基础。经济秩序的原则是人们事先确定的,这些主观建构的"秩序原则"应当适用于整个经济领域或部分经济领域。欧肯认为,这种用"秩序原则"来建构经济秩序的情况主要流行于 18 世纪到 19 世纪前半期。在这个时期,出现了一系列"秩序原则",它们对当时的经济秩序作出了重新安排。按照欧肯的归纳,从 18 世纪到 19 世纪前半期,出现了三个主要的秩序原则,它们分别是私有制、契约自由和竞争。这些原则是人们以对日常经济活动的全部联系的认识作为依据,总结出来的原则。人们根据这些原则建立了良好的竞争经济。这些由人们主观建构的原则,就是经济宪法的基本原则。②

　　根据欧肯的这些叙述,我们可以得出这样一个推论:在"生成的"经济秩序中,没有经济宪法;只有在"设立的"经济秩序中,才出现了经济宪法。换言之,经济宪法是"设立的"经济秩序的前提,这样的经济秩序是由于经济宪法的创立而产生的。正是在分析经济秩序的产生机制的过程中,欧肯论述了

---

① 伯尔曼. 法律与革命:西方法律传统的形成. 贺卫方, 等译. 北京:中国大百科全书出版社, 1993:482.

② 欧肯. 国民经济学基础. 左大培, 译. 北京:商务印书馆, 2010:91-92.

经济宪法的概念。那么，何谓经济宪法？

三、经济宪法的概念

在学术史上，经济宪法一般是指：规范经济活动的法律和机构安排的总和。① 虽然欧肯对经济宪法这个概念再三致意，但是，据我国学者考证，这个概念最初却是他的学术同道弗兰茨·伯姆提出来的。②

在欧肯的理论脉络中，经济宪法是形成经济秩序的一种较为晚近的机制。为了解释这个概念，欧肯简明扼要地指出："我们必须把经济宪法理解为对于一个共同体的经济生活的秩序的总决定。"③ 既然是一个"决定"，就意味着经济宪法是一个共同体的代言人主观建构的结果。在此基础上，欧肯从几个不同的角度，论述了对于"经济宪法"的理解。

第一，经济宪法是关于一个共同体经济生活秩序的总决定，但是，在这个总决定之下，还有一些局部的关于经济秩序的决定，譬如关于货币制度的决定。欧肯把这些局部的决定称为局部宪法。

欧肯认为，关于货币制度、关于农业或者关于劳动关系的宪法，都是经济宪法的组成部分。可见，在欧肯的理论体系中，"宪法"是一个相对宽泛的概念。当然，指向经济领域、规范经

---

① 阿尔弗雷德·席勒，汉斯·克吕塞尔贝格. 秩序理论与政治经济学. 史世伟，等译. 太原：山西经济出版社，2006：1.
② 徐秀义，韩大元. 宪法学原理：上. 北京：中国人民公安大学出版社，1993：206.
③ 欧肯. 国民经济学基础. 左大培，译. 北京：商务印书馆，2010：92.

济秩序的经济宪法，确实代表了现代世界宪法发展的一个方向。在理论学说中，布坎南就在宪法经济学的立场上论述过"税收宪法"①。20 世纪以来的宪法文本，都有关于经济方面的规定。在当代中国的宪法文本中，也有关于农业或劳动关系的原则性、纲领性规定②，它们亦可以归属于经济宪法的范围。因而，在经济宪法这个框架下，存在若干局部性的经济宪法，这是一种常态。在这里，欧肯虽未言明，却在实际上阐述了"经济宪法体系"这个问题。从经济宪法对经济秩序的影响来看，经济宪法体系可以对应于经济秩序体系，至于局部的经济宪法，则可以对应于局部的经济秩序或经济秩序的某一侧面。

第二，欧肯从经济实践出发，发现了一个常态性的特征：经济宪法与经济秩序不可能完全吻合。

在经济发展过程中，当经济宪法想要设立某种经济秩序，或者要设立某种局部的经济秩序时，在各种经济宪法的基础上发展起来的经济秩序，实际上并不符合或不完全符合经济宪法的各种基本思想或各种预先设定。在 19 世纪末、20 世纪初，这种情况尤其明显。虽然根据大部分现代的经济宪法原则，应该实行私有制、契约自由和竞争，但是，在经济宪法的基础上出现的各种实际的经济秩序，却日益远离了经济宪法的诸原则。例如，在工业中，契约自由越来越被用于通过卡特尔协定来消除存在着的竞争。因此，在像煤和铁这样的重要经济领域中，竞争的秩序原则在相当大的程度上被实际的发展销蚀了。

---

① 布伦南，布坎南. 宪政经济学. 冯克利，等译. 北京：中国社会科学出版社，2004：201.

② 譬如，我国现行《宪法》第 8 条规定："农村集体经济组织实行家庭承包经营为基础、统分结合的双层经营体制。农村中的生产、供销、信用、消费等各种形式的合作经济，是社会主义劳动群众集体所有制经济。参加农村集体经济组织的劳动者，有权在法律规定的范围内经营自留地、自留山、家庭副业和饲养自留畜。"

契约自由的原则一再被用于改变各种市场形式，并制造出新的支配性权力。与经济宪法的预期相反，契约自由的竞争秩序并没有实现，根本的原因在于垄断，是垄断销蚀了自由竞争的秩序。

欧肯还给我们举了一个例子：观察英国货币制度的秩序。1844 年的皮尔银行法是一个经济宪法的法律文件，它想在货币领域中贯彻某些确定的、理论上精确地深思熟虑过的秩序原则：信用货币的创造集中于一个垄断性的中央银行，以及把信用货币的发行基本上限制于收购黄金。在这个经济宪法的基础上形成了英国货币制度的一种实际的秩序。这种实际的经济秩序虽然受到了皮尔银行法这一经济宪法的影响，但是，实际的秩序却显得与皮尔银行法的设计者们所设想的并不一样。因为皮尔银行法的设计者们基本上只想到了银行券货币，而没有想到转账货币。就在这里，形成了一种实际的经济秩序，其特征是：发行银行和私营信贷银行通过信贷途径以转账货币的形式来创造货币，通过钳子一样相互配合的贴现和公开市场政策来调节信用货币的数量，并且由此通过英格兰银行来控制英国的货币市场——这完全超出了皮尔银行法这一货币宪法所预先规定的方式。欧肯指出的这种情况表明，深思熟虑的经济宪法可以规范、影响、塑造经济秩序，但是，实际的经济秩序并不必然符合经济宪法的设想，经济秩序偏离经济宪法的指向是一种常态。

第三，经济宪法充当了"生成的"经济秩序与"设立的"经济秩序走向分野的标志。

欧肯着眼于历史变迁，发现"生成的"经济秩序在历史上曾经占据统治地位；但是，"设立的"经济秩序在较近的时代里却处于更为显著的地位。因为现代的工业化世界不容许它的秩序放任地生长。正是在这种背景下，经济宪法应运而生。

经济宪法虽然可以对应于"设立的"经济秩序，但是，如

前所述，欧肯注意到，现代的各种经济秩序却与经济宪法的各
种秩序原则不相适应。经济宪法与经济秩序之间不一致的现象，
也存在于其他生活领域。例如，在形成各种具体法律秩序时就
是这样，法学史和法律社会学已经详细地说明，法律如果不是
生成的，就是由规章创立的。欧肯提示我们想一下城市建筑。
他说，大部分城市都是在没有总的计划的前提下形成的，它们
围绕着一个核心而成长，并且在不止一代的历程中根据为数众
多的建筑师的许多个别的计划而发展——"生成的"经济秩序
就是以类似的方式产生的。除此之外，过去和现在都有这样一
些城市，它们是根据一个广泛的城市建设计划而建立起来的。
但是，就是这些城市的进一步的实际发展，也常常没有按照城
市建设计划和它的秩序观念，而是大大远离了它——就像"设
立的"经济秩序的实际状态也常常没有实现经济宪法的秩序观
念、秩序原则一样。①

　　值得注意的是，较之于欧肯刻意区分的经济秩序的两种生
成机制，哈耶克也区分了两种不同的秩序："人造的秩序"与
"增长的秩序"。按照哈耶克的说法，"有好几个术语都可以被用
来分别指称这两种秩序。我们把人造的秩序称之为一种源于外
部的秩序或安排，但是这种人造的秩序也可以被称之为一种建
构或一种人为的秩序"，"我们把增长的秩序称之为自我生成的
或源于内部的秩序，但是这种秩序最为合适的英语称谓则是自
生自发秩序"②。在这种关于秩序的二元划分中，哈耶克明确地
推崇自生自发秩序或"增长的秩序"——它对应于自由资本主
义秩序；并贬斥"人为的秩序"——它对应于社会主义的计划

　　① 欧肯. 国民经济学基础. 左大培，译. 北京：商务印书馆，2010：92-94.
　　② 哈耶克. 法律、立法与自由：第一卷. 邓正来，译. 北京：中国大百科全
书出版社，2000：55.

体制。然而，按照欧肯的分析框架，自由资本主义秩序并不是自生自发的，相反，它是国家通过经济宪法干预经济的产物。正是国家"建构"的私有制、契约自由、竞争等经济宪法原则，促成了哈耶克所看到的自由资本主义经济秩序。至于哈耶克所定义的自生自发秩序，在欧肯的理论脉络中也能得到解释，但却不是近现代的自由资本主义经济，而主要是古代或中世纪的"生成的"经济秩序。哈耶克与欧肯对于两种经济秩序的不同划分可以解释为：哈耶克对消极自由主义怀有某种宗教般的情感，欧肯在尊重自由主义的同时，还兼顾了秩序的价值、国家对于秩序的责任。

四、经济宪法的建构性原则与调节性原则

在上文中提到，欧肯主要强调了私有制、契约自由与竞争。在欧肯的理论中，这三大原则居于基础性地位，可以作为经济宪法的基本原则。在后来的《经济政策的原则》一书中，欧肯进一步论述了经济宪法的具体原则。他认为，良好的经济秩序应当遵循两个方面的原则：一是建构性原则（中译本称建立性原则），二是调节性原则。这两个方面的原则，就是经济宪法应当遵循的原则。这两个方面的原则所构成的"原则体系"，可以看作欧肯对于私有制、契约自由、竞争三大基本原则的拓展和细化。

欧肯所说的建构性原则，即为实现经济宪法、维护自由的竞争秩序的框架性原则。不过，自由的"竞争机制不可能自发地出现并维持，它需要的是一个政府保护的法制框架"[①]。这个

---

① 赵小健，陈倩莹. 弗莱堡学派和宪法经济学. 欧洲研究，2008（4）.

法制框架应当通过经济宪法来建构。按照欧肯的论述，经济宪法的建构性原则主要包括以下几个方面的内容。①

第一，在货币政策方面，应当坚持稳定性原则。欧肯认为，在经济秩序中，如果币值的稳定性得不到保障，一切为实现竞争秩序的努力都是徒劳的。因此，稳定的货币政策对于竞争秩序来说，占据了优先地位。据此，货币宪法的核心是币值稳定，币值稳定是实现自由竞争秩序的前提条件。如果币值不稳定，"如果在货币－物品交换率方面缺乏可预测性，那么，一个包括了向私有财产提供法律保护的社会制度，其功效也会受到严重的限制"②。由此看来，币值稳定作为经济宪法的一项原则，它对于经济秩序的建构作用、支撑作用，还应当得到更高的估计。

第二，在市场方面，应当坚持开放性原则。欧肯强调，必须实现这样的原则：为建立竞争秩序，开放供求是必要的。因为开放供求就是开放市场，其对立面就是市场的封闭性。封闭的市场妨碍了完全竞争，它会在两个方面危及完全竞争。一是封闭市场供求容易产生高度垄断，高度垄断是对市场竞争的妨碍——波斯纳进而认为，正是由于政治上的垄断对于政治市场的妨碍，才需要建立分权制，因为"分权制的目的就在于防止对国家强制性权力的垄断"③。二是即使在个别封闭的市场上形成了完全竞争，但由于市场在总体上是封闭的，市场之间的联系受阻，完全竞争的市场机制在整体上仍然不可能充分运作。因此，开放市场有助于实现完全竞争，应当作为经济宪法的建构性原则。

① 欧根. 经济政策的原则. 李道斌，译. 上海：上海人民出版社，2001：277－308.

② 布坎南. 财产与自由. 韩旭，译. 北京：中国社会科学出版社，2002：48.

③ Richard B. Bosner. *Economic of Analysis of Law*. Litter, Brown and Company，1986：583.

　　第三，在所有制方面，应当确立私有制原则。生产资料的私有制是不是实现竞争秩序的必不可少的条件，欧肯对此作出了肯定的回答。在欧肯看来，消除生产资料私有制的倾向，越来越远离经济竞争秩序。必须看到，私有制是建立竞争秩序的前提。这就是说，私有制原则同样是经济宪法的建构性原则。欧肯强调的这个原则，在西方主流国家的宪法中实际上早已体现出来。譬如，1789 年法国人权宣言第 17 条就规定："财产是神圣不可侵犯的权利"，美国宪法第 5 修正案规定："凡私有财产，非有相当赔偿不得收为公有"，等等。对于此种现象，我国学者龚祥瑞认为："私有制原则是资本主义国家宪法的第一项基本原则。"①

　　第四，在契约方面，应当强调契约自由原则。欧肯认为，契约自由是产生竞争的前提条件。如果各个家庭、各个企业对于签订契约不能自主决定，不能自行判断其可行性，而是必须执行指示或接受配合，那就不会形成竞争。不过，契约自由同样也能用来消除竞争，建立、保持或利用垄断地位。一些垄断集团的领导人常常引经据典，证明他们享有受到法律保护的契约自由以及由此带来的权力。虽然契约自由是一柄双刃剑，但是契约自由在总体上还是构成了自由竞争的前提条件。在近代以来的经典性的法律文本中，已经体现了对这个建构性原则的倚重。譬如，按照我国学者李浩培的归纳，在《法国民法典》中所秉持的最重要的三个原则之一，就是契约自由原则。②

　　第五，在经济后果方面，应当强调承担财产责任原则。这里的财产责任，主要是指企业家应当承担的财产责任。欧肯认为，承担财产责任不仅是竞争经济秩序的先决条件，而且是充

---

　　① 龚祥瑞. 比较宪法与行政法. 北京：法律出版社，2003：46.

　　② 法国民法典. 李浩培，等译. 北京：商务印书馆，1979："译者序"，4.

满自由和自我负责的社会秩序的先决条件。必须明白这样一个观点：任何限制责任的做法都会引发集中管理经济的倾向。因此，如果要使整个经济秩序成为一种竞争秩序，那么，承担责任原则就具有巨大的作用，它应能使企业及其领导人优胜劣汰。

第六，在经济政策方面，应当强调稳定性原则。为了充分地调动投资活动，经济政策的某种稳定性是必要的。没有这种稳定性，竞争秩序就无法正常运转。因此，稳定性是竞争秩序的核心要求。欧肯主张，经济政策可以为经济过程创造一个合适的经济宪法框架，并要坚持这一框架。对经济宪法框架的修改要慎之又慎。

欧肯强调说，这些建构性原则"是经济宪法的原则。在具体的历史条件下，这些原则的联合运用就是建立某种人们所期待的经济秩序，同时，这些原则能够创造使这一秩序发挥作用的条件。也就是说，所有这些原则都服务于经济总决策，同时又是具体贯彻总决策的手段"①。换言之，这些原则作为经济宪法的建构性原则，相当于经济宪法的基本纲领，套用法学理论中关于"理性化法律原则"与"优先性法律原则"的划分②，这些建构性原则大致相当于理性化的法律原则。

除了以上建构性原则之外，欧肯还进一步论述了经济宪法的调节性原则。他所说的调节性原则主要包括：第一，垄断调节原则，譬如，可以建立专门的反垄断机构，对垄断组织进行监督。第二，收入调节原则，譬如，可以通过累进税率，改进收入分配和再分配。第三，干预调节原则，针对"供给的反常行为"，可以进行干预式的调节，譬如，当劳动力过剩、工资下

---

① 欧根. 经济政策的原则. 李道斌，译. 上海：上海人民出版社，2001：309.

② 斯蒂芬·佩里. 法律原则的两种模型. 张晓笑，陈林林，译//厦门大学法律评论：第20辑. 厦门：厦门大学出版社，2012：66.

降时，则可以规定最低工资，等等。[①]

就建构性原则与调节性原则的相互关系来看，前者为主，后者为次，前者优于后者。建构性原则的法律化、制度化，有助于从经济宪法的层面保障自由经济秩序，可以为经济主体的行动建构一个基本框架。相比之下，调节性原则主要是在建构性原则已经搭建的框架内进行调节，主要在于纠正市场失灵。通过对建构性原则进行补充，调节性原则可以对建构性原则起到某种校正作用，具有政策性原则的特征。

五、经济秩序与经济宪法的差异

尽管经济宪法的建构性原则与调节性原则应当在经济过程中得到严格运用，但是，实践中的经济秩序与经济宪法文本上规定的秩序并不是一回事。欧肯说："绝不能把那些当下的经济秩序与当时适用的各种法律秩序等同起来。对于它们来说，问题在于各种经济的秩序事实，在于在其框架内运行着日常经济过程的那些形式，而不在于法律准则。"[②] 因此，必须进一步分析经济秩序与经济宪法之间的差异。

在法学理论的视野中，这种差异其实就是"生活中的法"与"纸面上的法"之间的差异。对于两者之间的差异，美国的现实主义法学已有广泛而深入的论述。譬如，埃利希就强调了"活法"相对于法律条文的重要意义，他说："活法是支配生活

---

① 欧根. 经济政策的原则. 李道斌，译. 上海：上海人民出版社，2001：314—326.

② 欧肯. 国民经济学基础. 左大培，译. 北京：商务印书馆，2010：94.

本身的法，即使它不具有法律命题的形式。"① 作为经济学家的欧肯，同样看到了经济领域内的纸面法律与实践秩序的差异。那么，实践中的经济秩序与纸面上的经济宪法之间的差异在哪里呢？

除了前文的论述，欧肯还进一步告诉我们，某地在法律上存在着私有制这样的经济宪法原则，并不能由此推导出有关经济的秩序结构的什么确定无疑的东西。例如，从某地存在着私有制，就推断那里主要是以"交换经济"的方式从事经济活动，是完全错误的。众所周知，在罗马人那里和欧洲中世纪早期，都通行私有制，但是，在罗马和中世纪早期时代，存在许多大小不等的农业庄园，这些农业庄园主要是"集中领导的"经济单位，只维持着很少的交换经济关系。就是今天也还能在欧洲东南部（而且是在坚持私有制的国家）见到那样的家庭经济，它们与其他的个别经济也只有很少的经济交往。东方的许多国家已经完全接受了中欧和西欧国家的民法，可是它们的经济秩序仍然是并且继续是完全不同的。这就是说，尽管都坚持私有制原则，但在这个建构性的经济宪法原则之下，既有集中领导的经济，也有交换经济。很多国家认同的经济宪法原则都是共通的，但经济秩序却是千差万别的。

从另一个角度来看，没有普遍化的私有制，并不意味着一定是集中控制的经济。譬如，在古代东方的若干王国里，一切土地在名义上都属于国王——所谓"普天之下，莫非王土"，其他人并不拥有土地，但是，并不因此就需要由国王来控制生产。相反，租地的农民们显然拥有维持交换经济关系的自由。可见，没有私有制，同样可能有某种程度、某种形式的交换经济。欧

---

① Ehrlich. *Fundamental of the Sociology of Law*. Harvard University Press，1936：493.

肯认为，这样的事实明显地加重了理解经济史的困难：确认某些法律制度的存在，只允许对经济的秩序结构作出少许不可靠的推论。

如果学术理论在两千年里仅仅熟悉我们最重要的法律准则，那么，它就不会知道我们的经济秩序的真正样子。欧肯看到的德国状况是：从1900年到1940年，德国具有同样的所有权，即德国民法典规定的所有权，民法典没有变。但是到20世纪中期，德国的经济经历了多少种经济秩序！在两次世界大战期间，集中领导经济过程的各种形式占据了显著地位，并且排挤了交换经济的形式。第一次世界大战后，在加紧形成卡特尔和康采恩的过程中，经济秩序又改变了它的结构；在工业的广阔领域中实现了别的交换经济的秩序形式。1933年之后，集中管理的经济这种新形式占据了显著地位。但是，生效的却总是同样的所有权。法律的规则保持不变，但是它的作用却随着经济秩序而改变了。

欧肯提出，还可以从另一个角度来观察同一个问题：如果19世纪末的帝国法院没有肯定卡特尔协定的法律效力，那么德国的卡特尔就不会像事实上已经发生的那样发展。但是，卡特尔运动确实展开了，而且在某些工业中形成了某些卡特尔的形式，而在其他工业部门中卡特尔的形成仍然是微不足道的。这样就形成了工业经济的一种混合的秩序——这应当用完全不同的原因来解释。或者想一下同一时期工人的各工会和企业主的各雇主联合会，它们产生的一个先决条件是正在适用的联合法。但是，从正在适用的经济宪法文本中并不能认识到：实际上产生了这样一些权力集团，它们是怎样和什么时候产生的，以及它们实行什么政策——这些东西在经济宪法文本中都是看不到的。

由此，欧肯得出了自己的结论，真实的经济秩序和纸面上的法律秩序并不是一致的。不过，欧肯又进一步指出，得出这个结论，并不是要否认或缩小法律对各种经济秩序所一再施加的影响。刚才列举的那些例子已经对此作了某种程度的介绍。欧肯还认为，经济秩序的发展也经常反过来影响法律秩序的形态。只要法律秩序在经济上关系重大，产生了重大的影响，它的形成通常就是为了对某些现存的经济事实进行塑造。正像不是国家的法律家创造了家庭，而是首先形成了家庭，然后立法者们才想赋予它一定的形式那样，经济上通常也是如此。此外，立法者和司法者还试图用规则和判决来改造已经存在的经济秩序。更有甚者，法律规则常常是直接由一个经济秩序中的经济过程的实施者制定的。譬如，在最近几十年的德国，各"一般营业条件"就是这样由各个工业企业，或由工业、商业、银行和运输行业的联合会制定的。这样的"经济自己创造的法律"排斥了很大一部分国家民法秩序。欧肯由此得出的结论是，经济秩序和法律秩序之间的关系在历史过程中是变动不居的[①]，也是异常复杂的。

六、结论及延伸性讨论

根据以上叙述，我们可以看到欧肯的法律经济学思想的内在理路：从经济秩序的特征着手，讨论了经济秩序的两种生成机制，其中，早期的经济秩序是自然生长而成的，近现代的经济秩序是建构设立而成的。这两种不同的生成机制，具有不同的法理意义：自然生长而成的经济秩序，意味着是无须经济宪

---

① 欧肯. 国民经济学基础. 左大培，译. 北京：商务印书馆，2010：94-96.

法设立的经济秩序；建构设立而成的经济秩序，则是根据经济宪法设立的经济秩序，或者说，建构设立的经济秩序正是经济宪法的产物。如果说近现代以来的经济秩序主要是设立而成的，那么，要理解近现代的经济秩序，就必须探究经济秩序赖以设立的经济宪法。因此，对于经济宪法的原则，包括建构性原则与调节性原则，都应当予以梳理。不过，尽管这些原则对于经济秩序具有建构作用与规范意义，但是，经济宪法与经济秩序并不具有一一对应的关系，实践中的经济秩序与纸面上的经济宪法总是会出现某种程度的偏差，两者之间的复杂关系需要进行更具体的研究。这就是欧肯法律经济学思想的理论逻辑。从实践效用来看，这个理论逻辑不仅促成了联邦德国在二战以后的"国家市场经济"，而且为后来的《欧洲共同体条约》《欧洲联盟条约》奠定了坚实的理论基础。① 此外，对于当代中国来说，欧肯的法律经济学思想还蕴含着若干不容忽视的启示意义。

首先，就经济秩序来看，自由竞争的经济秩序并不是"国家不干预经济"的产物。相反，恰恰是在国家确立了私有制、契约自由、竞争等经济宪法原则的背景下，才形成了自由竞争的经济秩序。自由竞争的经济秩序恰恰是国家通过经济宪法干预经济秩序的产物与结果。在私有制、契约自由、竞争的背后，恰恰体现了国家意志。没有国家对私有制原则、契约自由原则、竞争原则的确认，就不会形成自由资本主义时代的自由竞争经济。资本主义的自由竞争经济，其实是"国家在场"的经济秩序。欧肯的这个观点，有助于我们重新思考国家与市场的关系，有助于我们重估无政府主义、"最小国家"等相关理论的价值与意义。

其次，良好的经济秩序需要经济宪法的干预，但是，经济

① 史世伟. 欧洲经济一体化与欧盟经济宪法：一个制度和演化经济学的分析视角. 欧洲研究，2007（1）.

秩序与经济宪法并不必然保持一致，在更多的情况下，两者之间总是存在某种差异，这是一种常态。因此，经济宪法与经济秩序之间的不一致具有普遍性。欧肯的这个观点具有较强的解释能力，是对当代中国法学理论的一种提示。因为在我国流行的法律理论与法律意识中，通常认为所有的法律都应当得到不折不扣的执行，如果文本上的法律秩序与实践中的社会秩序出现了某种程度的差异，很多人就会得出"执法不严"的结论。但是，根据欧肯的理论，法律中设想的秩序与实践中运行的秩序并不能一一对应，应当从理论上把这种差异视为一种常态，这应当在人们的预料之中。这就是说，欧肯的理论可以修正我们对于"执法不严"的固有看法。

最后，良好的经济秩序既需要建构性的经济宪法原则，也需要调节性的经济宪法原则。这就意味着，对于经济宪法而言，乃至于推而广之，对于一般的宪法和法律而言，都存在两种不同性质的法律原则：建构性的法律原则以及调节性的法律原则。这样的区分丰富了关于法律原则的基本理论，具有普遍的理论意义。从法律的功能来看，为了实现某个预期的价值目标，法律应当确立某些建构性的原则，为秩序的形成提供基本的、稳定的框架。但是，相对于法律的稳定性，经济生活、政治生活、社会生活是流动的、变迁的，或者说，建构性法律原则适用的环境是变动的。这就意味着，还应当有某些调节性的法律原则来满足变迁了的社会关系、社会环境对于秩序的新要求。因此，任何一个法律领域、法律部门在确立其原则的时候，都应当同时考虑到建构性原则与调节性原则，从而更好地满足秩序对于法律的需要。

原刊《中国政法大学学报》2016 年第 5 期

第十章　缪尔达尔

　　根据南亚各国的经济社会实践，缪尔达尔论述了计划的第三种形态。南亚的计划既不同于西方国家的计划，亦不同于苏联所代表的共产党国家的计划。南亚的计划既强调平等，也强调民主。与此同时，南亚的计划亦遭到了腐败的阻碍。缪尔达尔以计划为中心，论述了计划与平等、民主的关系，在经济学、政治学、宪法学之间的交叉地带作出了有效的探索，因而可以归属于宪法经济学的理论视野。缪尔达尔的宪法经济学思想虽然不是专门针对中国的，但是，由于中国曾经恪守、现在依然存留一定的经济计划，以及当代中国对于民主与平等的追求，缪尔达尔的宪法经济学亦可以成为当下及未来中国的理论资源与实践参照。

　　缪尔达尔（Gunnar Myrdal，1898—1987），瑞典经济学家，"瑞典学派的第二代代表人物"[①]。1918 年他进入斯德哥尔摩大

---

① 丁冰. 瑞典学派. 武汉：武汉出版社，1996：3.

216

学法学院，1923 年成为律师；在担任律师期间，又在斯德哥尔摩大学师从卡塞尔学习经济学，1927 年以《价格及其变化因素》一文获得经济学博士学位。此后，缪尔达尔在斯德哥尔摩大学讲授政治经济学，1931 年任职于日内瓦国际研究院，1933年任斯德哥尔摩大学卡塞尔政治经济学讲座教授。二战以后，缪尔达尔先后担任瑞典银行董事长、瑞典议会参议员、瑞典政府战后计划委员会主席、瑞典商务部部长、联合国欧洲经济委员会秘书长等重要职位。1974 年，他和奥地利经济学家哈耶克一起，分享了该年度的诺贝尔经济学奖。

缪尔达尔的主要著作包括《经济理论发展中的政治因素》《货币均衡论》《财政政策的经济影响》《美国的困境：黑人问题和现代民主》等，涉及经济学、政治学、法理学等较为广泛的领域。在他的众多论著中，1968 年出版的《亚洲的戏剧：南亚国家贫困问题研究》（Asian Drama：An Inquiry into the Poverty of Nations）尤其值得注意，此书作为缪尔达尔持续十年研究东南亚 11 个国家贫困问题的结晶，初版本长达 2 300 页，是名副其实的长篇巨著。即使是经过美国学者塞思·金（Seth S. King）缩写之后的版本，亦即中译本所依据的英文版本，依然蕴含了丰富的学术思想信息，诸如东南亚地区的经济现状、民主计划、劳动力利用、人口质量等，都得到了全面、深入、细致的展示。[1] 在这些问题中，缪尔达尔关于计划的论述，既涉及经济学，同时也涉及政治学与法理学，堪称在经济学、政治

---

[1] 20 世纪基金会是 1919 年在纽约设立的非营利性、非党派的研究基金会，其董事长罗森特（M. J. Rossant）说："显然，对一项耗时长达 10 年、篇幅差不多有 2 300 页的研究成果进行缩写是一个富有挑战性的、非常艰巨的任务。塞思·金（Seth S. King），一位严谨而经验丰富的作者，被证明是担此重任的最佳人选。"缪尔达尔. 亚洲的戏剧：南亚国家贫困问题研究. 塞思·金，缩写. 方福前，译. 北京：商务印书馆，2015：前言。

学、法理学之间的交叉地带所展开的思想劳作，有必要进行专门的讨论。

如前所述，从缪尔达尔的职业生涯与学术背景来看，他在政治经济学的理论与实践方面作出了创造性的贡献，同时也有法学方面的系统训练与法律领域的实践经验，因而是一个跨越法律与经济两大领域的思想者。按照他自己的说法："通过我研究过的各种各样的问题，我成为了一个制度学派的经济学家。"① 从一定层面上看，所谓"制度学派的经济学家"，其实就是法律经济学家，因为制度经济学与法律经济学在相当程度上是交叉的，甚至是重叠的。缪尔达尔关于计划的思想与理论，由于关涉平等主义、政治民主、公众参与，因而还可以更具体地归属于宪法经济学的范围。有鉴于此，下文围绕缪尔达尔的计划理论，述论其关于宪法经济学的基本思想。

一、计划的第三种类型

缪尔达尔的宪法经济学思想是以计划作为核心概念而展开的。计划是什么？计划是国家机构制定的，是国家权力干预经济、介入经济、塑造经济的一种方式。由于计划涉及国家权力的运用，因而计划问题构成了宪法经济学的核心问题之一。在中国当下的法律理论中，国家权力干预经济的法律形式被概括为经济法，但是，国家权力干预经济还有一种尚未受到法学界重视的形式，那就是计划。因此，即使是从纠偏的角度看，计

---

① 米尔达尔. 反潮流：经济学批判论文集. 陈羽纶，许约翰，译. 北京：商务印书馆，1992：14.

划也是值得挖掘的宪法经济学的重要主题。

缪尔达尔对于计划的研究，并非着眼于计划的一般理论。缪尔达尔的计划理论，是他对于 20 世纪 50、60 年代东南亚地区经济计划进行观察与思考的结果。这是理解缪尔达尔的计划思想的语境。

（一）计划的概念与价值目标

计划或经济计划是什么？缪尔达尔首先对计划进行了解释："经济计划的基本思想是，国家应该在经济中起积极的甚至是决定性的作用：国家通过其自身的经营和投资行为，以及对私人部门的各种控制——诱导和限制，启动、推动和驾驭经济发展。"这就是说，计划的核心是国家主导与国家决定。一方面，国家自身就是经营主体与投资主体，或者说，国家就是经济主体与市场主体，国家自身的市场行为是推动经济发展的重要方式。另一方面，国家还要通过对私人机构的诱导与限制来推动经济发展。"因而，计划无论以什么样的形式出现，其总体思想就本质而言在方法上是理性主义，结论上是国家干预主义。它使人们相信，政府干预能够促成或加速发展。"①

在这里，缪尔达尔提出了关于计划的两个要点：方法上的理性主义与结论上的国家干预主义。理性主义是一个"大词"，在哲学史上，关于理性主义的学理阐释可谓汗牛充栋。简而言之，理性主义是指对于理性的信赖与推崇。在缪尔达尔的语境中，理性主要是指人规划经济的能力。按照理性主义的原则，经济活动不是自发的，经济活动也不仅仅受制于"看不见的

---

① 缪尔达尔. 亚洲的戏剧：南亚国家贫困问题研究. 塞思·金，缩写. 方福前，译. 北京：商务印书馆，2015：117.

手"，相反，人的理性可以有效地设计、规划经济活动。所谓国家干预主义，是指国家或政府对于经济的干预；国家或政府就是干预经济的"看得见的手"。

计划以经济为中心，因而可以称为经济计划。但是，经济计划旨在实现的目标是全方位的，譬如，"生活水平应该提高，应减少社会和经济等级制的不平等和僵化，各种机会应广泛地向每个人开放，全体人民的参与意义应当强化"，诸如此类，都是经济计划需要承载的目标与功能。这些功能涉及社会是否平等、制度是否僵化、机会是否均等以及公众参与的程度，等等。指向如此丰富的经济计划，远远超越了单纯的经济领域，而是涉及政治、法律诸方面，甚至可以说，计划就是"现代化思想的智力策源地——现代化思想的总体模型"，由于计划针对的是有缺陷的实际生活，因而，"发展计划经常明确地把计划定义为改革所有令人不满意的状况的全面尝试。这一看法也反映了在大多数计划的主要目标与抱负之中，这些目标与抱负超越了狭隘意义上的经济政策"①。概而言之，计划的目标与功能是全面的，并不限于经济。

计划作为一种思想与观念，"即使几乎没有什么实际计划，且更谈不上执行计划，计划思想也有助于使干预主义做法合理化。在经济有一些进展时，它们就成为成功的计划。当需要紧缩和牺牲时，它们也是以计划的名义进行的，就像计划被用来掩盖生活状况改善缓慢和发展进程缓慢一样。因此，计划思想往往成为公共政策引起的所有争论都要提到的名词"。看来，实践中的计划还承担了政治装饰的功能，计划思想为国家干预提供了正当性依据。进一步看，在不同的传统中，在不同的意识

---

① 缪尔达尔. 亚洲的戏剧：南亚国家贫困问题研究. 塞思·金，缩写. 方福前，译. 北京：商务印书馆，2015：118.

形态语境下，计划具有不同的面貌：有的是隐匿的，有的是显现的。大致说来，"西方国家一般往往不事声张它们实际上确有的经济计划，特别是美国，总是试图使人们相信它的经济是'自由经济'"，因而，美国的计划是隐匿的，这与美国所秉持的主流意识形态密切相关。"而南亚各国往往大肆渲染，声称它们的计划比实际达到的规模更大。它们甚至还没有把多少计划变成现实，就已经接受了计划观念。"① 显然，南亚各国是高调张扬计划，因而是显现的计划国家。

　　南亚国家为什么如此偏好计划？缪尔达尔发现，南亚偏好计划的"思想来自下列认识：西方世界迅速发展了几个世纪，而这些欠发达国家长期处于相对停滞状态；结束这种停滞和促成经济进步需要一个强大的诱发动力，这种动力显然不会自发到来，至少不会很快地到来"。怎么办？只有借助于计划与国家干预。从根源上说，"通过计划进行迅速和有力的国家干预当然有很多原因。首先，不断加速的人口增长，不断地降低生活水平并阻碍发展。如果人口静止不变，就会有自发发展的较大可能性。其次，资本稀缺，贸易条件也不利。这个清单还必须加上私人部门相对缺乏企业家才能和对企业家的培训，富人不愿意冒险将资金用于生产性投资，而宁可进行投机和赚钱快的风险活动。最后，大型企业有获得过度垄断或寡头垄断的趋势。由于这些原因——它们在几个南亚国家的程度各不相同——国家常常找到了自己兴办产业，或管制和控制企业活动，从而在它所希望的方面获得最快发展的理由"②。这就是南亚国家偏好计划的根源。

---

① 缪尔达尔. 亚洲的戏剧：南亚国家贫困问题研究. 塞思·金，缩写. 方福前，译. 北京：商务印书馆，2015：119.
② 缪尔达尔. 亚洲的戏剧：南亚国家贫困问题研究. 塞思·金，缩写. 方福前，译. 北京：商务印书馆，2015：120.

南亚国家偏好计划，不仅在于计划可以促进经济快速发展，而且可以产生政治绩效。一方面，"成功的经济计划需要一个稳定而有效的政府"；另一方面，"计划本身又成为达到民族团结的主要工具：首先，计划将创造一个把政府的各种政策协调起来的制度结构；其次，如果计划获得成功，将会带来更高的经济水平、人民有更多的机会，并成为国家成就的象征"①。

（二）南亚的计划：计划的第三种类型

通过横向比较与类型化处理，缪尔达尔注意到，南亚国家的计划是一种独特的计划：它既不同于西方国家的计划，也不同于共产党国家的计划。一方面，南亚国家的计划不同于西方国家的计划，它们之间的差异表现在：西方国家的经济计划源于更成熟的工业社会，是工业化完成之后的结果与产物。但是，在南亚欠发达国家，计划却是在工业化之前或工业化的早期阶段推行的。而且，在南亚，计划在原理上和方法上都被认为是先于市场的，计划是对经济进行有组织的控制和干预。因此，南亚的计划并不是经济发展的结果，而是用来促进发展经济的工具。南亚的计划有一个假定的前提条件：经济不可能自发地发展，经济发展需要计划来推动，计划是经济发展的一条捷径，计划应当是全面而完整的。与之相反，西方国家的计划是具体的、局部的、零碎的。②

另一方面，南亚国家的计划也不同于共产党国家的计划。缪尔达尔在此所说的共产党国家，主要是指当时的苏联所代表

① 缪尔达尔. 亚洲的戏剧：南亚国家贫困问题研究. 塞思·金，缩写. 方福前，译. 北京：商务印书馆，2015：121.
② 缪尔达尔. 亚洲的戏剧：南亚国家贫困问题研究. 塞思·金，缩写. 方福前，译. 北京：商务印书馆，2015：128.

的社会主义国家。当时，以苏联为代表的社会主义国家普遍推行经济计划，计划几乎成为一种意识形态。譬如，苏联《管理的理论与实践问题》杂志 1989 年第 4 期发表的文章认为："没有集中的国家管理和计划，全民所有制不仅不能顺利发展，而且也不能存在；相反，它将变为集团所有制。"① 民主德国《经济科学》杂志 1988 年第 11 期发表的文章认为："从整个经济观点来看，中央计划规定的任务对整个社会动力体系有着强大的动员作用。这些是企业、劳动集体和个人物质的和思想的动力共同辩证地起作用的一个重要的前提条件。这样就使具体的劳动任务同整个社会发展的联系显而易见，国民经济复杂的联系不仅可以看得更清楚，而且在更高的水平上影响每个人的活动。在这种情况下，胜利地完成自己的具体任务，就能使个人对真诚、负责地完成对集体的义务感到满足，提高自我价值的感觉。全民所有制和社会主义计划经济可以使劳动、公民的责任感和尽职真正联系起来。"② 这些理论表达都是对于计划的正当性的论证。

　　缪尔达尔认为，南亚国家与社会主义国家都习惯于实施全面的国家计划，这是两者的共性。但是，南亚国家的计划也有不同于社会主义国家的计划之处，那就是对民主的强调。换言之，南亚国家的计划是民主计划（详后），没有苏联体制的狂热纪律。此外，南亚国家与苏联所代表的社会主义国家的差异还表现在："它们不像共产党国家那样，使生产国有化，使国有企业或集体主义占统治地位，也没有以国家垄断形式组织对外贸易和交换关系。因此，它们的经济计划是第三种类型，既不同

　　① 尼克. 社会主义所有制、计划经济与民主. 单树增，译. 国外社会科学，1990（6）.

　　② 哈里尼茨. 社会主义所有制、计划经济与民主. 魏斯，译. 国际经济评论，1990（1）.

于共产党国家，也不同于西方世界。"①

由此看来，计划有三种：西方国家的计划、社会主义国家的计划、南亚各国的计划。较之于西方国家的计划，南亚的计划被视为经济发展的前提，是全面的、整体性的计划。较之于苏联所代表的社会主义国家，南亚的计划是以民主为前提的计划，是承认私人经济的计划。这就是缪尔达尔的计划类型学理论。

二、计划与平等

回到南亚各国的计划本身，缪尔达尔注意到，南亚实行的计划与平等主义密不可分。"南亚各国奉行平等主义，这构成其计划思想的一个不可或缺的组成部分"，甚至也可以视为南亚各国的一个思想背景。就实践过程来看，"在所有阐明发展目标的计划中，平等主义思想占有重要地位。由于计划经常集中注意发展的经济方面，平等主义思想强调收入和财富的均等化，以及更普遍的生产资料所有制的均等化"。从价值根源上看，南亚各国"追求更多的社会和经济平等的基本原理是一种具有内在美德的普遍的理性化情感——用我们的术语来说，它具有独立价值。这意味着，在一定范围内，理性动机支持更多平等的要求，即使它只能以较慢的经济发展为代价来实现。但是，从普遍的社会观点来看，显而易见，在南亚，特别是在一些最贫穷的南亚国家，普遍存在的各种不平等常常阻碍着经济进步。在

---

① 缪尔达尔. 亚洲的戏剧：南亚国家贫困问题研究. 塞思·金，缩写. 方福前，译. 北京：商务印书馆，2015：129.

这种情况下，平等化对发展既有推动作用，又有独立价值"①。

由此看来，平等在南亚是一种根深蒂固的理念，因而具有追求平等的持续动力。尽管如此，追求平等与经济发展的关系似乎出现了一个悖论：一方面，平等具有独立的价值，为了寻求平等，难免在一定程度上牺牲发展的速度。另一方面，在一些最贫困的国家，不平等又阻碍了经济的发展，似乎只有平等才能促进经济发展。那么，缪尔达尔到底如何理解平等与经济发展的关系？追求平等到底会促成经济发展，还是会阻碍经济发展的速度？政治上的平等与经济上的效率到底是一个什么样的关系？

（一）平等与经济发展的关系

对于平等与经济发展的关系，缪尔达尔进行了进一步的思考。他说："经济平等化和经济进步之间是否存在冲突，即平等化是否必须付出经济进步缓慢的代价。尽管对南亚有关的经济因素及其关系还缺乏详细的了解，但是，我们能够列举那里的大量情况说明平等化的扩大将比在西方国家更多地帮助发展，而不是阻碍发展。"看来，平等是有助于经济发展的。缪尔达尔接着告诉我们："经济不平等是社会不平等的原因之一，反之亦然。因此，降低经济不平等往往会带来社会不平等的减少，这对经济发展将会产生有利的作用。此外，低生活水平和低劳动生产率之间存在一个类似的相互联系，因此，鼓励低收入阶层的基本消费的措施将增加劳动投入，提高劳动效率和生产水平。"②

---

① 缪尔达尔. 亚洲的戏剧：南亚国家贫困问题研究. 塞思·金，缩写. 方福前，译. 北京：商务印书馆，2015：130-131.

② 缪尔达尔. 亚洲的戏剧：南亚国家贫困问题研究. 塞思·金，缩写. 方福前，译. 北京：商务印书馆，2015：132.

降低经济不平等当然会减少社会不平等,这是毫无疑问的。但是,社会不平等的减少将会如何促成经济发展,缪尔达尔对此语焉不详。背后的原因,也许就在于他"对南亚有关的经济因素及其关系还缺乏详细的了解"。从历史经验来看,经济平等、社会平等对于一个国家经济发展速度的影响,是一个复杂的问题。缪尔达尔对此作出了一些判断,但并未给予详细的分析。当然,从经济学的角度来看,增加低收入阶层的基本消费确实有助于生产力的提高,也有助于拉动内需,有助于提高劳动效率与生产水平。

(二) 平等与民主

在南亚各国,平等主义并不是一个孤立的原则与理想,因为平等主义与政治民主是相互关联的。缪尔达尔说:"政治民主的理想与社会平等和经济平等的理想密切相关。我们所说的政治民主是指一个体系。其中,当权者对人民的愿望负责,人民的愿望由普选权下的选举、独立的司法制度和保证广大范围的公民自由来表达。更大的社会和经济平等的部分吸引力在于这样一种共识:没有这种平等,政治民主就等于空中楼阁。"① 这就是说,在南亚地区,平等是政治民主的前提和基础,没有平等就没有民主。

在 20 世纪 50、60 年代,南亚各国都是贫困国家,那么,它们为什么选择民主?缪尔达尔发现,"从一开始,信奉政治民主就被南亚各国领导人普遍接受。他们选择的模式是从西方国家借鉴来的,而西方国家又认为这种选择不但值得赞许,而且

---

① 缪尔达尔. 亚洲的戏剧:南亚国家贫困问题研究. 塞思·金,缩写. 方福前,译. 北京:商务印书馆,2015:133.

既完全自然又完全正常"。但是，缪尔达尔并不附和西方国家的
赞许。他说，西方对南亚民主的赞许，"是一个不可思议的中心
主义和缺乏历史眼光的例子"。在缪尔达尔看来，西方国家可以
实行政治民主，但是，南亚各国未必就应当实行政治民主。因
为，西方国家已经处于经济发达的历史阶段，南亚国家却处于
欠发达的阶段，这两种经济条件下的政治结构是不同的。即使
是西方国家，当它们处于欠发达阶段与发达阶段时，它们的政
治结构也是十分不同的。譬如，"在工业革命时期，一些西欧国
家曾有过议会政体"，但是，这些议会政体"远非现代意义上的
民主政治。实际上，在高度欠发展地区，建成以普选权为基础
的持久有效的政治民主，历史上还没有先例"。在历史上，"享
有普选权的充分民主只有在经济发展的高级阶段才能成功，那
时，已有较高的生活水平和识字率，存在相当多的平等机会。
这样，普选权的最终实现之日就是教育、发动民众、结社和首
创精神的成功之时"。这样的历史经验意味着，"南亚新独立的
国家能够建立充分民主或维持民主的这种最初希望并没有充分
的根据。这些国家中有四个国家仍然维持着相当稳定的议会政
体，其他国家已沦为某种形式的独裁主义统治"①。

　　在缪尔达尔的思想观念中，充分的政治民主是经济发展的
产物。② 倘若经济不发展，即使有议会政体，也没有现代意义
上的民主政治。请注意，缪尔达尔把议会政体与民主政治进行
了区分：议会政体并不等同于民主政治。议会政体即使有议会，

---

　　① 缪尔达尔. 亚洲的戏剧：南亚国家贫困问题研究. 塞思·金，缩写. 方福
前，译. 北京：商务印书馆，2015：134-135.
　　② 李泽厚也主张经济发展是政治民主的前提条件。他在 1995 年提出："我主
张经济发展——个人自由——社会正义——政治民主的逻辑与历史发展的一致。"
李泽厚、刘再复. 告别革命：二十世纪中国对谈录//杨斌. 李泽厚学术年谱（下）.
东吴学术，2013（3）.

如果议会成员并不是普选产生的，那也不是真正的民主政治。至于普选权的实现，则要依赖于较高的生活水平、较高的识字率、较多的平等机会，这样的前提条件又有赖于教育、发动民众、结社、首创精神的成功。如果这些条件都不具备，南亚各国虽然"从一开始"就选择了西方国家赞许的民主政治，但就实践过程来看，南亚多数国家已经沦为独裁统治，少数国家维持着议会政体。但是如前所述，议会政体不能等同于民主政治。

（三）南亚民主的弱点

南亚各国领导人虽然主观上选择了民主政治，但南亚的民主并不成功，"南亚民主的一个根本弱点是，它是自上而下的，没有经历广大人民的任何斗争。当南亚地区的民主已经动摇或失败时，也从来不是因为人民已经组织起来捍卫自己的利益，因而迫使上层人士也采取自卫行动。换言之，南亚的政治发展格局与马克思的阶级斗争模式几乎毫不相干。民众多半依然态度冷淡，而且四分五裂"①。换言之，南亚民主不成功的根本原因在于：它是各国政治领导人的主观选择，并没有得到民众的认同；民众是冷漠的，没有得到有效的动员；南亚的民主是民众缺席状态下的民主，无论是合法性还是有效性，都是有疑问的。

在 20 世纪 50、60 年代，"人们不容易看清南亚各国政治上将走向何方。我们可以肯定的是，它们现在拥有的或将要形成的民主或专制民粹主义形式从根本上说不同于西方国家相似历

---

① 缪尔达尔. 亚洲的戏剧：南亚国家贫困问题研究. 塞思·金，缩写. 方福前，译. 北京：商务印书馆，2015：137.

史阶段时的政治制度。我们必须又一次把南亚国家看作第三世界"①。这就是说，即使在横向比较中处于相似的历史发展阶段，南亚的民主也不同于西方的民主，当然也不同于苏联所代表的政治制度。因而，在民主问题上，南亚也代表了西方国家、苏联体制之外的第三种形态。南亚的计划是第三种形态的计划，与之相关联的民主也是第三种形态的民主。

在南亚各国，平等是计划的目标，平等又构成了民主的前提，那么，计划与民主的联结方式又是什么呢？对此，缪尔达尔提出了"民主计划"这样一个重要的思想主题。

三、民主计划

民主计划（democratic planning）一词，在字面上具有歧义。需要明确的是，南亚的民主计划，并不是民主建设的计划；民主计划的重心依然是计划或经济计划。在南亚国家，民主计划是一个流行的词语。虽然它有多重含义，但其中最主要的含义有两点：第一，民主计划意味着，制订计划和用计划协调政策不但要取得公众的支持，而且在准备和执行计划的过程中应该有他们的积极参与。第二，广泛推行民主计划意味着这种大众参与、相互合作应当是自愿的，因而，国家的各种政策能够在没有严密的组织或强迫的情况下得到贯彻执行。换言之，民主计划的核心是：计划要得到民众的支持与认同，计划的制订过程与执行过程都要有民众的参与。要全面地理解缪尔达尔的

---

① 缪尔达尔. 亚洲的戏剧：南亚国家贫困问题研究. 塞思·金，缩写. 方福前，译. 北京：商务印书馆，2015：139-140.

民主计划理论，有必要注意以下几个方面。

（一）民主计划的概念

民主计划就是计划要民主。民主的实质就是民众的参与。缪尔达尔说："要求大众参与的道理很简单。抽象地说，经济发展最终要求人们思考、认识和行动的方式发生改变。就单个的个人来说，他们将必须改变对于生活和工作的态度；特别是他们将必须更努力、更有效率地工作，把他们的才智投入到更有生产性的用途中去。就集体而言，为了使社会进步，从而改善他们的生活和工作条件，他们将必须更多地合作。这种理论的背后想必是这样一种信念：一旦大众认识到他们的悲惨状况，并被告之如何通过国家政策来改善其处境时，他们将作出积极的反应，支持采取这些政策并参与贯彻这些政策。要求大众参与是民主计划的宗旨。"①

据此，所谓民主计划或公众对计划的参与，或者说，强调计划过程中民主的重要性，主要的意义在于：民主或公众参与可以改变个体与集体的观念与行动，从而调动个体与集体的积极性，也可以借此把民众组织起来。当然，从计划的角度来说，强化公众对计划的参与，既可以增加计划的正当性与合法性，也可以增强计划的执行力。

（二）通过制度化的合作实现民主计划

在南亚国家，"民主计划的要旨被认为是努力促进那些差不

---

① 缪尔达尔. 亚洲的戏剧：南亚国家贫困问题研究. 塞思·金，缩写. 方福前，译. 北京：商务印书馆，2015：149.

多还属于私人部门的农业、手工业和小型企业中的合作。其中的主要理由是：在一个国家内部，每个地方的人都会为共同的利益进行合作。只有在这种情况下，计划才会真正成为民主计划"。这就是说，计划要民主，就必须强调人与人之间为共同利益而合作，特别是私营经济主体之间的合作。只有在这些主体能够为共同利益而合作的情况下，计划才可能成为民众参与的计划。但是，这样的逻辑又面临着若干悖论。第一个悖论是：由于受贫困和传统的束缚，大众也许难以理解或难以接受计划背后的理性主义思想。大众并不理解计划的价值。第二个悖论是：一般认为，民主计划应当在民众的利益方面创造更大的平等，因为平等能够保证民众自觉自愿地支持计划。然而，在实践中，计划的制订归根到底是特权集团掌握的。因此，追求平等可能是与虎谋皮，可能导致大范围的失败。为了走出这两个悖论，"一般认为，实现民主计划的实际途径是通过各种方式在多数领域建立制度化的合作。这里的合作一词含义非常广泛，它包括许多不同的并且经常是交叉重叠的制度安排——从地方和区域自治机构到信用与其他合作社，村社发展方案，农业分支机构，工会，等等。这些思想和方案主要是在西方意识形态的影响下形成的"①。换言之，制度化的合作，是实现民主计划的基本途径。

（三）国家基础结构对民主计划的支撑

从国家制度的层面来看，"南亚各国为了动员广大民众支持计划和发展，亟待需要建立现代国家的基础结构。它们不能等

---

① 缪尔达尔. 亚洲的戏剧：南亚国家贫困问题研究. 塞思·金，缩写. 方福前，译. 北京：商务印书馆，2015：150-151.

待这种基础结构在社会基层自发地出现。实际上，如果现代国家的基础结构不能通过国家干预产生，那么就几乎没有任何发展的希望，这种发展或许在以后能够产生适当的自发反应。除了通过政府政策创造出制度的基础结构，以及通过国家干预促进这种基础结构成长之外，别无他途"。缪尔达尔在此所说的基础结构，其实就是国家的宪制，或者说，就是国家的基本政治制度。"在共产党国家，革命胜利以后，制度的基础结构通过政治命令创造出来了。这种基础结构曾经是、现在仍然是主要用来从中央到地方和各部门传达命令。"相比之下，"南亚国家的计划思想在某些方面更接近苏联的计划思想，但是南亚各国政府并没有创造出极权主义的、坚如磐石的国家。然而，制度的基础结构必须通过国家干预创造出来，否则，它就不能发展。那么，重要的是，这种基础结构一旦创造出来，它是否会流行起来，并且自身是否有进一步发展的生命力呢？民主计划的希望就在于此。即使在制度的基础结构方面，南亚欠发达国家也注定成为计划的第三世界。它既不同于西方的模式，也不同于苏联的模式。这一点是显而易见的"①。

民主计划的希望在于制度的基础结构，亦是国家的基本政治制度。没有这样的制度，民主计划就没有运行的轨道。然而，这正是南亚国家的薄弱环节。国家基本制度建设的滞后，也使南亚各国的计划在西方模式与苏联模式之外独树一帜，可见，南亚的计划作为计划的第三种类型，还体现在南亚国家的宪制方面。

（四）民主计划离不开平等

缪尔达尔强调，在民主计划的背后，有一个基本的思想：

---

① 缪尔达尔. 亚洲的戏剧：南亚国家贫困问题研究. 塞思·金, 缩写. 方福前, 译. 北京：商务印书馆，2015：152.

计划应当是一种"由下而上制定出来的"计划，"由下而上"正是民主的精义所在。虽然计划是国家机构制订的，但是，应当通过"人民的自愿参与和合作把计划变成现实"[①]。然而，在南亚，要实现民众的自愿参与和合作，就不能回避平等的问题。"回避平等问题的企图很大程度上导致了改革政策的失败。我们在这里把这个问题作为一个悖论提出来——实际上，这是民主计划思想和政策的基本悖论——因为在印度和其他南亚国家的政治和社会状况既定的情况下，人们很难理解一种造成很大差距的政策怎么会被贯彻实施。"[②] 换言之，与平等背道而驰的计划与政策不能得到公众的自愿参与，也不能得到有效的实施。

（五）民主计划中"自愿"的含义

民主计划蕴含了一个关键词："自愿。"自愿是指民众对计划的自愿参与、自愿接受、自愿执行。但是，在民主计划中，自愿的含义是多元化的。自愿的第一种含义是主动参与。"民主计划需要人民的参与和主动精神，这种参与和主动精神不是在遥远的将来，而是尽可能早地在为自治和合作创建新制度的过程中出现。从根本上说，计划问题就是如何引导人民在改善那些导致一个国家欠发达的不太令人满意的状况过程中进行参与和合作。"自愿的第二种含义是符合人民的愿望。"整个计划和发展过程应该在民主政治结构中进行。南亚各国，甚至那些已经废除了各种形式的政治民主的国家，也自称其制度在下列意义上是民主的：这种制度符合人民的需要和愿望。"自愿的第三

---

① 缪尔达尔. 亚洲的戏剧：南亚国家贫困问题研究. 塞思·金，缩写. 方福前，译. 北京：商务印书馆，2015：155.
② 缪尔达尔. 亚洲的戏剧：南亚国家贫困问题研究. 塞思·金，缩写. 方福前，译. 北京：商务印书馆，2015：157.

种含义是避免强制。"应当通过说服和调解而不是强制来寻求人民的参与和合作。印度显然是依靠前一种选择。在某种程度上，这种选择对外国观察家来说似乎都是异乎寻常的，无论这些观察家是西方国家的还是共产党国家的。南亚其他国家也作出了类似选择。所有这些方面都被严重地疏忽了，政府政策总是用胡萝卜而不是大棒来行事。"比较"自愿"的三种含义可以发现，第三种含义"在逻辑上或事实上都与其他两种含义不同。它显然与政治民主不吻合。所有这些国家没有让公民承担多少义务，甚至强制推行比西方民主更无效的东西。这种避免强制当然不合乎'自愿'的第一种含义。这种放弃建立和执行规则而不是促进合作，助长了大众的玩世不恭和漠不关心"①。显然，南亚国家对于"避免强制"的偏好，并不是对"自愿"的正确理解。关于"自愿"的正确理解，应当着眼于"自愿"的第一种含义。

（六）民主计划与社会纪律

民主计划需要人民积极主动的自愿参与，但是，民主计划还需要一个条件：严格的社会纪律。如果没有严格的社会纪律，南亚国家几乎没有迅速发展的希望。遗憾的是，这个条件却被自愿理想的模糊言辞掩盖着。缪尔达尔提醒我们：其一，如果没有严格的纪律，一切关于乡村发展的举措将归于无效。其二，没有什么东西比缺乏纪律更危及民主的了。但是，南亚国家的政治和社会状况阻碍了制定赋予更多责任的法规，甚至制定了法律，也不容易得到执行。按照西方人的经验，要解决普遍存

---

① 缪尔达尔. 亚洲的戏剧：南亚国家贫困问题研究. 塞思·金，缩写. 方福前，译. 北京：商务印书馆，2015：160.

在的、严重的无纪律的有效办法，就是尽快建立一套合理的社会规则体系，并加以严格的贯彻执行。但是，西方的经验很难在南亚国家中适用。一方面，"南亚各国有一种历史遗产，这就是殖民主义制度造成的反抗政府的态度，这种态度并没有随着民族独立而消失"。另一方面，是意识形态方面的原因，"南亚新独立的国家普遍接受了西方民主福利国家和共产党国家的平等主义思想"①。如果政治领导人制定的改革措施是为了促进穷苦大众的利益，那么，这样的措施就会在立法与司法两个环节受挫，因为这两个环节的执掌者与穷苦大众在利益诉求上明显错位。

四、腐败对计划的妨碍

在关于计划的论述中，缪尔达尔还专门论及南亚地区的腐败。作为一种政治、经济领域内的异化现象，"腐败在亚洲的重要性突出地表现为这样的事实：在政权崩溃的任何地方，主要的、决定性的原因往往是政治家和行政官员中间普遍存在行为不端，结果是不法行为蔓延至商人和一般公众中间"。换言之，官方行为的腐败不仅引发社会行为的不端，同时还构成政权崩溃的根源。除此之外，腐败还为独裁政权与军事托管提供了某些依据。"独裁政权由于揭露腐败和对冒犯者采取惩罚行为而证明了自己的合法性。军事托管依托的理由往往是消除腐败。假如新政权没有铲除腐败，那么，这就为下一次某种政变准备了

---

① 缪尔达尔. 亚洲的戏剧：南亚国家贫困问题研究. 塞思·金，缩写. 方福前，译. 北京：商务印书馆，2015：161-162.

理由。显然，腐败程度对该地区政府的稳定有直接影响。"① 从计划的角度来看，腐败对于计划也有明显的影响。

如果把计划看作是一个关于现代化的总体方案，那么，腐败就是对现代化的阻击，因而也是对计划与经济发展的障碍。缪尔达尔就此写道："腐败行为对任何实现现代化理想的努力都是极其有害的。腐败盛行造成了发展的强大障碍与抑制。人心涣散的腐败与巩固国家的努力背道而驰。它降低了人们对政府及政府机构的尊敬与忠诚。它经常助长计划中的不合理，限制了计划的范围。用腐败行为赚钱的常见方法是在官方职责中以蓄意阻挠和拖延相威胁。这使南亚的行政管理车轮减慢到毁灭性的程度。行贿者经常可能并不要求官员作出任何非法之举，只不过是想加快政府机构的文件传递和作出决定的速度。"②

腐败的危害是毋庸置疑的。那么，南亚国家是否可能抑制腐败？如何抑制腐败？其他国家有无成功的经验可供借鉴？缪尔达尔回顾了西方国家的历史，他说："英国、荷兰和斯堪的纳维亚国家200年前都曾经腐败丛生，但是现在腐败现象却屈指可数。"这些西欧、北欧国家的腐败是如何得到有效抑制的？原来，"这些国家正是在重商主义和现代福利国家之间的这段自由时间内发展成为强大国家的，其中的一个基本因素是道德的明显加强，特别是在较高的社会阶层。同时，伴随着较低阶层的薪金改革，它往往是通过把习惯性的贿赂转变成为合法酬金来完成的"。这就是说，包括瑞典在内的西欧、北欧国家的经验主要有两点：一是加强较高社会阶层的道德因素；二是较低社会阶层的薪金改革，把过去的不正当的"潜规则"改为正当的

---

① 缪尔达尔. 亚洲的戏剧：南亚国家贫困问题研究. 塞思·金，缩写. 方福前，译. 北京：商务印书馆，2015：177.
② 缪尔达尔. 亚洲的戏剧：南亚国家贫困问题研究. 塞思·金，缩写. 方福前，译. 北京：商务印书馆，2015：182.

"明规则"。缪尔达尔认为，南亚国家能够从研究一百多年前这些西欧、北欧国家进行的改革中学到一些东西。然而，南亚国家与西方国家在初始条件上有一个根本区别，那就是，"在政府活动降低到最低限度期间，这些欧洲国家就达到了政治和行政管理的相对清廉。当国家再度大规模干预经济时，它已经具有高质量的政治和行政管理制度，只需要给予保护和维护即可。另一方面，南亚各国必须在这样一个历史时代反击猖獗的腐败：在这个时代，国家的活动正在激增，相机决策控制权正获得优先地位，甚至这个优先地位超越了所需要的限度。这再一次表明，南亚是计划的第三世界"①。

通过这样的比较可以发现，南亚国家的反腐败与西方国家的反腐败具有一个根本性的差异：西方国家在自由资本主义时期，亦即最小政府时期，就已经实现了政治与行政的相对清廉，以清廉的最小政府作为起点，当政府逐渐变得"较大"以后，要维护它的清廉也是相对容易的。因此，西方国家即使出现了对于经济的较大规模的干预，反腐败的任务也不那么艰巨。因为这些国家已经形成了清廉政治的传统。但是，在南亚国家，腐败发生在国家活动、国家权力、国家干预激增的时代，国家或政府的裁量权居于优先地位，国家或政府配置资源、干预经济的权力甚至超过了必要的限度。在这种情况下，反腐败的难度也就随之增加了。盛行的腐败与国家的相机决策权（亦即自由裁量权）相互对应，助长了计划中的不合理，限制了计划的范围，这个缘故也让缪尔达尔再次得出结论：南亚地区是计划的第三世界，南亚地区的计划既不同于西方国家的计划，也不同于共产党国家的计划——南亚各国腐败与反腐败的特征、规

---

① 缪尔达尔. 亚洲的戏剧：南亚国家贫困问题研究. 塞思·金，缩写. 方福前，译. 北京：商务印书馆，2015：185.

律，也可以说明这一点。

五、结语

上文梳理的几个部分，大致反映了缪尔达尔以计划为核心的宪法经济学思想。从总体上看，缪尔达尔的宪法经济学具有两个方面的特征：一是跨学科的理论自觉。按照缪尔达尔的阐述，计划并不是单纯的经济计划；即使是经济计划，其指向也远远超越于经济之外。计划与经济平等、社会平等不可分割，计划与民主政治、社会规范也不可分割，政治上、经济上的腐败会严重地妨碍计划的有效性。这样的旨趣表明，缪尔达尔关于计划的理论，既是政治经济学理论，也是宪法经济学理论。按照他自己的说法：根本就"不存在专门的'经济'问题，存在的只是各种各样的问题，所以，'经济'与'非经济'因素之间的区别大多只是人为的区别"[①]。正是这样的通透感与跨学科的理论自觉，让缪尔达尔的学术思想在专业性的经济学之外，也产生了广泛的影响。二是为穷人说话的理论自觉。如前所述，1974 年，缪尔达尔与哈耶克共同获得了诺贝尔经济学奖。缪尔达尔虽然接受了这个项奖，但他后来又后悔自己接受了这个奖项。他认为，此次评奖具有政治意义，与其说是一项经济学奖，不如说是一项"政治奖"。他说："将诺贝尔经济学奖同时授予我们，一位持自由的或激进的政治观点，另一位却持保守的甚至反动的政治观

点，这是为了在政治上以示公正而作的一种平衡。"① 缪尔达尔在此所说的"保守"与"反动"，含有某种自豪的意味。有一个细节也许可以说明这样的意味：缪尔达尔与哈耶克"在颁奖典礼上，后者将手有礼貌地伸向他时，他拒绝了，因为他认为哈耶克是替这个世界的富人说话的"②。这个富有象征意义的姿态表明，所谓"反动"，是指他站在自由主义经济学的对立面，同时也是站在富人的对立面。所谓"保守"，是指他不认同哈耶克所代表的主流经济学；在他看来，哈耶克所代表的自由主义经济学，主要是站在富人的立场上，而他自己，则是站在穷人的立场上来理解经济、政治与法律的。

缪尔达尔以计划为核心的宪法经济学，对于当代中国的理论与实践也有一定的启示意义。一方面，从实践的角度来看，当下的中国虽然不再是一个纯粹的计划经济国家，虽然已经从计划经济转向了市场经济，但是，计划对于中国经济、政治、社会的影响依然是较大的。正如西方国家也有计划一样，当代中国在强调市场配置资源的同时，依然会发挥计划的作用。然而，如何处理计划与市场的关系，特别是如何处理计划与平等、民主的关系，如何遏制计划制订与实施过程中的腐败，既是20世纪50、60年代南亚国家面临的问题，同时也是当代中国应当思考的问题。缪尔达尔关于南亚计划的理论阐述，可以为当代中国的计划提供一面镜鉴。另一方面，从理论的角度来看，当代中国关于计划的经济理论虽然很庞大，但是关于计划的法律理论却相当欠缺。学界习惯于把计划作为一个单纯的经济问题来理解，然而计划作为配置资源的方式，也是一个法学问题，尤其是一个宪法经济学的问题。计划的制订主体与制订程序，

① 李仁贵. 诺贝尔经济学奖得主轶事. 中国经营报，2001-10-23（18）.
② 卢周来. 关于贫困的经济学札记. 上海文学，2002（8）.

计划的执行主体与保障机制，计划的法律效力，计划制订和执行过程中的公众参与，计划如何在民主、法治的轨道上运行，计划与分配正义，计划与矫正正义，诸如此类的问题，都可以归属于以计划为核心的宪法经济学。因而，以计划为核心的宪法经济学，在当代中国有广阔的理论空间。以上两个方面表明，缪尔达尔阐述的以计划为中心的宪法经济学思想，在半个世纪之后的当代中国与当代世界，依然不乏其理论与方法论上的启示意义。

原刊《社会科学战线》2018 年第 4 期

附录　孝治的终结与法治的兴起

一、问题的提出与界定

2012 年修订的《老年人权益保障法》从 2013 年 7 月 1 日起开始实施，最引人关注的是其中的第 18 条："家庭成员应当关心老年人的精神需求，不得忽视、冷落老年人。与老年人分开居住的家庭成员，应当经常看望或者问候老年人。用人单位应当按照国家有关规定保障赡养人探亲休假的权利。"

由于每个人都有家庭，每个家庭都有"老年人"或"家庭成员""赡养人"，或者说，由于每个人都会充当"家庭成员"或"赡养人"的角色，甚至都会成为"老年人"，所以，这个条款与每个中国人都息息相关，并成为覆盖所有社会成员的条款。

正是由于这个缘故，这个条款成为公共舆论的焦点。① 不过，在相关的报道与评论中，无论是立法机关、司法机关还是社会舆论，都习惯于把这个条款的中心思想解读为"孝道入法"。譬如，有全国人大代表（相当于西方的国会议员）认为，"我国自古就讲究孝道。我很赞同把常回家看看写进法律"。这位代表还认为，"如果子女不孝顺，用法律的形式来规定子女尽孝义务，是很必要的"②。律师界则有人认为，这个条款"发挥着彰显孝道和强调孝道的作用"③。按照这些颇具代表性的说法，《老年人权益保障法》第18条是对孝道的法律确认，是以法律的方式对孝道的彰显与强调。

本文认为，这样的解读出现在大众媒体中，无可厚非，但是，如果从严格的法学理论的要求来看，这样的解读既不妥当，也不精准。事实上，这个条款并不是在确认传统中国的孝道，而是以法律的形式，正式宣告了孝道的隐退以及孝治的终结，同时，它还宣告了法理的高调登场以及法治的全面兴起。

有必要先就孝道、孝治以及法理、法治这两对概念进行初步的界定。就孝道与孝治的关系而言，孝道是国家提倡的，孝治是国家实行的，两者是"里"与"表"的关系、精神与制度的关系、理论与实践的关系。把孝道用于实践，就是孝治；支撑孝治的理据，就是孝道。如果没有实践层面的孝治，理论层面的孝道就会式微；如果没有理论层面的孝道，孝治就不能获得"名正言顺"的效果。正是在这个意义上，我们可以说，孝

① 譬如，子女为什么不愿"常回家看看". 南方日报，2013-07-19（A19）.这篇报道提出的核心问题是："为何'常回家看看'这一基本尽孝之道如今却要用法律来保障？"
② 全国人大内司委内务室负责人权威解读"常回家看看"，可在判决中应用非倡导性条款. 法制日报，2013-07-20（3）.
③ "常回家看看"入法能否破解孝道焦虑. 内蒙古日报，2013-07-15（5）.

道的隐退与孝治的终结是同一个事物的不同侧面——虽然在时间先后上略有差异。同样，在法理与法治之间，也具有这样的关系：法理的彰显与法治的兴起具有正相关关系。一个人人、事事都讲法理的国家和社会，就是一个法治的国家和社会。反过来也是成立的：在一个法治的国家与社会，支配人们言说与交往的"理"，一定是法理。这就是说，法理是道，相当于传统的"孝道"，是孝道的对应物，是精神，是理论。法治则是制度与实践，是孝治的对应物。因此，下文的分析，虽然有时着眼于孝道，有时着眼于孝治；有的地方着眼于法理，有的地方着眼于法治，但都在于描述一个整体性的治道变迁趋势：从孝道的隐退、孝治的终结到法理的登场、法治的兴起。

无论是孝道、孝治，还是法理、法治，都是抽象的"大词"或所谓的"宏大叙事"。但是，《老年人权益保障法》第18条把它具体化、具象化了。以这个具体的条款作为切入点，作为解剖的标本，可以从"一斑"而窥"全豹"，可以看到一条基本的变迁轨迹：孝治是如何终结的，法治是如何兴起的。

也许有人认为，把《老年人权益保障法》第18条这样一个孤立的条款与中国的治道变迁联系起来，有牵强附会之嫌，因为这个条款看起来并没有那么大的"意义"，以这个条款来阐释中国治道的变迁，会让它承受过于沉重的负担。对于这种可能出现的质疑，我愿意预先作出回答：且不说"以小见大"本身就是一种可行的法学研究方法[①]，单就这个条款本身而言，它甫一问世，就引起了广泛的争论。有人赞同，也有人反对，更有人心存疑虑：这样一个法律条款，能在实践中有效运行吗？能得到司法机关的强制执行吗？在当代中国千千万万的法律条款中，

---

① 邓正来. 法学研究中"以小见大"的个案. 法制与社会发展，2006（4）.
俞金尧. 微观史研究：以小见大. 史学理论研究，1999（1）.

这样的情况不能说绝无仅有，至少也是比较少见的。这就意味着，这个条款并不是一个单纯的法律条款，它牵涉到法律之外的很多东西，譬如法律与道德的关系、法律与伦理的关系，等等。但在本文看来，这个条款蕴含着的、最值得我们索解的主题，却是中国治道的转型。这就是本文对于这个条款的解读方式。

中国治道的变迁并非始于这个条款开始施行的 2013 年。事实上，绝对静止不变的治道是不存在的。治道的变化每天都在发生，缓慢的变迁或渐变发生在任何时代。即使是在转型或剧变的现当代，中国治道的变迁也经历了百年以上，或者说，百年中国都处于治道转型的路途中。但是，从法学的立场来看，《老年人权益保障法》第 18 条却是一个难得的标本，它以国家法律的形式，正式宣告了传统中国实行了数千年之久的孝治的终结，同时也宣告了法治的兴起，尤其是，正在兴起的法治如何体现在社会生活的细节之中，这就是本文旨在阐明的主题。为了有效地阐明这个主题，本文拟从以下几个方面展开：首先分析《老年人权益保障法》第 18 条中的法理与孝道。接下来，从历史演进的维度，描述孝治在传统中国的基本特征及其发生机制。在此基础上，剖析法治取代孝治的过程与动因。最后，回到《老年人权益保障法》第 18 条，指出这个条款在孝治终结与法治兴起过程中的标本意义。

二、《老年人权益保障法》第 18 条中的法理与孝道

在《老年人权益保障法》第 18 条中，甚至在整部《老年人权益保障法》中，都没有出现"孝"这个字，当然也没有"孝道""孝治"。因此，从法律文本上看，从规范实证的角度来看，

《老年人权益保障法》第 18 条并没有宣扬传统中国的孝道与孝治，它宣扬的是现代中国的法理与法治。让我们结合条文的内容，进行具体的分析。

按照第 18 条第 1 款的规定，"家庭成员应当关心老年人的精神需求，不得忽视、冷落老年人"。本款法律规定区分了法律关系中两类不同的主体："家庭成员"与"老年人"。一方面，"家庭成员"是指家庭内部的所有个体，任何个体都是"家庭成员"的组成部分。"家庭成员"之间是相互平等的关系，家庭内部的任何成员都没有优越于其他成员的特殊地位，任何"家庭成员"都不享有特权。这是"家庭成员"这个法律用语的法理意涵。另一方面，"老年人"是指"家庭成员"中年龄超过 60 周岁的成员（按照《老年人权益保障法》第 2 条的规定）。"60 周岁"是一个自然条件或物理刻度，它不包括，至少不强调年龄之外的其他特征，诸如智力、德行、性别、文化程度、社会地位、经济状况，等等。"老年人"这样的表达方式，仅仅在于突出其"年老"的特征。而且，第 18 条要求"家庭成员"应当关心"老年人"，不得忽视、冷落"老年人"，其实是以含蓄、委婉的方式，客观地记载了"老年人"相对于其他家庭成员的弱势地位，甚至是病态状况——正如波斯纳所言，"老人与年轻人的唯一区别是前者更容易得更严重的病。如果老人恰巧不是这样的话，那他就是一个年轻人"①。因此，第 18 条第 1 款的

---

① 波斯纳. 衰老与年龄. 周云，译. 北京：中国政法大学出版社，2001：17. 波纳斯还详细地列举了老年人的特征："躯体方面的衰老指运动能力、反应、肌肉的健康度下降；身体的健康程度、精力和耐力的下降；视力、听力和其他感官能力的下降；生育能力和性功能的下降；秃顶、发色变化以及皮肤平滑度的下降；免疫系统功能的下降；身高以及肌肉占体重的比例的变化。精神方面的衰老包括丧失记忆；缺乏不顾一切的热情和性欲；不愿冒金融风险；解决问题能力的低下；接受新观点或重新审视自己的旧观点的意愿减弱。"这可以说是对《老年人权益保障法》第 18 条中的"老年人"的科学的注释。波斯纳. 衰老与年龄. 周云，译. 北京：中国政法大学出版社，2001：18.

潜在意义是：在"家庭成员"中，身强力壮者应当关心年老体弱者。它强化的是强者对弱者的关心，是全球性的"弱而愚的人"这种法律形象在《老年人权益保障法》中的具体体现[①]，亦是 20 世纪以来世界性的福利立法或福利法治实践在《老年人权益保障法》中的体现，与传统中国的孝道几乎没有任何关系。

再看第 18 条第 2 款的规定："与老年人分开居住的家庭成员，应当经常看望或者问候老年人。"本款法律规定并区分了法律关系的两种主体："家庭成员"与"老年人"。这里的"老年人"与前款中的一样，是指年龄超过 60 周岁的人。与"老年人"相对应且与"老年人"形成法律关系的另一种主体是"家庭成员"，在本款中，特指与"老年人"分开居住的"家庭成员"。他们除了要履行其他法律规定的赡养义务之外，按照本款的规定，还应当经常"看望或者问候"老年人，亦即应当履行"看望、问候义务"。这项法律义务的具体内容是：与"老年人"见面和说话。至于见面的时间长短、说话的具体内容，乃至以什么样的语气说话，法律是无法规定的。"家庭成员"应当履行的这种法定义务，与传统中国的孝道也没有关系。因为在这个条款中，只规定了"家庭成员"与"老年人"之间的法律关系：与"老年人"分开居住的"家庭成员"，要么履行看望义务，要么履行问候义务，要么两种义务同时履行，都符合法律的规定，但就是与传统中国的孝道无关。

再看第 18 条第 3 款的规定："用人单位应当按照国家有关规定保障赡养人探亲休假的权利。"这个条款进一步强化了"赡养人"与"老年人"之间的法律关系，其实也进一步弱化了

---

① 关于"法律中的人的形象"的研究表明，19 世纪以前，法律中的人的形象主要是"强而智"，20 世纪以后，随着福利立法的兴起，法律中的人的形象出现了"弱而愚的人"。星野英一. 私法上的人. 王闯，译. 北京：中国法制出版社，2004：50.

"赡养人"对"老年人"的孝道。因为在传统的孝道与孝治中，子孙对父祖的孝是没有条件的，且构成了一种相对封闭的关系。在通常情况下，它不需要外在条件的支撑。如果说子孙对父祖的孝也与政治、社会相关的话，那么，实际情况是，子孙对父祖的孝居于优先地位。但是，按照第 18 条第 3 款的规定，"赡养人"看望、问候义务的履行，还有赖于用人单位是否按照法律、法规的规定"保障赡养人探亲休假的权利"。这就是说，如果用人单位未能履行这样的保障义务，即"保障赡养人探亲休假的权利"的义务，那么"赡养人"的看望、问候义务也是无法履行的。而现在的实际情况是，用人单位并不会强制剥夺"赡养人探亲休假的权利"，但是，用人单位会用经济手段（譬如，请假就扣工资、扣奖金之类）让"赡养人"主动、自愿地放弃"探亲休假的权利"。因此，第 18 条第 3 款一方面是在要求用人单位保障"赡养人探亲休假的权利"，另一方面也揭示了"赡养人"履行看望、问候义务的限制条件。换言之，"赡养人"在履行这种义务时并不是自主的，而是受制于用人单位的意志。但用人单位的意志主要是受经济逻辑的支配，作为单位员工的"赡养人"是否尽到了看望、问候的义务，并不是它特别考虑、特别看重的一个问题。

把第 18 条的 3 款内容综合起来可以看到，它主要包含四类主体："老年人""家庭成员""赡养人""用人单位"。所谓"老年人"，如前所述，是指年满 60 周岁的自然人。作为一个中性的法律概念，它并不含有任何伦理因素、道德因素、智力因素，甚至没有暗示自然年龄之外的这些因素。所谓"家庭成员"，是指与"老年人"在一个自然家庭中共同生活的人。所谓"赡养人"，是对"老年人"负有赡养义务但又没有与"老年人"共同生活的人。所谓"用人单位"，在第 18 条中特指"赡养人"所在的用人单位，亦即雇用"赡养人"的单位。这四类主体之间所形成的法律关系主要包括以下两种。

第一是"老年人"与"家庭成员"的关系。这两种主体共同生活在一个自然家庭中,"家庭成员"负有关心"老年人"精神需求的义务。从法律上看,这是一个需要积极履行的作为义务;同时,法律还通过一个禁止性规定,要求"家庭成员"履行一个消极的不作为义务:"家庭成员"不得忽视、冷落"老年人"。这就是两者之间法律关系的全部内容。

第二是"老年人""赡养人""用人单位"之间形成的法律关系,它适用于"赡养人"与"老年人"分开居住的情形。其中,"赡养人"应当积极履行的作为义务是:经常看望或问候"老年人"。"用人单位"应当积极履行的作为义务是:保障"赡养人"探亲休假的权利,为"赡养人"履行义务提供保障。这就是三种主体之间法律关系的全部内容。

以上两个方面的法律关系表明,《老年人权益保障法》第18条没有孝,只有法;没有孝道,只有法理;没有孝治,只有法治。在这个条款中,"孝""孝道""孝治"已经彻底隐退了,因为"老年人"与"家庭成员""赡养人"的关系,并不属于孝道治理的范围,并不能用孝道、孝治来分析,而是法律治理的领域,是可以通过法理来分析的领域。这就是我们对这个条款进行分析后得出的初步结论。

对于这个结论,也许有人会提出疑问:难道"家庭成员"关心老年人的精神需求,"赡养人"经常看望、问候"老年人"不是"孝"或"孝道"的表现?法律提出了这样的要求,难道不是孝道、孝治的直观体现?我们的回答是否定的。除了以上提及的原因之外,更根本的原因是:孝道及其支撑的孝治,是一种特定的治理模式。对这种治理模式的特征及发生机理,应当予以辨析。

三、孝治的基本特征与发生机理

要阐明孝治的基本特征与发生机理，不妨从"孝"这个字说起。孝的含义是什么？《说文解字》（卷八）称："孝，善事父母者。从老省，从子。子承老也。"这就是说，孝是子对父母的孝敬、顺从。从源头上说，孝的意识产生于中华文明初期的祖先崇拜。早在夏朝，舜就以孝顺父母而著称，并因孝顺父母而成为尧的政治继承人。殷商时期，殷王武丁的太子就叫"孝已"。到了周朝，文献中关于孝的记载开始增多，《诗经》中的"有冯有翼，有孝有德，以引以翼"①，以及"永言孝思，孝思维则"②；还有《尚书》中的"汝肇刑文武，用会绍乃辟，追孝于前文人"③，等等，都表现了西周时期的孝的观念。迁延至春秋战国时代，孝的观念得到了进一步的弘扬。有一些诸侯，诸如鲁孝公、晋孝侯、秦孝公、赵孝成王、燕孝王等，在他们留传于后世的名号中，已经强调了孝的价值。在诸子百家中，《墨子》所说的"为人子必孝"④，《论语》所说的"宗族称孝焉"⑤，则体现了当时的主流思想界对于孝的认知。

在先秦以前，虽然已经出现了孝的观念与意识，但是把孝作为一种"道"，把孝道作为国家的主流意识形态，把孝治作为

---

① 诗经. 王秀梅，译注. 北京：中华书局，2015：653.
② 诗经. 王秀梅，译注. 北京：中华书局，2015：616.
③ 尚书. 王世舜，王翠叶，译注. 北京：中华书局，2012：336-337.
④ 墨子. 方勇，译注. 北京：中华书局，2011：150.
⑤ 论语·大学·中庸. 陈晓芬，徐儒宗，译注. 北京：中华书局，2015：158.

主导性的国家治理方式，大致是从汉代开始的。这种由孝道支撑起来的制度化的孝治，在从汉代到清代两千多年的时间里，虽然有一些起伏与变迁，但一直绵延不绝，成为华夏文明的一粒坚硬的内核。作为一种国家治理方式，孝治的基本特征可以归纳为以下两个方面。

一是以《孝经》作为普遍性的行为规范。

从汉代开始，《孝经》取得了"经"的地位，甚至在序列上，有时还排在《论语》《尚书》之前。譬如，汉昭帝发布的诏书称："朕以眇身获保宗庙，战战栗栗，夙兴夜寐，修故帝王之事，通保傅传、孝经、论语、尚书，未云有明。"① 地位如此重要的《孝经》，它到底宣扬了什么呢？

在《孝经》第一章"开宗明义"中，就对孝给出了一个权威的界定："夫孝，德之本也，教之所由生也。"又说："身体发肤，受之父母，不敢毁伤，孝至始也。立身行道，扬名于后世，以显父母，孝之终也。夫孝，始于事亲，中于事君，终于立身。"按照这样的解释，孝是人世间最高的价值，是一切德行的根本，也是人类教化产生的根源。分而论之，孝可以包含两个层次：孝的最低要求是不能毁伤身体发肤，因为它们来源于父母；孝的最高表现是使父母显赫荣耀，亦即后世所说的光宗耀祖。这就是传统中国的孝道的核心内容。

接下来的五章，分别论述了天子之孝、诸侯之孝、卿大夫之孝、士之孝，以及庶人之孝。这样的安排意味着，任何人都应当服从孝道，不得违反孝道；孝道对所有人都具有规范性，所有人都生活在孝道之下，都要服从孝道的治理。这就是传统中国的孝治。当然，由于身份的差异，不同的人应当按照自己的身份来遵守孝道。具体地说，天子之孝在于"爱敬尽于事亲，

---

① 班固. 汉书. 北京：中华书局，2007：54.

而德孝加于百姓，刑于四海"（《孝经》第二章）；诸侯之孝在于"保其社稷，而和其民人"（《孝经》第三章）；卿大夫之孝，体现在"非先王之法服不敢服，非先王之法言不敢道，非先王之德行不敢行"（《孝经》第四章）；士之孝体现为"忠顺不失，以事其上，然后能保其禄位，而守其祭祀"（《孝经》第五章）；至于庶人之孝，则体现在"用天之道，分地之利，谨身节用，以养父母"（《孝经》第六章）。在接下来的第七章，又说："夫孝，天之经也，地之义也，民之行也。"这就是说，孝既相当于抽象的自然法（"天之经"），又相当于具体的实在法（"民之行"）。由此可见，《孝经》实为普遍性的行为规范，以《孝经》表达的孝道治世，即为孝治。正是按照这样的逻辑，《孝经》第八章在"孝治"的标题下，正式提出了"以孝治天下"的主张："昔者明王之以孝治天下也，不敢遗小国之臣，而况于公、侯、伯、子、男乎，故得万国之欢心，以事其先王。治国者不敢侮于鳏寡，而况于士民乎，故得百姓之欢心，以事其先君。治家者不敢失于臣妾，而况于妻子乎，故得人之欢心，以事其亲。夫然，故生则亲安之，祭则鬼享之。是以天下和平，灾害不生，祸乱不作。故明王之以孝治天下也如此。"这样的孝治及其背后的孝道，显然是传统中国特有的文明秩序的产物。

二是按照孝道安排各种具体的制度。

由《孝经》所表达的孝道不仅构成所有人的行为规范，还支配各种具体制度的安排。诸如教育制度、司法制度及其他方面的制度，都是按照孝的要求来设计的。

在教育制度中，《孝经》成为不同阶层的子弟接受教育的核心课程。在皇室内部，汉朝已把《孝经》列为皇室子弟的必修课。比如，汉景帝时期，曾"下诏曰：'广川惠王于朕为兄，朕不忍绝其宗庙，其以惠王孙去为广川王。'去即缪王齐太子也，师受易、论语、孝经皆通"①。这段史料告诉我们，广川王刘去已经掌握了比较全面的知识，其知识体系的主要内容就是易经、论语、孝经。在皇室之外，在有机会接受教育的其他社会阶层，《孝经》同样是教育体系中的重要内容。譬如，东汉时期的邓彪，"少励志，修孝行。父卒，让国于异母弟荆凤，显宗高其节，下诏许焉"②。在这里，"孝行"成为邓彪的一个突出优势。迁延至清朝后期，《弘一法师年表》记载了这样一条信息：1887年的李叔同"从常云庄家馆受业，读《文选》、《孝经》、《毛诗》等。日诵五百，过目不忘"③。这就是说，直至19世纪后半叶，《孝经》依然是基础教育的核心课程。

就司法制度来看，孝既是司法追求的价值目标，也是司法裁决的普遍依据。程树德的《九朝律考》一书，就援引了多个朝代的司法案例，其中，对不孝行为的惩罚，几乎见于汉朝以降的每一个朝代。譬如，西汉时期，"太子爽坐告王父，不孝弃市"④。东汉时期的张敏，于"建初二年，举孝廉，四迁，五年，为尚书。建初中，有人侮辱人父者，而其子杀之，肃宗贳其死刑而降宥之，自后因以为比"⑤。北魏时期，"冀州阜城民费羊皮母亡，家贫无以葬，卖七岁子与同城人张回为婢。回转卖于郓县民梁定之，而不言良状。案盗律'掠人、掠卖人、和卖人为奴婢者，死'。回故买羊皮女，谋以转卖。依律处绞刑"。此案经过廷尉少卿杨钧、三公郎中崔鸿、太保王雍反复议论，朝廷最终作出的决定是："羊皮卖女葬母，孝诚可嘉，便可特原。"⑥唐穆

① 班固. 汉书. 北京：中华书局，2007：540.
② 范晔. 后汉书. 李贤，等注. 北京：中华书局，2000：1009.
③ 李叔同. 禅灯梦影. 武汉：武汉出版社，2009：203.
④ 程树德. 九朝律考. 北京：中华书局，1963：95.
⑤ 范晔. 后汉书. 李贤，等注. 北京：中华书局，2000：1014.
⑥ 魏收. 魏书. 北京：中华书局，2000：1925-1927.

宗时期，"兴平民上官兴杀人亡命，吏囚其父。兴闻，自首请罪。京兆尹杜悰、御史中丞宇文鼎以自归死免父之囚，可劝风俗，议减死。彦威上言：'杀人者死，百王共守。原而不杀，是教杀人。'有诏贷死，彦威诣宰相据法争论，下迁河南少尹。俄改司农卿"①。这些典型案例，都可以说明孝道对于司法裁判的规范性。

此外，汉代开创的"举孝廉"制度，就是把"孝"作为选官任官的核心标准。汉武帝当政时期，"元光元年冬十一月，初令郡国举孝廉一人"②。这也许是"举孝廉"制度的开始。元朔元年（前 128 年）冬十一月，汉武帝又发布诏书："朕夙兴夜寐，嘉与宇内之士臻于斯路。故旅耆老，复孝敬，选豪俊，讲文学，稽参政事，祈进民心，深诏执事，兴廉举孝，庶几成风。"这就是说，"举孝"已经成为一种普遍性的官员选拔制度。东汉时期，还对"举孝"的名额进行了分配："时大郡口五六十万举孝廉二人，小郡口二十万并有蛮夷者亦举二人，帝以为不均，下公卿会议。鸿与司空刘方上言：'凡口率之科，宜有阶品，蛮夷错杂，不得为数。自今郡国率二十万口岁举孝廉一人，四十万二人，六十万三人，八十万四人，百万五人，百二十万六人。不满二十万二岁一人，不满十万三岁一人。'帝从之。"③隋唐之后，随着科举制度的日渐完善，"孝举"制度日渐式微，但至少在有汉一代，"孝举"或"举孝"是一种普遍的选官制度。

以上分析表明，传统中国的孝治主要包括两个方面的特征：一是以《孝经》作为普遍的行为规范，二是以孝为价值导向来

---

① 欧阳修，宋祁. 新唐书. 北京：中华书局，2000：3929.
② 班固. 汉书. 北京：中华书局，2007：40.
③ 范晔. 后汉书. 李贤，等注. 北京：中华书局，2000：851-852.

安排各种具体的制度。这就是传统中国居于主导地位的孝治。当然，在看到孝治的主导地位的同时，还应当注意两点：第一，在不同的时代，孝治的具体形态并不完全等同。汉代最具典型性，但在魏晋以后的其他朝代，孝治从总体上看一直是坚挺的。第二，历代政权在坚持孝治的同时，并没有忽视刑律等其他治理工具的价值与作用。事实上，"孝"是"礼"的重要组成部分，甚至是"礼"的核心成分。如果说"出于礼则入于刑"可以成立，那么我们也可以说，在传统中国存在"出于孝则入于刑"。正如《孝经》第十一章所言："五刑之属三千，而罪莫大于不孝，要君者无上，非圣人者无法，非孝者无亲，此大乱之道也。"据此，刑律乃孝道的一种保障措施。无论如何，孝治在传统中国是居于主导地位的治理模式，占据了礼治的核心地带，是礼治的核心内容。这是没有问题的。[①]

那么，传统中国为什么会选择孝治这种治理模式？或者说，从发生学的角度上说，传统中国的孝治是如何产生的？对此，我们可以从以下两个方面加以分析。

一是孝治是传统中国家国同构的产物。

传统中国对孝道、孝治的强调与推崇，有一个根本的价值目标：维护君主的权威，维护君主对于全国的有效治理。这个价值目标被镶嵌在传统中国的文明秩序中，这个文明秩序包含一个重要的特征，那就是家国同构：家是国的缩小，国是家的放大；或者说，一个家长就像家庭内部的小君主，而一个君主

---

① 《礼记·礼运》云："圣人之所以治人七情，修十义，讲信修睦，尚辞让，去争夺，舍礼何以治之？"这就是关于礼治的经典表达。这里值得注意的是，在"十义"中，居于首要地位的"两义"即为"父慈、子孝"，其他的"八义"——"兄良、弟悌、夫义、妇听、长惠、幼顺、君仁、臣忠"，都可以视为"父慈、子孝"的延伸。正是在这个意义上我们可以说，孝是礼的灵魂，孝治是礼治的核心内容。

就相当于全国这个大家庭的大家长。在这样的文明秩序格局中，如果全国民众都习惯于对家长保持原教旨主义的孝道，那么，全国民众也会习惯于对君主保持原教旨主义的忠诚。因为家国同构，家与国遵循同样的逻辑，对家父的孝可以很自然地转化成为对国君的忠。如果全国民众都习惯于效忠君主，那么，这对于君主的统治地位，将会提供有力的道义支撑。这就是传统中国强调孝道、孝治的一个根本原因。而且，孝治的有效性，还可以在比较中得到证明。在汉朝之前的秦朝，虽然也强调君主的权威和统治地位，但它却把这种权威和统治地位建立在暴力的基础上。然而，历史证明，像秦王朝那样完全依赖暴力的统治，是难以为继的，且"防民之口，甚于防川"，"水可载舟，亦可覆舟"。这些格言式的经验之谈都说明，仅仅依靠暴力不足以建立稳定而可靠的权威，亦不足以形成持续的政治统治。正是鉴于秦政的覆灭，继秦而起的汉王朝开始通过强调孝道、推行孝治，试图为国家政权的巩固提供道义上、精神上、心理上的支持。

二是孝治是传统中国圣贤政治的产物。

圣贤政治一直是中国的政治理想。在《尚书·尧典》中，我们可以看到这种圣贤政治的最早表达："曰若稽古帝尧，曰放勋，钦明文思安安，允恭克让，光被四表，格于上下。克明俊德，以亲九族。九族既睦，平章百姓。百姓昭明，协和万邦。黎民于变时雍。"这里的"钦明文思"，代表了四种内在的道德品质，它们分别是指：敬事节用、照临四方、经纬天地、道德纯备。将这四种内在美德践之于行，尧又显示出诚信、勤勉、善能、谦让的品质。其实，这些德行与品质，无论是内涵还是外延，都是比较含糊的。在一定程度上，与其说它们是尧的品质，还不如说是一个理想的政治领袖应当具备的品质。正是因为有这样的德行、品质，所以天地之间、四面八方，都充满了尧的光芒与恩泽。由此，我们就可以看到一个具有神奇魅力的政治领袖的形象，或一种理想型政治人格的形象。这种政治形象的核心特征不是武力，甚至也不是智慧，而是美德或德行。因此，政治之德高于政治之智。这样的政治形象与柏拉图构想的"哲学王"形象是不同的。"哲学王"的含义是"智者之治"，政治领袖应当由智者充任。但在《尚书》中，政治领袖是"德者"。政治领袖的首要品质是德行。这样的政治领袖，就像全国人民的父亲一样值得孝顺。因此，圣人之治就是圣治，亦是孝治——正如《孝经》第九章在"圣治"的标题下所言："天地之性，惟人为贵。人之行，莫大于孝。孝莫大于严父，严父莫大于配天，则周公其人也。昔者周公郊祀后稷，以配天。宗祀文王于明堂，以配上帝。是以四海之内，各以其职来祭。夫圣人之德，又何以加于孝乎。"可见，孝治就是圣治，它是中国圣贤政治的逻辑结果与必然产物。

除了以上两个方面的机理，孝治的产生还有其他方面的原因，对此，下文在解释孝治转向法治的动因时，还将作进一步的说明。把各个方面的原因结合起来，可以说明，孝道及其支撑的孝治，乃是特定政治、经济、文化条件的产物。只有在传统中国各种因素的交互作用下，才可能滋生出传统中国的孝治。在各种因素都不复存在的情况下，传统中国的孝道与孝治必然发生相应的转变。

四、孝治转向法治的过程与动因

到了清末民初，传统中国的孝治趋于终结，为孝治提供理据支撑的孝道也逐渐式微，走上了穷途末路。经过一百多

年的政治变迁、社会转型、文化更替，时至今日，法治已经
有效地取代了孝治。相对于孝道，法理作为一种新型的
"理"，作为一套新型的话语系统，更多地支配了人们言说与
行动的理据——现在，无论是法治国家还是法治社会，都必
须以法理作为依据，都必须遵循"法之理"。从时间维度来
看，从孝治到法治的转向经历了一个漫长的过程，这个过程
可以分成三个阶段来观察。

第一个阶段，是孝治、孝道的衰落。20 世纪初期，在激进
的、持续的反传统的社会运动中，在"打倒孔家店"的口号下，
儒家学说被妖魔化，传统的宗法制度、家庭制度也随之被妖魔
化，并随之失去合法性。在《湖南农民运动考察报告》中，政
治领袖毛泽东把依附于家庭制度的族权、夫权与政权、神权并
列起来，合称为"束缚中国人民特别是农民的四条极大的绳
索"①。以家庭、家族为基础的族权既然是束缚中国人民的绳
索，当然是要祛除的。在文化旗手鲁迅的《狂人日记》中，传
统家庭具有"吃人"的本性。② 文学巨匠巴金的代表作《家》，
对传统中国的家长权威、家长形象的毁损则更加脍炙人口、影
响深远。按照毛泽东、鲁迅、巴金这些代表人物的论述，族
长、家长、家父不仅不值得孝敬，简直就是罪恶的渊薮；年
轻人只有冲破旧式家长控制的家庭牢笼，只有像《家》里的
高觉慧那样"走出去"，才有希望。这样的主流文献激起的时
代浪潮，有力地销蚀了孝道的社会基础，使孝道坍塌，使孝
治衰败。

① 毛泽东. 毛泽东选集：第一卷. 北京：人民出版社，1991：31.
② 鲁迅的原话是："我翻开历史一查，这历史没有年代，歪歪斜斜的每叶上
都写着'仁义道德'几个字。我横竖睡不着，仔细看了半夜，才从字缝里看出字
来，满本都写着两个字是'吃人'!"鲁迅. 鲁迅全集：第一卷. 北京：人民文学出
版社，2005：447.

第二个阶段，是权治、权威的出现。孝道坍塌、孝治衰败，意味着旧的治道已经退出了历史舞台，但是，新的制度化的国家治理方式、社会治理方式并未紧接着出现。在数十年的"长程革命"过程中，政治与社会都处于急剧的转型状态，没有形成稳定而制度化的治理模式。在这样的转型过程中，以强制力作为后盾的"权治"，大致可以描述从 20 世纪初期到六七十年代的治理模式。所谓"权治"，即是权力、权威对国家与社会的治理，更通俗地说，就是权力、权威支配一切。毛泽东提出的"政权是由枪杆子中取得的"①，就是对这种"权治"的一种描述。甚至到 1949 年新中国成立之后，斗争、镇压、打击依然成为治理国家、治理社会的常态。与这种"权治"模式相适应，司法机关被视为"刀把子"，法律被称为以国家强制力作为后盾的国家意志的体现。这种中国式的法律实证主义观念，其实正是"权治"模式的伴生物。这样的"权治"实践，几乎从民国初年开始，一直延续至 20 世纪 70 年代末期。数十年间，虽然"权治"的实践一以贯之，政治领袖的权威确实也很高，但是，"权治"在实际效果与合法性两个方面都存在较多的疑问。一方面，在实际效果上，由于绝对权力的"无法无天"，难以约束，难免腐败，因而在权力、权威的治理下，国家与社会都出现了诸多问题。对此，邓小平在 1980 年的《党和国家领导制度的改革》一文中，已经作出了高度的概括。② 正是在诸多问题面前，邓小平才提出了"搞法制"的主张，他说："还是要靠法制，搞法制靠得住些"③。另一方面，"权治"在合法性上还存在更深层的困境，因为它把政治的终极理据诉诸权力、个人权威或国

---

① 毛泽东. 毛泽东文集：第一卷. 北京：人民出版社，1993：47.
② 邓小平. 邓小平文选：第二卷. 北京：人民出版社，1994：320.
③ 邓小平. 邓小平文选：第三卷. 北京：人民出版社，1993：379.

家暴力，这也使国家政治在道义方面缺少足够的支撑，过度消耗了国家政治的伦理资源。

第三个阶段，是法治、法理的兴起。自 20 世纪 80 年代以后，在权治中国的困境中，"搞法制靠得住些"的新认识，从法理上打开了通往法治之路。作为"词"的法理、作为"物"的法治由此开始兴起，经过 30 多年的演进，逐渐成了当代中国居于主导地位的话语模式与治理方式。由法理支撑的法治在当代中国的兴起可以从多个方面来描述。按照国务院新闻办公室 2008 年 2 月发布的《中国的法治建设》白皮书的概括，当代中国法治的兴起主要体现在以下几个方面：（1）确立了依法治国基本方略；（2）中国共产党依法执政能力显著增强；（3）以宪法为核心的中国特色社会主义法律体系基本形成；（4）人权得到可靠的法制保障；（5）促进经济发展与社会和谐的法治环境不断改善；（6）依法行政和公正司法水平不断提高；（7）对权力的制约和监督得到加强。这七个方面表明，在经历了一个较长时间的"权治"过渡期之后，法治终于取代了传统中国的孝治，成为当代中国治理国家、治理社会的主导方式。

在孝治消退之后留下来的空寂殿堂上，法治作为一种更适合的治道，填充了孝治曾经占据的空间。就时间维度而言，传统孝治的终结与当代法治的兴起，其实是治道转型过程中的此消彼长的两个侧面。从发生学的角度来看，对于法治取代孝治的动因，或者说，对于孝治终结、法治兴起的动因，可以从不同的方面来分析。

第一，从政治方面来看，从圣贤政治走向民主政治，有助于法治的兴起与孝治的终结。

如果说孝治与传统中国的圣贤政治是结合在一起的，是"圣治"的伴生物，那么，随着圣贤政治的隐退，孝治也就不复存在了。在当代中国，政治的主流方向是民主政治。虽然民主政治是一种指涉广泛、聚讼纷纭的理论与实践，但是，民主政治的核心指向是人民主权，是以民众为中心。比较而言，圣贤政治把个别具有道德感召力的圣贤作为政治的发动机，民主政治则把普通民众作为政治的逻辑起点与政治合法性的终极依据。这样的民主政治，要求把民众的诉求作为政治的方向。这种"向下看"的政治意味着，政治领袖已经不再享有道德伦理方面的优势地位；相反，政治领袖与民众具有同一性，甚至是民众的公仆。这样的民主政治与孝的逻辑是矛盾的，与孝治存在着本质性的冲突。

圣贤政治的退场和民主政治的兴起，必然要求新的权威，这个新的权威不可能是某个具体的人——如果新的权威依然是某个具体的人，那就意味着政治依然没有走出圣贤政治时代。说到底，民主政治时代的领袖与民众之间的同一性，从根本上排斥超越于民众之上的圣贤式的领袖。因此，民主政治时代的新的权威，只能是大家共同认同、共同尊崇的法律。换言之，在民主政治时代，只有法律才可能成为全社会的公共权威，而法律具有权威，正是法律有效治理社会的前提条件。从这个角度来看，民主政治是现代法治的催化剂。从圣贤政治转向民主政治，亦促成了孝治的终结与法治的兴起。

第二，从经济方面来看，家长控制财富的能力从大到小，促成了法治对孝治的替代。

传统中国的孝治是与传统中国主导性的资源聚积方式、财富分配方式密切相关的。在传统中国，资源、财富普遍由家庭集体拥有，家长则代表整个家庭（甚至家族）掌握着分配家庭资源与财富的权力。在这种利益格局下，在传统中国孝道与孝治的背后，其实隐藏着相当强烈的经济强制。比如，在《红楼梦》中，甚至在张爱玲的小说《金锁记》中，都可以看到家长掌握的经济权力对于全体家庭成员所产生的支配作用。有一些家庭成员试图摆脱家长的控制，但是，摆脱家长的控制就意味着斩断了自己的经济来源与物质生活保障。进一步看，家长控制的资源、财富越多，家长对家庭成员的控制程度也越大。子女是否遵守孝道，就会残酷地影响到他的现实利益。在皇室，由于君主控制了最大、最多的资源，他的子孙是否遵守孝道，就显得更为重要了。但是，到了当代中国，特别是在新中国成立后的前 30 年，几乎所有的中国家庭都没有多余的财富。正如梁漱溟在 1980 年所说："从前都是老中国，喜欢大家庭，保持大家庭，如果祖父在，儿孙都不能分家各自过。如果各自过，那是很遭到大家诽笑的。这样子很缺乏礼仪吧。可是现在统统分了，现在都变成小家庭了，没有大家庭了，都是各自过日子，都是分家。从前呢，分家包含分财产，现在新的中国财产的重要性降得很低很低了，谁也没有很大的家财"①。梁漱溟的话告诉我们，现在的家庭很小，也没有什么财产。在经济上，家长也就无足轻重，甚至是名存实亡了。用通俗直白的话来说，家长手上没有什么筹码，因此，家长的话可以不听，不必把家长当回事。

在当前的现实生活中，需要通过法律强制"家庭成员"或"赡养人"回家看看的"老年人"，几乎都是没有任何资源或财富的老年人，他们没有吸引"家庭成员"或"赡养人"回家的资源。② 这就是孝道衰落的经济根源。很残酷，但也很现实。从 20 世纪 80 年代中期到现在，虽然家庭积聚的财富增加了，虽然出现了"富二代"这样的群体，似乎表明，作为"富一代"的家长已经拥有了可以用来强制子女的经济资源，但是，计划

---

① 艾恺采访，梁漱溟口述. 这个世界会好吗：梁漱溟晚年口述. 上海：东方出版中心，2006：328.

② 典型案件可以参阅：重庆一母亲起诉要求儿女常回家看看，强制"探望"，可行性有多大. 检察日报，2013-07-20（3）.

生育政策的推行，又使即便是积累了较多财富、较多资源的家庭，拥有的子女也并不多，且通常都只有一个。其后果是，即使是富裕家庭的子女，也不需要通过孝顺来竞争家长掌握的财富。相反，这些"富二代""官二代"，在通常情况下都是家长宠爱的对象。当前，无论是拥有较多资源、财富的家庭还是拥有较少资源、财富的家庭，父母与子女之间的经济关系都不再由父母来决定；相反，父母与子女之间的经济关系都被纳入国家法律的调整范围。《婚姻法》《继承法》以及本文重点讨论的《老年人权益保障法》，已经对父母与子女之间的权利义务关系作出了具体而详细的规定。在国家法律面前，无论是父母还是子女，都是法律关系的主体，在法律面前都是一律平等的。如果他们走进法院，他们就是冷冰冰的原告与被告。这就是说，父母与子女的关系，已经成为法律规制的对象。家庭领域内的法治，就是这样兴起的。

第三，从文化方面来看，从家国同构到家国两分，促成了孝治的终结与法治的兴起。

前文已经提到，孝道与孝治的生成有一个根本的前提条件，那就是家国同构。但是，在当代中国，家与国之间的同构关系已经完全解除，家与国在政治上已经没有任何关联。现在，标准的家都是"一对夫妻加一个孩子"的核心家庭。在这样的核心家庭里，孩子主要是未成年的小孩子，孩子的父母则是养育这个孩子的责任人。在小家庭中，尽管孝的观念并未彻底消失，但对小孩子而言，他对父母的孝并没有多少实际内容。对父母而言，他们对孩子的孝也没有实质性的期待。如果孩子对父母比较有礼貌，孩子对父母的礼貌程度能够赶得上他（她）对老师或其他人的礼貌程度，大概就足以让父母欣慰了。事实上，在当代中国的核心家庭中，与其说孩子与父母之间还有"孝"的关系，还不如说是一种平等的亲情关系。作家汪曾祺有一篇文章叫《多年父子成兄弟》① ——这个标题就描述了父子关系的当代处境：子对父并无孝的关系，而是平等的兄弟关系。这种以兄弟关系来概括父子关系的做法，在传统中国是令人惊骇的，甚至是完全不可想象的。但在当代中国，全社会都认为理所当然。这就说明，随着家国关系的变迁，孝在当代中国已经失去了社会基础。沿袭了数千年的孝的传统，即使还有一些余绪，也已经难以为继。即使有一些人还把孝当回事，但它实际上已经成为"历史的遗留物"，既不可能成为主导性的意识形态，亦不可能成为主导性的治理模式。孝治，就是这样终结的。

家国两分切断了家与国之间的同构关系，意味着国的正当性不能再由家来提供论证，国内秩序不能再模拟家内秩序，新型的国家元首也不再是旧的家长、族长的放大。更重要的是，国家治理的依据不能再沿袭出于家庭的孝道，国家的治理模式也不能再模仿家庭内部的治理模式。在当代，为了实现对国家和社会的治理，就必须在孝治终结之后寻求新的治理模式。在这种"旧的已去"的情势下，体现社会公共意志的法律应时而生、应运而出，成为全体社会成员共同遵循的行为规范，通过法律的治理就成为一种新的现实。这就是法治兴起的内在逻辑。因此，现代法治在相当程度上，是在家国分离的背景下，充当了孝治的替代物。

第四，从人的属性来看，从"家庭人"向"社会人"的转变，为孝治转向法治提供了动力。

在传统中国，家谱、族谱很盛行，血缘、辈分很重要，人的第一身份是家庭、家族的人。家庭是每个人生活的第一空间，也是最重要的空间。这样的生活方式，既促成了家庭、家族对内部

---

① 范培松，徐卓人. 汪曾祺散文选集. 天津：百花文艺出版社，1996：209.

权威的需求，同时也催生了对于孝道、孝治的需求。但是，在当代中国，任何人只要一成年，自然就成了社会的公民——请想想"公民"这个词的字面意义。即使是未成年的少年，也被要求成为"共产主义事业的接班人"，要求他"为祖国，为人民"——无论其初衷如何，在客观效果上，这样的教育促成了人作为社会人的身份与角色。既然是社会的人，那么，是否遵守孝道，就不再是一个重要的问题，甚至不再成为一个问题。这就是说，当代中国的人由"家庭人""家族人"向"社会人""公民"的转变，也是孝治衰落的一个重要根源。

"社会人"的兴起正是法治兴起的动因。每个人都属于社会，人与人的关系就是社会关系，这样的社会关系只能由普遍性的法律来调整。对此，梅因提出的"从身份到契约"的著名命题[①]，恰好可以从人的属性的角度，解释孝治的终结与法治的兴起：当人主要是"家庭人"的时候，他在家庭中的身份是预定的，也是无法变更、无从选择的。因而，子女对于父母的孝也是无法变更的。但是，当人在家庭中的身份逐渐淡化，在社会中的主体地位凸显之后，人与人的关系就只能由契约来调整——而法律就是社会契约的集中表达。一个由契约来调整的社会，也就是由法律来调整的社会。现在，正如《老年人权益保障法》第 18 条所示，即使是家庭成员之间的关系，都已经是由法律调整的关系了。由此可见，人从"家庭人"变成"社会人"之后，必然导致法治的兴起。

第五，从养老方式来看，从家庭养老转向社会养老，亦是孝治终结与法治兴起的动因。

波斯纳通过研究发现："初民社会的父母们会拿出更多的时间向子女反复灌输孝敬或者更广义的尊敬老人的思想，而在现代

---

① 梅因. 古代法. 沈景一，译. 北京：商务印书馆，1959：97.

社会里父母们会懒得做这种工作，这种孝与顺代替了司法强制，保证了含蓄的（有时是十分详尽的）代际之间契约得以实施，这种契约保证父母在子女年轻时抚养子女，以换取子女在父母老来的照顾。"① 在这里，波斯纳提到了现代社会的父母们懒得向子女们灌输"孝"的思想，因为有司法强制的方式来强迫子女们照顾年老的父母。这种转变的实质，其实就是法治对孝治的取代。

在传统中国，家里的父母与国家的主政者都习惯于拿出大量的时间，安排各种制度与机制，来劝导年轻人孝敬父母，从而形成以孝道为核心的意识形态，以及孝治的实践。这样的"劝孝"机制，是与传统中国的养老方式相互关联的。因为传统的养老方式都是家庭养老，这种养老方式不仅意味着老年人在家里受到年轻人的照顾，还意味着老年人的生活费用都由年轻人供给。所谓"养儿防老"，就是说儿子负责父母的养老。② 对于这样的养老体制，孝道提供了理论上的论证与说明，同时，孝道还把养老这样的经济供养问题、社会保障问题上升到了伦理道德的高度。但在现代中国，无论是国还是家，都懒得向年轻人"劝孝"了。"劝孝动力"的衰竭，是因为养老方式、养老体制发生了重大变化：社会化的养老体制逐渐形成。特别是社会保障体系的建立，让大多数老年人都获得了一定的养老金或退休金。再加上养老院、社区医疗服务体系等相关设施的普遍建立并逐渐完善，养老体制已经由家庭转向国家与社会。即使是那些需要子女供养的年老的父母，如果子女疏于履行"赡养义务"，还可以通过司法强制的方式，强制他们履行法律规定的"赡养义务"。

① 波斯纳. 衰老与年龄. 周云，译. 北京：中国政法大学出版社，2001：250.
② 在传统中国，为什么出嫁的女儿没有继承权，只有出嫁时获得的一次性的嫁妆，原因就在于：已经出嫁的女儿对于自己的亲生父母，不必承担养老的责任——这种责任是由娘家的兄弟来承担的。因此，传统中国的继承制度与养老制度具有相互勾连的关系。

这就是说，传统中国的孝，已经变成了当代中国的赡养义务——这完全是一个法律和法治的问题。不过，在孝治转向法治的背后，养老体制、养老格局的变革也产生了相当大的促进作用。

五、孝治终结与法治兴起的标本

在经历了上文的大跨度梳理之后，回过头来重新审视《老年人权益保障法》第18条，可以发现，它在传统中国的孝道、孝治转向现代中国的法理、法治的过程中，具有标本的意义。对于这个条款所具有的标本意义，可以从不同的方面加以说明。

一是专就孝治的终结来看，传统中国的孝治积淀非常深厚，作为一种文化传统与政治实践，它浸润至政治与社会的各个层面。虽然在清末民初，它就因为失去了政治性、制度性的支撑而开始衰败，但是，由于惯性与习俗，它在民间社会还保留了一些残余。或者换个说法，虽然孝的制度已经终结，但孝的文化依然在延续。但是，《老年人权益保障法》第18条标志着孝治的全面终结。因为从实质上说，《老年人权益保障法》第18条主要是调整父母与子女之间的相互关系。但是，在这个条款中，并没有出现"父母"的字样，也没有出现"子女"的字样。传统中国的父母与子女的关系，已经脱胎换骨，变成了"老年人"与"家庭成员"之间的关系，或者是"老年人"与"赡养人"之间的关系。在《老年人权益保障法》第18条（及其他条款）中，"父母""子女"这样的身份、角色、主体都消失了，都已经不复存在了。这就从根本上抽去了孝治赖以存在的基础。皮之不存，毛将焉附？父母、子女的划分都被法律抹去了，孝治又从何说起？孝道又从何说起？

二是就法治的兴起来看，这是一个逐渐展开的过程。所谓法治，虽然是一个宏大的概念，但在本文看来，法治就是人的行为服从法律治理的事业，或者说，法治就是法律对人的行为的规范与控制。在法治之下，只有平等的人，只有无差别的法律关系的主体，任何人在法律面前都是平等的。按照这样的法治观念，孝治处在法治的对立面，因为孝治强调的是父母与子女之间的不平等。"天下只有不是的子女，天下没有不是的父母"，"君叫臣死，臣不得不死；父叫子亡，子不得不亡"——这些在传统中国广泛流传的格言，都记载了父母与子女之间不平等的身份关系。但是，按照《老年人权益保障法》第18条的规定，父母与子女之间不平等的身份关系彻底消失了，取而代之的是"老年人""家庭成员""赡养人"相互之间的关系。在这几种法律主体之间，虽然存在自然条件的差异，譬如有的主体年龄偏大，但是，他们之间的关系是平等主体之间的权利义务关系。对于这几种主体之间权利义务关系的具体内容，法律已经作出了明确的规定；他们之间的人身、财产关系，已经被纳入法律治理的领域。这正是法治的精义所在。

如果说《老年人权益保障法》第18条体现了法治的精义，那么，为什么说这个条款又标志着法治在当代中国的兴起呢？

我们的回答是：法治的兴起是一个渐进的过程，在这个过程中，最容易接受法律治理的领域是一些与个人身份无关的领域，比如金融、保险、海事、海商、专利、知识产权，等等。广义的经济领域或商业领域，都容易成为法律治理的对象。但是，在家庭领域，因为父母与子女之间具有严格的身份限制和血缘关系，因为家庭关系是传统伦理影响最深的关系，所以，要把家庭内部的身份关系、血缘关系转变成为平等主体之间的法律关系，则会面临更大的困难。法史学者的研究已经表明，

267

"家庭法律制度变革，遭受到其他法律变革所未遇到的广泛而坚韧的阻力"①。按照这个论断，家庭法律制度的变革是最困难的，家庭关系很可能就是法治最后攻克的堡垒。然而，在经历了一百多年的政治、社会变迁之后，中国的父母与子女之间的关系，虽然在生物学、伦理学上依然存在，但从法理学上看，已经完全变成了"老年人"与"家庭成员""赡养人"之间的权利义务关系。这种新型的关系，已经得到了《老年人权益保障法》第18条的正式确认。这就表明，最难被法治降伏、攻克的家庭关系，对法治最抵触、最抗拒的家庭关系，已经是法治的领地。这就标志着法治在当代中国的全面兴起。为什么说《老年人权益保障法》既标志着传统中国孝治的终结，同时也标志着现代中国法治的兴起，理由就在这里。正是在这个意义上我们可以说，《老年人权益保障法》第18条具体而微地见证了孝治的终结与法治的兴起，是孝治终结与法治兴起的标本。

原刊《山东大学学报》2015 年第 2 期

① 朱勇. 从海关到家庭：近代中国法律制度变革的价值效应. 中国法学, 2011（4）.

后　记

　　法律经济学也称"法经济学"或"法与经济学"，是一个跨越法学与经济学的交叉学科，也是一个我此前较少留意的学术领域。我此前的法理学研究，主要涉及狭义法理学、法政治学、法社会学、法文化学、法政思想史、法学方法论，等等。这些领域有一个共同点，那就是与经济的关联度普遍较弱，都是在远离经济的学术地带上盘旋。2013 年，我担任教职的法学院创设了法律经济学博士点，开始招收法律经济学方向的博士生。为了给博士生授课，我立足于法理学、法律思想史，开始持续关注西方法律经济学领域内的代表性人物及其学术思想如，美洲的科斯、波斯纳、卡拉布雷西、布坎南、奥尔森、威廉姆森，欧洲的米塞斯、哈耶克、欧肯、缪尔达尔，等等，一路读下来，对他们的学术思想有了一些了解与认知。当然，在了解这些人物及其思想的同时，我还把自己的所思所想记录下来，经过反复加工与整理，形成了这部书。

　　这样的缘起表明，本书不是关于西方法律经济学的系统研究，只是关于西方法律经济学若干代表性人物及其著作的批判性阅读，因而题名为《西方法律经济学批判》——这里的"批判"一词，相当于李泽厚的《批判哲学的批判》一书标题所使用的"批判"；而且，即使对于这些代表性人物的学术思想，也没有进行全面而深入的批判。事实上，按照专题研究的要求，针对本书分述的每一个人，都可以写成一部或多部专著，譬如关于哈耶克，国内就有多部著作行世。原来准备按照芝加哥学派、耶鲁学派、弗吉尼亚学派、奥地利学派、弗莱堡学派、瑞典学派编排目次、分别论述的计划，也没有完成。真是因陋就简，仓促成书。以后若有机会，再作修正、补充、完善。

此外，需要补充说明的是，在本书主体部分之后，还附录了我在 2013 年写成的《孝治的终结与法治的兴起》一文，此文是关于 2012 年修订后的《老年人权益保障法》第 18 条的研究。查阅"中国知网"设定的学科分类标准，它被归属于"民商法"学科。这是一个让我深感意外的信息。从事学术研究 20 多年，我从来没有意识到，自己还写过一篇"民商法"方向的论文。这也许是因为关于老年人权益保障问题的研究属于民商法学，也许是因为我在这篇论文中运用了经济分析的方法。如果是因为后者，那么，把这篇论文附录在本书的末尾，以之映照出西方法律经济学的理论与方法对我的影响，或许也是必要的。这再次印证了我在本篇"后记"开头所言，对于法经济学，我是"较少留意"，但并非"从不留意"，同时也可以借此表明，即使在研读西方法律经济学之际，我依然心系中国本土固有的治道与法理。

2018 年 6 月

图书在版编目（CIP）数据

西方法律经济学批判/喻中著. —北京：中国人民大学出版社，2018.9
ISBN 978-7-300-26137-9

Ⅰ.①西… Ⅱ.①喻… Ⅲ.①法律经济学 Ⅳ.①D90-056

中国版本图书馆 CIP 数据核字（2018）第 191290 号

西方法律经济学批判
喻中 著
Xifang Falü Jingjixue Pipan

出版发行	中国人民大学出版社	
社　　址	北京中关村大街 31 号	邮政编码　100080
电　　话	010 - 62511242（总编室）　010 - 62511770（质管部）	
	010 - 82501766（邮购部）　010 - 62514148（门市部）	
	010 - 62515195（发行公司）010 - 62515275（盗版举报）	
网　　址	http://www.crup.com.cn	
	http://www.ttrnet.com（人大教研网）	
经　　销	新华书店	
印　　刷	涿州市星河印刷有限公司	
规　　格	148mm×210mm　32 开本	版　次　2018 年 9 月第 1 版
印　　张	8.75 插页 3	印　次　2018 年 9 月第 1 次印刷
字　　数	209 000	定　价　38.00 元